# Manfred Krug *Ich beginne wieder von vorn*

Tagebücher 2000–2001

Herausgegeben und mit einem Nachwort von Krista Maria Schädlich

00/01

kanon verlag

ISBN 978-3-98568-026-9

1. Auflage 2024

Umschlaggestaltung: Ingo Neumann / boldfish
Nach einer Vorlage von Anke Fesel / bobsairport
Unter Verwendung einer Fotografie von Elke Petra Thonke
Herstellung: Daniel Klotz / Die Lettertypen
Satz: Ingo Neumann / boldfish
Druck und Bindung: Pustet, Regensburg
Printed in Germany

www.kanon-verlag.de

*»Die Lieder waren mein Trost, sie brachten mich zum Träumen.«*

Manfred Krug am 4. Juni 2000

# 2000

**Sa 1.1.2000**

Es wird das letzte Jahr sein, das mich als Schauspieler sehen wird. Ich kann nicht mehr.

**Mo 3.1.2000**

Heute, deutschlandweit, unter der Schlagzeile »Manfred Krug – eine so schöne Tochter« ein typischer »Bild«-Artikel. Die Story ist die Tochter. Und nicht das Trällern der beiden alten Säcke.

Putin hat die Jelzin-Tochter Tatjana, die den Posten einer Präsidentenberaterin hatte, abgehalftert.

**Di 4.1.2000**

Heute bekam ich von einem deutschen Altjazzer, einem Pianisten mit dem mir unbekannten Namen Wolfgang Lauth, ein lobendes Briefchen und ein von ihm verfaßtes kleines Buch »These Foolish Things – Jazztime in Deutschland. Ein swingender Rückblick«. In dem Brief schreibt er: »... Sie haben mir mit Ihrem swingenden ›Tatort‹ schon so viel Vergnügen bereitet ...« Dem Mann schicke ich eine »Tatort«-CD.

**Do 6.1.2000**

Es kommen lausige Fernsehzeiten. Bald wird nur noch der blonde Gottschalk mit »Wetten, dass..?« eine gute Quote erreichen. Die Darstellungskunst hingegen macht schlapp: Der gestern gesendete, in den Medien heftig beworbene, vom »Spiegel« allerdings als Kitsch-Drama entlarvte »Kardinal« mit dem »Derrick«-Schauspieler Horst Tappert hat mal gerade 6,42 Mio. bei 19,2 % Quote gebracht. Es wird immer dünner.

**Sa 8.1.2000**

Abends in die »Kleine Weltlaterne« gefahren. Meinhard Lüning spielte in einer New-Orleans-Band Trompete. Meine drei ehelichen Kinder waren da, auch Julius, Pat Pohl, Gabi Katwan, Regine, Schiller/Krenzlin. Mit letzteren sprach ich kurz über die morgige alljährliche Liebknecht-Luxemburg-Demo. Leonore meinte, die Polizei sei auffällig streng zu den Demonstranten. Kein Wunder, sagte ich, das sind doch die Leute, die die Mauer wiederhaben wollen.

In dem Zusammenhang fiel uns folgendes Witzchen ein:

»Kennst du Luxemburg?«

»Na klar: ›Freiheit ist immer auch die Freiheit von Anderkonten.‹«

Ansonsten war es heiß, brechend voll, und die Musik war, wie ich es erwartet hatte, nicht mein Fall. Meinhard spielt Blue Notes bis zum Überdruß. Otti war sehr glücklich über den gelungenen Abend, der wohl allerhand Geld gekostet haben dürfte. Das ging bis halb drei.

### *So 9.1.2000*

Schauspieler sollten im Spiel nicht empört oder mißbilligend den Kopf schütteln. Diese Geste ist fast immer zu viel. Man sollte einen anderen Weg finden, Mißbilligung auszudrücken, am besten gar keinen. Ein winziges Hochziehen der Braue genügt. Oder etwa ein Wegsehen für einen winzigen Augenblick. Wenn du den Kopf schüttelst, siehst du immer aus wie ein Laiendarsteller.

Abends den »Tatort« »Blaues Blut« gesehen. Er war unter den »Tatorten« wirklich sehr nett, ich war fett, aber sehr gut. Maria Moese, die treue Seele, hat sofort begeistert angerufen. Der Ton war unter aller Sau, die Musik war so beliebig wie immer. Aber der Film hatte Rhythmus, und er war gut erzählt.

Habe nach der Sendung den Regisseur Helmut Förnbacher angerufen und ihm gute Worte gegeben. Er sagte, der Schauspieler Lange (Pockennarbe) habe sich begeistert geäußert. Helmut hat sich sehr gefreut.

Die Erde könnte kein Leben tragen, wenn ihre Bahn um die Sonne auch nur ein bißchen weiter außen liegen würde. Dann wäre es zu kalt. Und ein bißchen weiter innen wäre es zu heiß. Was für ein kuscheliges Plätzchen wir haben.

### *Mo 10.1.2000*

Der Schauspieler Klaus Wennemann, mit dem ich mich ganz gut verstand, der meinen Freund in »Neuner« und mit mir mehrmals in »Auf Achse« gespielt hat, zum Beispiel in Mexiko, der Nichtraucher und Sportler war, der jeden Morgen eine Stunde vor Drehbeginn aufgestanden ist, um zu joggen – ist heute im Alter von 59 Jahren an Krebs gestorben. Die Einschläge kommen näher.

### *Di 11.1.2000*

Der sonst so überlegen tuende Wolfgang Schäuble stottert in einer Pressekonferenz, die live übertragen wird, in einer Weise herum, daß er einem leid tun kann. Es könnte passieren, daß die CDU sich ähnlich atomisiert, wie es einst die Democrazia Cristiana geschafft hat.

### *Mi 12.1.2000*

Ein schöner, wolkenloser Tag.

Das Wort »Charts« habe ich im Zusammenhang mit mir noch nie gehört. Heute ist es so weit: In einem Telefonat, das ich um 10.00 Uhr nicht mit Schenk, sondern mit Ingwersen geführt habe, ist das Wort erstmals gefallen. Wir sind irgendwie in den Charts! Soweit ich den Mann verstanden habe, hat die Firma WEA die Möglichkeit, irgendwie direkt mit den Kassen der wichtigsten Plattenläden in Verbindung zu kommen, und da sei eben jetzt schon klar, daß der Verkauf gut laufe. Ingwersen meint, wir könnten vielleicht sogar schon bald die Traum-Marke erreichen, die ich mir als großen Erfolg anrechnen will (100.000 Stück).

Abends kam Otti und erzählte, Fanny habe sich letzten Sonntag den »Tatort« zusammen mit Daisy angesehen, und Daisy habe immer mit dem Finger auf den Bildschirm gezeigt und gerufen: »Opa! Opa!«. Sehr nett.

Wie originell allein das ist, daß ein Schauspieler, der in einer Szene das Zimmer zu verlassen hat, es einfach verläßt, ohne sich vorher noch mal bedeutungsvoll umzudrehen.

### *Do 13.1.2000*

Am frühen Morgen habe ich kurz vor dem Bettgang um 4.30 Uhr zufällig einen längeren Zusammenschnitt des flapsigen Interviews gesehen, das Charly und ich in dem Hamburger Polizeirevier dem Uwe Belz aus Gründen der Werbung für die Platte gegeben hatten: Es war einfach wunderbar. Das Ganze ausgerechnet auf dem Schreckenssender MDR. Es muß eine Wiederholung gewesen sein. Interviews gibt es viele, aber selten gibt es ein so lockeres, traumwandlerisch an der Grenze zur Albernheit entlangschrammendes intelligentes, entwaffnend ehrliches und komisches Interview wie dieses.

Uwe Belz sollte das anfordern und uns beiden je einen Mitschnitt davon machen.

### *Frei 14.1.2000*

Ich habe dem Jurek zu seinen Lebzeiten bei mancherlei Einkäufen geholfen und oft das Schlimmste verhütet, wenn er Möbel oder Teppiche erworben hat. Manchmal freilich verschmähte er meinen Rat, um sich zu befreien. Dann kaufte er schreckliches Zeug, zum Beispiel für neuntausend Mark einen sogenannten afghanischen Teppich, ein kackbraunes, ekelhaftes Anilin-Teil.

Umgekehrt habe ich mich zweimal darauf eingelassen, seinen Rat anzunehmen. Einmal schwatzte er mir nach Anraten seines Freundes Siegfried Unseld ein im Insel Verlag erschienenes Buchungetüm auf, ein Faksimile des Evangeliars Heinrichs des Löwen. »Das wird schon in kurzer Zeit doppelt so teuer sein! Greif zu!« sagte Jurek und vermittelte mir das Schnäppchen. Schon nach 5 Jahren wäre ich froh gewesen, wenn mir jemand noch die Hälfte des Neupreises gegeben hätte. Aber das nehme ich auf meine Kappe, ich hätte ahnen müssen, daß man dieses langweilige Trumm von Buch ein einziges Mal durchblättert, um es den Rest des Lebens nicht mehr mit dem Arsch anzukucken.

Der andere Rat von Jurek war, daß ich mir eine Spezialkanne kaufen sollte, deren Filtereinsatz für 30 Mark alle 4 Wochen gewechselt werden muß, sonst würde mir der Tee nicht schmekken. Mit ihr war ich immerhin 3 Jahre glücklich, bis ich nach seinem Tod in der Zeitung las, daß sich in dieser Kanne, die ewig in der warmen Küche herumsteht, Pilze und allerlei Mikroben bilden würden. Da habe ich sie weggeworfen.

Bill Gates, der 80 Milliarden Dollar gemacht hat und der reichste Mann der Welt ist, ist heute zurückgetreten, was aber nichts zu bedeuten hat.

### *Sa 15.1.2000*

Die Nacht hindurch die 2. Hälfte des Huby-Drehbuchs »Der schwarze Skorpion« durchgearbeitet und sogleich per Post nach Hamburg geschickt. Ein nicht gerade realistisches Buch vom Tod durch Skorpionstiche. Erinnert mich an die alten amerikanischen Geschichten von Forschern, Formeln und Riesenameisen. Und an Edgar Wallace erinnert es mich auch. Und an ein gewöhnliches, schlecht geschriebenes Drehbuch erinnert es mich auch.

### *So 16.1.2000*

Bulgarien hat den Sozialismus verloren, Gott sei Dank. Man fragt sich aber, was es seit 1959, als ich dort war, gewonnen hat. 500 Jahre Türkenherrschaft, das ist mindestens so lange wie 50 Jahre Sozialismus.

### *Mo 17.1.2000*

Es gibt alltägliche Dinge, die man sein ganzes Leben hindurch falsch macht, Beispiel: das Naseputzen. Man tut gut daran, erst das eine, dann das andere Nasenloch zu putzen und nicht, wie ich es bis heute gemacht habe, aus beiden Löchern gleichzeitig zu schnäuzen.

Man könnte sie die Bimbesrepublik Deutschland nennen, in der Kohl 16 Jahre lang der deutsche Bimbeskanzler war.

### *Di 18.1.2000*

Um 17.30 Uhr Fax von Jörg Stempel:

»Lieber Manfred Krug, der erwartete ›Wahnsinn‹ ist passiert! Es gibt offensichtlich doch noch viele musikliebende erwachsene Menschen. Ihre CD ist auf Platz 10!! in die deutschen Verkaufs-Charts eingestiegen.

Ich bin gerührt.

Ganz herzlichen Glückwunsch!

Ihr Jörg Stempel«

Das muß was ganz Besonderes sein.

Aber kein Wort von Schenk und Ingwersen, die ja auch längst Bescheid wissen. Merkwürdige Leute.

Doch. Eine halbe Stunde später kommt ein Fax von Schenk und Ingwersen:

»Lieber Herr Krug,

soeben sind die offiziellen Musikmarkt-Charts angekommen, und wir freuen uns ganz besonders, Ihnen mitteilen zu können, daß ›TATORT – DIE SONGS‹ auf Platz 10 (!!!) von möglichen 100 eingestiegen ist.«

Die CDU hat's gut gemacht. Der Schäuble-Schlauberger hat ein bißchen gedroht, ist dann aber doch Parteiforzender geblieben; der Ex-Innenminister Kanther hat sich geziert und dann in den sauren Apfel gebissen, und der dicke Oberganove hat seinen »Ehrenforzenden niedergelegt«. »Schweren Herzens«, sagt er. Das war's.

### *Mi 19.1.2000*

In Paris gibt es einen Maskenbildner, der sich darauf spezialisiert hat, Menschen mit Verbrennungen, vor allem Frauen mit schweren Gesichtsnarben, so zu schminken, daß man von »Korrekturschminken« spricht. Diese Frauen sind glücklich, nicht mehr wie

Monster angestarrt zu werden. Sie freuen sich darauf, endlich wieder das Haus verlassen zu können, unter Menschen gehen und wieder mit der U-Bahn fahren zu können. Sie fühlen sich befreit. Für mich gibt es kein Korrekturschminken. Mein Lebtag werde ich angeglotzt und beobachtet.

***Do 20.1.2000***

Fax von Schenk (WEA). Jetzt dreht er durch. Er schreibt: »Unser Ziel ist ›Die Goldene Schallplatte‹.« Ich weiß gar nicht: Wieviel muß er denn da verkaufen?

***Sa 22.1.2000***

Kenne ich überhaupt Menschen, die so wenig lügen wie ich selbst? Otti hat auf diese Frage geantwortet: Du lügst doch wie gedruckt.

***So 23.1.2000***

Bei strahlender Sonne und minus 5–10 Grad wollen wir mit Ottis teurem Mercedes zum Flohmarkt Ostbahnhof fahren. Draußen alles weiß von Schnee, auch die schönen Ledersitze von Ottis Wagen, denn sie hatte vor drei Tagen vergessen, das Schiebedach zu schließen. Wunderbar. Etwa eine Stunde Arbeit mit Eiskratzen, Schaben, Heizen, Fegen – das Schlampenauto von Schlampenotti.

***Mo 24.1.2000***

Kohl sagt, er könne die Namen der Spender nicht nennen, weil er ihnen sein Ehrenwort gegeben habe.

Viele CDU-Leute, darunter Geißler, sagen: Diejenigen, denen er das Wort gegeben hat und die jetzt zusehen, in welcher Bedrängnis Kohl und mit ihm die ganze Partei seien, die müßten sich längst gemeldet haben. Die müßten Kohl längst von seiner Schweigepflicht erlöst haben.

Daraus könnte man eine Komödie machen: Ein paar abgerissene Penner melden sich und sagen: »Hier! Wir waren es. Und jetzt ist Ruhe. Wir nehmen die paar Millionen zurück und verwenden sie für einen anderen Zweck.«

**Mi 26.1.2000**

Schon um 11.00 Uhr war Krista Schädlich hier und stellte ihre Standardfrage: »Bist du mit dem Buch weitergekommen?« Ich kann die Frage schon nicht mehr hören und habe ihr gesagt, daß sie sie jährlich nur noch zweimal stellen soll, öfter nicht.

**Sa 29.1.2000**

Einen Slapstick muß man können, sonst ist es bloß ein Schlappstück.

**So 30.1.2000**

Purpur war einer der teuersten Farbstoffe des Mittelalters. Purpur wurde in einem komplizierten Prozeß aus den Schleimdrüsen der gleichnamigen Schnecke gewonnen. Für ein Gramm dieser Farbe mußten 10.000 Schnecken entschleimt und damit entleibt werden.

**Mo 31.1.2000**

Nachmittags waren Lars Ingwersen und Thomas Schenk zu Besuch und erzählten die Erfolgsstory unserer CD »Tatort – Die Songs«. Inzwischen sind 85.000 Stück davon verkauft; die Firma WEA will nun versuchen, eine »Goldene Schallplatte« zu erringen, wozu 150.000 Platten verkauft werden müßten.

Wir gingen dann noch ins »Diener« und aßen und tranken kargest. Dabei habe ich erfahren, daß die spezielle Unterfirma von Warner, deren Chefs Schenk und Ingwersen sind, eigentlich nur für Kompilationen zuständig ist. Sie haben ausnahmsweise einmal mit einem »eigenen« Künstler eine »eigene« Produktion gewagt und – gewonnen. Ich bin der einzige Künstler, den sie »haben«. Umso mehr Zeit haben sie, mich zu lieben.

**Di 1.2.2000**

Jeder Vertrag bedeutet einen harten und manchmal langen Kampf, den sich aber nur der wirklich begehrte Künstler leisten kann. Ich wundere mich nicht über die Armut manch bekannter Schauspieler. Sie resultiert immer aus ungünstigen Verträgen. Viele

Schauspieler ekeln sich dermaßen davor, durch die Irrgärten der Juristenfloskeln zu tappen, daß sie die Verträge ungelesen durchblättern und in Gottes Namen unterschreiben. Erst seitdem ich es mir leisten kann zu verlangen, daß 80 % der Vertragsinhalte ganz gestrichen und die restlichen in klaren Formulierungen verfaßt werden – erst seitdem habe ich vernünftige Verträge.

19.00 Uhr klingelt Uwe Belz und bringt mir eine Video-Kassette mit einem Teil des »EPK«[1] zur Platte. Sehr witzig. Ihm gefällt die Blaseband, die ich ihm vorspiele. Besonders das Urband von »Ich bin von Kopf bis Fuß ...«. Uwe Belz gefällt mir sehr. Er hat ein feines Ohr, deshalb denkt er über mich als Sänger ganz ähnlich wie ich selbst: Er denkt, daß ich ein sehr guter Sänger bin.

### Sa 5.2.2000

Nachts läuft auf Bayern 3 der Film »Das Versteck«; ich kann mich selbst in diesem Film nicht mehr ertragen, ich kann Jutta Hoffmann nicht mehr sehen, ich kann die Dialoge von Jurek nicht mehr hören. Es ist schrecklich. Der Film will so unDDRig sein und ist doch so DDRig. Wie Jurek und Frank Beyer und ich und Jutta. Und außerdem ist er so piefig und so spießig wie die Ehe von Jurek und Rieke Becker und wie die Ehe von Beyer und Unferferth war. Wir alle haben in diesen Tagen die Unterschrift gegen die Biermann-Ausbürgerung geleistet: Regisseur Beyer, Autor Becker, Komponist Günther Fischer, Jutta Hoffmann und ich.

Der Unfall am Ende des Films war echt. Ich bin selbst gefahren. Bin ich dafür schon mal bewundert worden? Nie.

Um halb drei auf 3sat eine Aufzeichnung eines Jazzkonzerts von 1999: »Jazz open Stuttgart«. Hier lerne ich zufällig ein Genie kennen, den Gitarristen und Sänger Peter Fessler. Einfach unglaublich!! Ein großer Meister!! Kann Bossa Nova, kann Bach, kann alles auf der Gitarre, ist rhythmisch exzellent, hat Spaß, ist witzig, geistreich. Hat schlechte Jackettkronen, schaumige

---

[1] Pressemappe zur CD in elektronischer Form

Spucke und singt weltmeistermäßig schnelle Tempi, fistelt viel. Kann aber auch Balladen. Kann alles, was ich nicht kann. Ist stilistisch verwandt mit Al Jarreau, aber noch eindrucksvoller als der. Nicht enden wollend, auch nervtötend eitel. Kann mühelos das, was Ruth Hohmann ihr Lebtag wollte.

Und trotzdem muß auch ich singen. Eine Schmach? Ich kann nur hoffen, daß es sich dennoch lohnt, auch mich anzuhören. Ich kann sicher etwas, was der nicht kann. Aber was? Um Gottes Willen. Ich kann süßer sein. Wahrscheinlich. Er dringt in die Ohren, ich in die Därme.

Er macht zu viel. Wie die Schauspieler, die zu viel machen. Daß man alles kann, muß noch lange nicht dazu führen, daß man alles vorzeigt. Er singt sich selbst an die Wand.

### *Mo 7.2.2000*

Abends war auf NDR zusätzlich zu den in der ARD ohnehin laufenden Wiederholungen der alte »Tatort« »Gelegenheit macht Liebe« (!) von Pete Ariel (1984) gelaufen. Damals war Charles Brauer noch nicht mein Partner, und ich war noch schön schlank. Die Schauspielerin Claudia Rieschel konnte echte Tränen weinen, sooft sie nur wollte. Das faszinierte mich nicht nur, sondern es machte mich gegen die ganze Frauenwelt mißtrauisch.

### *Di 8.2.2000*

Geburtstag. 63 Jahre. Das also ist das Datum, das mir als kleiner Junge immer durch den Kopf gegangen ist. Nämlich wenn ich mich gefragt habe, ob ich so alt wohl werden kann. Dauernd habe ich alte Opas in der Umgebung gefragt, ob sie schon 63 Jahre alt seien.

### *Mi 9.2.2000*

Saloth Sar war ein Herzchen. Da ist mir Helmut Kohl viel sympathischer, obwohl Saloth Sar sicher kein einziges schwarzes Konto hatte. Ich habe einen langen Film über Saloth Sar gesehen, er heißt mit Künstlernamen Pol Pot.

***Do 10.2.2000***

Für morgen ist im Ersten ein weiterer alter »Tatort« mit Charly und mir aufgeführt, »Tod eines Mädchens«, Regie Jürgen Roland (1991).

Auch dieser »Tatort« kann sich inzwischen auf dem »Gong«-Würfel einer stolzen Sechs erfreuen. So werden die alten »Tatorte« ganz automatisch immer besser, je mäßiger das allgemeine Fernsehen wird. Alles ist relativ.

***Sa 12.2.2000***

»Der Bundesbeauftragte für die Unterlagen des Staatssicherheitsdienstes der ehemaligen Deutschen Demokratischen Republik« hat mir heute einen kleinen Nachschlag aus meinen Stasiakten geschickt: »… wurden aus einem Sammelvorgang der Abteilung II dieser BV mit der Signatur BV Berlin, Abt. XX 1937, Band 2 auch 56 Seiten mit Informationen zu Ihrer Person aufgefunden.«

Es sind fast ausschließlich »Informationen« des IMV Salmann (Salow) und des IMV »Riese« (Stoelzner) aus dem Zeitraum 1976–1978.

Am Ende eines »Eröffnungsberichts zur Anlage eines Operativ-Vorganges über Krug, Manfred« vom 1.12.1976« heißt es:

»Version:

Nach den vorliegenden Informationen und Hinweisen liegt die Vermutung nahe, daß der Krug auch weiterhin zum Kern des sich in letzter Zeit formierenden Personenkreises gehören wird, dessen Hauptinitiatoren eindeutig staatsfeindliche Auffassungen vertreten, verbreiten und bemüht sind, eine entsprechende stabile Gruppe ›Gleichgesinnter‹ zu sammeln.

Zielstellung der Bearbeitung.

Durch den zielgerichteten und offensiven Einsatz der IMV ›Riese‹ und ›Salmann‹ soll geklärt werden, inwieweit die Version zutreffend ist, um die strafrechtliche Relevanz zu konkretisieren.

Hauptanliegen der ersten Bearbeitungsphase ist die Aufklärung aller Personen, die als Kontaktpartner des Krug bekannt wurden und werden. Die Erarbeitung des Beziehungsgefüges sowie die Gewinnung weiterer Erkenntnisse des Stellenwertes der einzelnen Mitglieder der Gruppierung um Krug ist dabei Grundlage und Vorbereitung vorgesehener Zersetzungsmaßnahmen in der zweiten Stufe der operativen Bearbeitung des OV.

Sagafe

Leutnant«

Ein kleines Leutnantsarschloch. Ich bin beleidigt.

Auf Seite 105 der nachgelieferten Akte lautet eine Maßnahme zur Zersetzungs-Vorbereitung:

»Der IMV (Salow) bereitet ein attraktives Geschenk für Krugs 40. Geburtstag vor. Finanzielle Beteiligung unseres Organs wurde zugesichert.«

Es ist also wahrscheinlich, daß Salow auch schon früher beim Verkauf von Antiquitäten an mich günstige Preise gemacht und sich sodann die Differenz von der Stasi hat ausgleichen lassen. Und ich dachte immer, es sei die reine Blödheit Salows gewesen.

Das Schlimmste an einem Geburtstag ist immer das Türöffnen, bis alle da sind, das Staunen über die schönen Blumen oder die hübsch eingepackten Geschenke, die man aber nicht gleich auspacken will, sonst müßte man noch mehr staunen und gleichzeitig die nachrückenden Leute unbegrüßt warten lassen, die ebenfalls ihre Geschenke oder Blumen ausstrecken. Und so weiter.

Die letzten kamen um halb zehn, es war Siggi Schmidt-Joos mit seiner Kathrin. Außerdem waren da: das Paar Thonke, Nicolas Becker, die Pröbrocks, die Moeses, die von Wiechmanns, die Sturms, die Belz', die Poches, die Schöpse, die Brünings, die Beyers, die Voigts, und – erstmalig – Martin Schulze mit seiner Frau. Nachzügler auf Krücken war der schrecklich outrierende Christoph Hofrichter mit einem angeblich gebrochenen Bein. (Bei diesen Leuten weiß man nie.)

**So 13.2.2000**

Allen Gästen, die gestern Geschenke gebracht haben, und seien es die merkwürdigsten Gaben gewesen, habe ich heute teils per Post, teils per Fax gedankt.

Nachmittags kamen Marlene und Petra mich besuchen, es war harmonisch, abends wollte aber Marlene nicht ins Bett, wie immer. Abends mit Petra noch ein bißchen zusammengesessen, es war langweilig. Petra erzieht jedoch Marlene sehr gut, sie erklärt ihr vieles, geht ins Kindertheater mit ihr, liest vor, geht in den Zoo, macht mit ihr Besuche bei befreundeten Kindern und vieles andere mehr. Marlene ist sprachlich entsprechend weit, ahmt die merkwürdigsten Wortwendungen nach. Sie erzählte mir zum Beispiel einen Dialog und sagte: »... Dann sagte ich, zu ihr gewandt ...« Das hört man von einer knapp Vierjährigen nicht oft. Es klingt fast ein bißchen klugscheißerisch.

**Mo 14.2.2000**

Die Schädlich faxt ein Bild aus einem Fotoband, den es zu dem Erfolgsbuch von Reich-Ranicki (375.000 Exemplare »Mein Leben«) gibt und der sein Leben gleichfalls illustriert. Eines der Fotos zeigt Reich-Ranicki auf der Couch in seiner Frankfurter Wohnung, eingerahmt von Jurek und mir. Damals liebten sich die beiden noch innig; Jurek hatte mich mit zu seinem Freund geschleppt. Eine angenehme Begegnung, ich war der Zuhörer eines intelligenten Gesprächs zwischen beiden.

**Mi 16.2.2000**

Die CD »Tatort – Die Songs« ist innerhalb einer Woche auf Platz 21 der Charts abgesunken. Der Durst ist gestillt; kann man nix machen. Wir sind bei etwa 100.000 Stück verkaufter Platten. Da wird wohl aus der »Goldenen Schallplatte« nichts werden.

Ich habe den Leuten vom ZDF, die mich zu einem Duett mit Udo Jürgens anstiften wollen, einen hinhaltenden Brief geschrieben. Möchte erst wissen, was für ein Titel? Live oder Playback? Stimmlage usw.

***Do 17.2.2000***

Jeden Tag was neues Unerfreuliches: meistens sind es bis dato unbekannte Schmerzen. Nachdem ich durch den schlecht eingepflanzten Herzschrittmacher, er klemmt direkt unter der Haut, nicht mehr auf der rechten Seite schlafen kann, muß ich auf der linken Seite schlafen. Aber dann werde ich wach, weil ich neuartige Schmerzen habe, sie fühlen sich an wie Schmerzen im linken Brustmuskel. Nun muß ich mich auf den Rücken drehen, was für einen schnarchanfälligen Seitenschläfer eine Strafe ist. Eine meiner letzten großen Freuden war es, mir nach Belieben eine Schlafhaltung zu wählen.

***Frei 18.2.2000***

Die Leute, die mich mit Udo Jürgens zusammenbringen wollen, haben hundert Ideen, und das ist das, was ich nicht wollte. Playback ist möglich, live auch, nur mit Udo am Klavier ein Stückchen Duett könnte man sich vorstellen, aber auch manches andere. Ich glaube, ich zucke lieber zurück, sonst komme ich da nur als Udo-Arabeske vor. Ich will doch aber selbst ein toller Hecht sein.

Aus Lust am Ekel kucke ich mir im Fernsehen noch einmal die Parade all der widerlichen Politiker an, die sich beim Volk maßlos entschuldigen.

***Sa 19.2.2000***

Brief an die Neuapostolischen geschrieben, ohne mich als Atheist zu outen. Denn alte Erfahrungen haben mir gezeigt: Wenn ich das tun würde, dann würde ich den Missionseifer erst richtig auslösen. Nichts ist schöner, als Heiden zu Gott zu bringen.

***Mo 21.2.2000***

Friedensreich Hundertwasser, ein schlanker Mann, ist am 19. Februar als Passagier auf dem Dampfer »Queen Elizabeth 2« an Herzversagen gestorben. Er lebte die letzten Jahre auf Neuseeland und will dort im »Garten der glücklichen Toten« beerdigt werden. So heißt der Ort, wo seine Farm steht.

Er wurde als Friedrich Stowasser in Wien geboren. Sein ursprünglich wahrscheinlich tschechischer Familienname Stowoda, dort üblich, war schon zur Hälfte übersetzt. Blieb die Bedeutung des Vornamens Fritz (= Friederich = Friedensreich) noch neuzudeutschen.

***Di 22.2.2000***

Heute einen TV-Film über den bayrischen Grafiker Günter Hopfinger gesehen, der von seiner Mutter schon während der Kindheit verstoßen wurde. Der Mann konnte 100- und 1.000-Markscheine derart gut aus freier Hand nachzeichnen und kolorieren, daß er bei dem Versuch, mit den Künstlerblüten zu bezahlen, nie ergriffen wurde.

Die ersten Aborigines kamen vor etwa 40.000 Jahren aus Asien nach Australien. Sie brachten auch den Dingo nach Australien. Die Verwüstung des Kontinents begann mit seiner Eroberung durch die Weißen und alle ihre Mitbringsel wie Kaninchen, Schafe, Ratten und so weiter. Nur noch ein Fünftel der ehemaligen Waldfläche ist vorhanden, und ein Ende der Menschheit ist nicht abzusehen.

***Mo 28.2.2000***

Seit vor Weihnachten stehen zwei frisch gebaute hölzerne Kinderschlitten auf meinem Flur. Heute habe ich mich aufgerafft und wenigstens einen der Schlitten in den Keller hinuntergebracht. Dabei torkelte ich kraftlos die Treppen hinunter und hatte zum ersten Mal Angst, mitsamt meinem Schlitten abzustürzen. Da wurde mir mein körperliches Elend bewußt. Mir wurde klar, daß ich die drei letzten »Tatorte« dieses Jahr nicht mehr schaffen würde. Mir wurde klar, daß ich sofort mit der Arbeit Schluß machen muß. Um 13.30 Uhr fing ich an, einen Brief an Frau Heinze vom NDR zu schreiben, in dem ich ankündigte, daß dieser »Tatort« mein letzter sein wird. Ich rief Klaus Priebe von SEA an und sagte ihm, daß ich eventuell früher als geplant aus dem »Tatort« aussteige. Er schien nicht sonderlich erschüttert.

Dann habe ich den Brief doch nicht abgeschickt.

## *Di 29.2.2000*

Übrigens: Das Pferd hat sich einst auf dem amerikanischen Kontinent entwickelt, als Einhufer ist es über die Beringstraße nach Asien und Afrika ausgewandert. Auf seinem Heimatkontinent ist es plötzlich vor etwa 10.000 Jahren ausgestorben. Die Indianer könnten noch frühe Reiter gewesen sein. Erst die von sechsundvierzig freigesetzten und verwilderten Hauspferden der weißen Amerika-Eroberer stammenden Mustangs machten sie wieder zu Reitern.

## *Mi 1.3.2000*

Otti fährt mich zum Flugplatz. Ich hatte mir die Abflugzeit in den Kalender geschrieben und das Ticket gar nicht mehr angesehen. Als ich in Tegel um 18.30 Uhr angekommen war, erfuhr ich am Schalter, daß die letzte Maschine bereits seit 15 Minuten in der Luft sei. Ich rannte raus, Otti war schon wieder weg.

Also fuhr ich mit dem Taxi zum Bahnhof Spandau und wartete auf einen Zug nach Hamburg. Der kam 40 Minuten später als geplant, weil in der Nähe des Ostbahnhofs auf einen Normalzug ein moderner Pendelzug aufgefahren war. Ich rief vom Bahnsteig aus Felix Gregor an, der wiederum die Garderobiere Rautgundis Beutel benachrichtigte. Schließlich kam ich doch nach Hamburg, wo in meinem altgewohnten Zimmer 557 meine Mönchskutte von der getreuen Rautgundis noch anprobiert und gesteckt wurde.

## *Frei 3.3.2000*

In Mosambik (wohin der geniale Werner Lamberz[2] mich 1977 mitsamt meiner Familie expedieren wollte), wird die Sintflut immer schrecklicher.

---

2 Werner Lamberz, Mitglied des Politbüros des Zentralkomitees der SED, versuchte mit diesem Angebot, Manfred Krug von seinem Ausreiseantrag abzubringen.

Der Verbrecher Pinochet darf nun doch nach Chile zurück; er sei nicht vernehmungsfähig, sagen die englischen Ärzte.

Der geniale Kanzler der Einheit hat mal eben 6 Millionen Mark gesammelt, weil er glaubt, er könnte den Vertrauensschwund, der durch seinen Umgang mit Bimbes entstanden ist, wieder wettmachen, wenn er nur genug neuen Bimbes auftreibt.

Mit Frau Heinze telefoniert und die Frage gestellt, ob sie den Film »M. K. singt wieder« nicht haben will. Ich würde ihr das Geld wiedergeben und damit hätte sich's. Auf der Ebene könne man darüber nicht reden, sagt sie. Nein, sie habe den Film noch anderen Leuten vom NDR vorgeführt, und alle seien sich einig: Man müsse noch mal über den Film reden, weil Westdeutsche ihn mißverstehen könnten usw.

»Wollen Sie den Film haben?«

»Ja, ich will ihn haben, zu Pfingsten soll er nach 21.00 Uhr gesendet werden.«

Das höre ich zum ersten Mal.

Ich habe ihr gesagt, daß ich selbst sehen und hören möchte, was sie aus dem Film rausschneiden will, daß ich also bei der Auswahl dabei sein möchte. Das hätte ich mir in vielen Jahren treuer Zusammenarbeit wohl verdient, daß ich gefragt werde und anders behandelt werde als irgendein Dahergelaufener.

### Sa 4.3.2000

2 CDs von Daniel und seiner Petra nachträglich zum Geburtstag geschenkt bekommen: der Geiger Stuff Smith, einmal mit Herb Ellis 1963 und einmal mit den Herren Gillespie und Peterson aus den Fünfzigern. Meine Erinnerungen an Smith waren besser als er selbst.

### So 5.3.2000

Nachts sehe ich auf Arte einige der frühesten, wenn nicht die frühesten Filme der Filmgeschichte, die nur je wenige Sekunden lang sind. Sie sind von Étienne-Jules Marey, einem Vorläufer der Kinematografie. Er war der erste, der fotografierte Bewegungen zeigen konnte.

Danach auf Arte ein Konzert mit Ray Charles und der Big Band des Hessischen Rundfunks gesehen: »Georgia On My Mind« und anderes. Er singt nur noch ein Drittel von den Tönen, die er früher gesungen hat, und es reicht. Die Leute hören die Töne, die er nicht singt. Und er, er hört auch die Töne, die er nicht singt. Er springt oft mit beiden Füßen hoch, springt ganz auf, reißt die Hände von der Klaviatur runter und singt »Georgia«, singt und spielt, ist vital wie eh und je. Seine Hände sind jung. Er lacht und schreit und kiekst mit der Stimme, er wimmert und quietscht.

### *Di 7.3.2000*

Wir haben am Deich, eine Stunde außerhalb von Hamburg, 4 Bilder mit Charly gedreht, ich in der Mönchskutte, es war naß und kalt.

Plötzlich tauchen Frau Ramcke und Herr Schöps auf und stekken mir, daß Frau Heinze vom NDR ein letztes Mal mit mir zu reden wünscht: ob ich nicht künftig von den jährlichen 3 »Tatort«-Filmen wenigstens einen drehen würde. Dabei tun sie so, als dürfte Frau Heinze nie erfahren, daß sie mir das erzählt haben. Ich durchschaue das Manöver und sage vorsichtshalber: »Das kommt nicht in Frage.« Der künftige Kollege (wer das sein soll, weiß ich nicht) habe nicht genug Zeit, er könne pro Jahr nur zwei »Tatorte« machen (gelogen). Welcher vernünftige Schauspieler würde es schon wollen, daß er jahrelang mit uns verglichen und eventuell geschmäht würde. Der Mann wäre blöd. Und der NDR führt sich irgendwie hilflos auf. Ich bin überzeugt, daß es noch immer keinen neuen »Tatort«-Kommissar gibt.

Der römische Kaiser Caligula war ein verweichlichter, bisexueller Junge, kränkelnd, Kopfschmerzen, trug selbst zur Erledigung seiner Staatsgeschäfte oft Frauenfummel. Excessive Feste, die so viel Geld verbrauchten, daß er die verrücktesten Steuern erhob.

Er brachte viele Leute um und weidete sich am Anblick der oft tagelang Gequälten. Sein geflügeltes Wort: »Laß ihn spüren, daß er stirbt.« Soll ein inzestuöses Verhältnis mit seiner Schwester Drusilla gehabt haben. Hielt sich für einen Gott. Lernte Caesonia kennen, die Mutter von 3 Kindern und ein geiles Luder war. Sie war viel älter als er. Er hat 3 Jahre und 10 Monate regiert. Mit 29 Jahren ist der frevelhafteste und exzentrischste aller Römerkaiser von der Prätorianergarde geschlachtet worden.

**Mi 8.3.2000**

Kurz nach acht losgefahren aufs Land, ans Elbufer, ein Hotelbild gedreht. Ramcke und Heinze kamen zu Besuch. Letztere fragte zaghaft, was ich nach den »Tatorten« machen würde. Ich sagte: »Wahrscheinlich nichts«. Ich sagte den beiden Damen die ganze Wahrheit über meinen Gesundheitszustand. Da gaben sie langsam Ruhe.

Brauer und Gregor haben in dem Auto dermaßen rumgehustet und rumgerotzt, dermaßen mit Viren und Schleimpartikeln um sich gesprüht, daß ich nun auch einen totalen Schnupfen habe. Man sollte es den Asiaten nachmachen und eine Mund-Maske tragen.

Vor lauter Nicht-einschlafen-können einen Film über die 1943 in Texas geborene Janis Joplin gesehen. 6 Jahre später als ich, und so lange ist sie schon tot, und so lange ist sie schon eine Legende.

Sie war gegen den Vietnam-Krieg, das ist schon mal was, und sie hat Alkohol getrunken und Heroin gespritzt und alles in sich reingeschoben, was sie nur kriegen konnte, darunter ein paar hundert Schwänze. Einer von ihren Lovern hat gesagt: »Sex mit Janis Joplin, das war wie ein Kampf mit einem Krokodil.« Ich habe auch Weiber nie leiden können, die den Hintern nicht eine halbe Minute lang ruhig halten konnten. Sie hat auch vor Frauen nicht haltgemacht. Sex, Alk, Drogen, Musik. Am 4. Okt. 1970 stirbt sie. Goldener Schuß. Jemand hatte ihr besonders reines Heroin besorgt. Als sie jung war, hat sie viel geschrien und wenig gesungen. Und als sie endlich das Singen entdeckt hatte, war sie schon tot.

***Do 9.3.2000***

Total erkältet, schwer und spät eingeschlafen.

Wir sind in ein Dorf in der Nähe von Hamburg gefahren und haben dort in einem großen Kuhstall unter 90 freilaufenden Kühen, die unentwegt Fladen und Wasser gelassen haben, gedreht.

Ich habe eine szenische Lösung vorgeschlagen, die meine gesamte Zetteltechnik erforderlich machte. Leider haben die Kühe, halb aus Neugier und halb aus Schabernack, wie mir schien, hinter meinem Rücken meine Zettel abgenubbelt und vor dem Ausspucken schön eingeweicht, so daß ich nichts mehr lesen konnte. Ich mußte eine Wache aufstellen und einige Zettel mit der Hand neu schreiben.

***Frei 10.3.2000***

Spät am Abend rief mich Willy Moese an und berichtete, daß sich Rolf Römer durch eine Stichflamme, die es in seinem Garten gegeben habe, 40 % seiner Haut verbrannt habe. Er habe mit einer brennbaren Chemikalie hantiert, die sich »Moos-Ex« nennt. Rolf liege im künstlichen Koma, und Maria hält es für wahrscheinlich, daß er nicht lebend aus der Sache herauskommt. Wie diese Stichflamme wirklich entstanden ist, konnte oder wollte Willy mir nicht genauer sagen.

Unter der Post ein herzlicher, handgeschriebener Brief von Udo Jürgens:

»Mein lieber Manfred,

laß uns doch ganz locker eine schöne alte Nummer jazzen. Du machst das doch super, weil Du es einfach kannst! Ich bin vom 7.–9. April in Berlin. Seh'n wir uns vielleicht sogar auf einen Schluck?

Servus – Dein Udo«

Das finde ich herzig. Da wird zugesagt.

### Sa 11.3.2000

Der Bayerische Ministerpräsident und Frau Karin Stoiber haben mich am 26. Mai zur Verleihung des Bayerischen Fernsehpreises 2000 als Staffage eingeladen und wünschen sich eine festliche Abendgarderobe. So was habe ich gar nicht. Freundlich abgesagt.

Frau Margit Lucht von Warner Special Marketing hat eine konkrete Zahl gefaxt: »Wir haben bis heute 96.000 CDs von ›Tatort – Die Songs‹ verkauft.« Das ist doch was.

An sie und an Stempel je ein Fax mit dem neuen Sendetermin von Frau Heinze geschickt: Pfingst-Sonntagabend nach 22.00 Uhr soll der TV-Film »Wenn ich singe …« auf ARD gesendet werden.

### So 12.3.2000

Der Papst (JP2) will heute ein Reuebekenntnis über die Sünden der Kirche während der letzten 2000 Jahre ablegen. Zwei Stunden ein bißchen Abrakadabra, ein bißchen Nuschelnuschel, ein bißchen Kostümfest, ein bißchen Singsang, und die Sache ist erledigt. Für jedes Jahrtausend ein Stündchen. Katholisch müßte man sein. Ich hätte auch einiges zu bereuen.

Frank Beyer ruft mit wunderbar frisch klingender Stimme aus dem Krankenhaus an und sagt, ich könne in der »Berliner Zeitung« einen Rechtfertigungs-Leserbrief des Genossen Gerstner[3] finden, der sich auf einen Artikel über ihn vor einer Woche beziehe. Gerstner beklage sich darin, daß ihm ja leider die Gauck-Behörde keine Akten-Einsicht gewähre.

### Mo 13.3.2000

Der gestrige eher schlappe »Tatort« »Viktualienmarkt« aus München hatte einen großen Erfolg: 9,97 Mio bei 27,9 % Marktanteil. Ungern gesagt: Toll.

---

3 Beyer bezieht sich auf den Artikel vom 26.02.2000, in dem stand: »Der angesehene DDR-Journalist Karl-Heinz Gerstner hat seine Memoiren vorgelegt und verschweigt seinen Weg vom tüchtigen Nazi-Diplomaten zum vielbeschäftigten Stasi-Agenten ›Ritter‹.«

Abends habe ich noch mal in den alten »Tatort« »Mord im Elefantenhaus« auf N3 reingekuckt. Gar nicht so schlecht. Hat im »Gong« unverschämterweise einen ganzen Punkt. Dazu einen »Gong«-eigenen Satz von 1987: »Krimi mal ganz ohne Spannung.« Wixer.

***Mi 15.3.2000***

Abends sagte Otti, Rolf Römer sei am 14.3. an seinen Verbrennungen gestorben.

***Do 16.3.2000***

Heute wäre unser 37. Hochzeitstag gewesen. Habe ich vergessen.

***Frei 17.3.2000***

Früh mit Charles Brauer einen Spaziergang durch Lüneburg gemacht. Reiner Spießrutenlauf. Die Leute hatten ganz und gar nichts Hanseatisches. Jeder sprach uns frank und frisch an, jeder suchte Kontakt. Der Norden von seiner südländischsten Seite.

***Sa 18.3.2000***

Aus dem »Hôtel Plaza Athénée« ein Fax von Udo Jürgens bekommen:

»Mein lieber Manfred, lieben Gruß aus New York. Toll, wenn die Sache mit uns beiden klappen sollte. Ich melde mich bei Dir, wenn ich in Berlin bin. Servus, keep cool! Dein Udo.«

Ich glaube, er würde es wirklich gern sehen, daß wir beide was singen.

***So 19.3.2000***

Morgens ein Telefonat mit Hans Heinrich, über den gräßlichen Tod von Rolf Römer, über die Tode von Ralf Kirsten und anderen DEFA-Gevattern, die sich zu DDR-Zeiten vor lauter Angst keine »Westkontakte« erlaubten. Doch als die Wende da war, erinnerte sich Kirsten an unsere gemeinsame Zeit mit unseren gemeinsamen Filmen und wollte sich wieder an meine Seite stellen. Aber da wollte ich nicht mehr. Hans sprach auch über die blöde Sahra Wagenknecht von der PDS, die in allerlei Talk-Shows ihre Sehnsucht nach dem schweinemäßigen DDR-System nicht verbergen kann.

Auf BR3 das »Konzert für Violine und Orchester in d-moll« von Sibelius gesehen und gehört. Lorin Maazel dirigiert, und die Amerikanerin Hilary Hahn spielt. Sie ist knapp 20 und so süß, daß einem die wunderlichsten Gedanken kommen. Ich weiß nicht, ob ich je schönere Geigentöne gehört habe. Sie ist wach und innig. Kein Theater. Sie hat ein rotes Kleid an. Süß. Im letzten Satz »Allegro, ma non tanto« wechseln die Lagen und Tempi so schnell, daß man glaubt, drei verschiedene sich abwechselnde Geigen zu hören. Hinter ihr in der Unschärfe sitzt ein hübscher junger Streicher, der nicht viel zu spielen hat und sie von hinten betrachtet. Er scheint sich zu fragen: »Warum sie?«

## *Frei 24.3.2000*

Der belgische Politiker Paul-Henri Spaak (1899–1972) sagte einmal: »Die Dummheit ist die sonderbarste aller Krankheiten. Der Kranke leidet niemals unter ihr. Aber die anderen.«

Curt Goetz: »Es ist ein Merkmal der Dummheit, daß sie sich selbst nicht erkennt.«

## *Sa 25.3.2000*

Um 14.00 Uhr mit dem jungen Fahrer von der BMW-Vertretung in der Huttenstraße in Ottis Begleitung nach Leipzig gefahren. Der Fahrer hatte den Computer falsch programmiert und bog von der Autobahn ab, weil er glaubte, es sei ein Stau zu erwarten. Dabei hatte er »kürzeste Strecke« eingegeben. Das hat uns 40 Minuten Herumgefahre in der südlichen Mark Brandenburg eingebracht. Nach meinem Machtwort fuhren wir zur Autobahn zurück und kamen kurz nach 16.00 Uhr im Leipziger »Marriott«

an. Dort Krista Maria Schädlich und später Eva-Maria Hagen, die uns von der »einstweiligen Verfügung« erzählte, die die Tochter Nina angeblich gegen der Mutter zweites Buch erwirkt habe. Es sollen Intimitäten drinstehen. Nebbich. Ich halte das Ganze für einen Geschäftsgag. Was kann es bei einer Buchveröffentlichung Schöneres geben als eine einstweilige Verfügung, sie muß nur wirklich einstweilig sein.

Meine Lesung im Foyer des Museums der Bildenden Künste war unglaublich. Lauter junge Leute, die teils 2 Stunden angestanden hatten, um hereinzukommen. Man konnte nicht treten, weil auf dem Fußboden viel mehr Menschen saßen als im Gestühl. Auch hinter mir. Fast alles junge Leute. Charly Brauer war mit seiner Frau da. Es war eine herrliche Stimmung. Die Leute wollten, daß ich mich auf den Tisch setzte, weil ich sonst nicht zu sehen gewesen wäre. Kaum Licht, keine Galgen, nur Tischmikros. Miserable Organisation.

Ich habe mein Bestes gegeben. Ich las alle Gedichte und »Die Katze«. Der Presseleiter des ECON Verlags, Herr Michael Then, ein gebildeter, angenehmer Mann, hielt zwei Stunden lang das Tischmikrofon vor meine Nase, das muß anstrengend gewesen sein. Es war wunderschön.

Im »Marriott« abends 70 Minuten vergeblich auf Essen gewartet, dann nachts um 24.00 Uhr ungegessen mit Otti nach Hause gefahren. Die Vorsuppe war schon uneßbar.

### *So 26.3.2000*

Wladimir Putin ist dabei, heute nacht für seine Präsidentschaft die Mehrheit zu erringen. Zweiter ist mit knapp 30 % der Kommunist Gennadi Sjuganow. Boris Nikolajewitsch Jelzin schaut sich's, mit einem Glas Sekt in der Hand, im Fernsehen an.

Der ehemalige Schauspieler O. W. Fischer lebt noch immer. Auch er hatte es einmal (1957) in Hollywood versucht. Das war eine Pleite. Was verstanden die Amis schon von einem brillanten deutschsprachigen Filmschauspieler? Jetzt nennt Fischer sich, nachdem er sich 1966 zurückgezogen hatte, Schriftsteller und Wissenschaftler. Ganz einfach. Er tut so, als sei die Schauspielerei eine kleine Jugendirrung gewesen. Dabei verdankt er ihr alles. Nicht zuletzt seine Villa.

Nachts einen Film gesehen über die Stadt Gorny an der Kolyma. Man nannte es das russische Klondike.

»Hier habe ich 41 Jahre geschuftet.
Jetzt stehen hier nur noch Ruinen.
Ich habe nichmal das Geld, um mir
auch nur einen Container zu leisten,
damit ich meine Habseligkeiten
hineintun könnte und mit meiner Frau verschwinden.«

»Hast du kein Geld gespart?«

»Ja, habe ich. Das hat damals gereicht für einen ›Shiguli‹. Weißt du, was ein ›Shiguli‹ ist? Das ist ein Auto. Dort steht es. Schon 10 Jahre. Und dort bleibt es stehen. Der Reichtum meiner Heimat, wenn man alle Bodenschätze zusammenrechnen könnte, beläuft sich auf 30 Trillionen Dollar. Die Leute im Kreml haben Millionen Russen zu Bettlern gemacht. Ein Fluch liegt über Rußland. Alles zerstört an der Kolyma, jede Hütte, jedes Dorf. 67 Tonnen haben sie pro Jahr dort rausgewaschen. Und jetzt?«

### *Di 28.3.2000*

Ich packe abends meine Sachen, weil ich die nächste Nacht in Hamburg schlafen soll.

Danach sehe ich im ZDF einen erschütternden Film über das Ausglühen von Hamburg und Dresden gegen Ende des Weltkrieges. Einige Leute erinnern sich an ihre Kindheit, darunter der hier uneitle Wolf Biermann, der über den Hamburger Feuer-Orkan erzählt, und der Rostocker Walter Kempowski. Reich-Ranicki, Hochhuth, Dieter Forte. Und die Maron redet so schlau vor sich hin.

Ich lerne, daß ich das wieder erschienene Buch »Vergeltung« von Gert Ledig lesen muß.

### *Mi 29.3.2000*

Noch ein harter Drehtag, an dessen Ende wir in der sehr hübschen Klosterkirche unser Kitschlied »Ave Maria« playbackten. Alles ging gut.

Nach dem Drehen nach Hamburg gefahren und mit Charly auf seinem Zimmer in der Gesellschaft von Raimund Weber zu Abend gegessen. Der erzählte, er sei sehr unglücklich darüber, daß er eine Idee von mir zu verwirklichen habe:

Nämlich auf der Abschiedsfeier der Kommissare soll der Mord geschehen, um den es in der letzten »Tatort«-Geschichte gehen soll. Heinze, Kellermeier und Ramcke hätten ihn vergattert, so etwas zu schreiben.

Ich konnte mich gar nicht an diese Idee erinnern, sie mag aber irgendwann aus meinem sprühenden Kopf gekommen sein.

Charly und ich erlösten den Autor umgehend von dieser Bürde. Eine gute letzte Geschichte sei wichtiger, als irgendeine Furzidee zu verwirklichen.

Das Ganze tat mir leid. Ich schlug vor, einen ganz normalen Kriminalfall zu erfinden, und ganz zum Schluß übergibt uns der Polizeidirektor einen Blumenstrauß und sagt etwa: »Ihr Rentenantrag ist durch. Dann also: Alles Gute.« Und Feierabend.

Wir wollen es anders haben als Derrick und andere, die mit großem Bahnhof gegangen sind.

### *Do 30.3.2000*

Unser Postamt in der Marburger Straße wird aufgelöst. Wir müssen jetzt in die Nürnberger Straße, was weiter entfernt ist. Drei Banken sind aus unserer Nähe weggezogen. Alles wird schlechter, als es war. Nichts wird besser.

### *Frei 31.3.2000*

Mit Otti gefrühstückt. Dann einen Herrn Rudolf John in Wien angerufen, der mit einem typisch österreichischen Dreh kam: »Ja, Grüß Gott, Herr Krug, ich freue mich, daß Sie zugesagt haben, zu unserer Preisverleihung zu kommen, zur ›Romy‹. Danke.

Das wäre dann dieses Wochenende. Kommen Sie auf unsere Kosten (!) nach Wien.«

»Zugesagt? Wie denn?«

»Na, Sie haben doch die Karte unterschrieben, mit der Einladung.«

»An welcher Stelle habe ich denn das Kreuz gemacht?«

»Das ist es ja: An keiner Stelle. Und da dachten wir, das sei eine Zusage.«

»Wenn ich es an der Stelle ›Ich kann leider nicht kommen‹ gemacht habe, dann sollte das bedeuten, daß ich nicht kommen kann.«

»Äh … Ha ha ha. Dann werden Sie es dort wohl nicht gemacht haben …« Usw.

Ich habe in Aussicht gestellt, daß ich nächstes Jahr vielleicht komme und daß sie mir die »Platinene Romy« überreichen können.

In der Post um 13.00 Uhr ein Fax der Blödzeitung, Reinhard Lakomy habe ein Buch veröffentlicht, ob ich zu den kopierten Passagen etwas zu sagen hätte. Dann einige Passagen, die der dumme Lakomy in seinem Buch »Es war doch nicht das letzte Mal« abgesondert und sich vorher aus dem Finger gesogen hat. Eine Stunde später bringt mir Otti einen Artikel aus der heutigen Blödzeitung mit: »Schwere Vorwürfe von einem Berliner Liedermacher / HAT MANNE KRUG ALTE OMAS AUSGENOMMEN?« Und dann ekliges Zeug von Lakomy, ich hätte in Görlitz in die Fenster der Häuser gekuckt, geklingelt, alte Damen überrumpelt, ihnen wertvolle Küchenmöbel abgeschwatzt und gegen neu gekaufte ersetzt. Und ähnliches Zeug. Ich weiß nicht, ob ich was machen soll.

Petra hat mir in Marlenes Gegenwart eine unglaubliche Geschichte erzählt. Marlene ist vor einigen Tagen, zusammen mit ihrer Freundin Helena, aus dem Kindergarten ausgerissen. Beide haben versucht, eine U-Bahn-Reise zu machen, wurden aber im Bahnhof aufgegriffen und von der Polizei nach Hause gebracht.

### Sa 1.4.2000

Mit den Aktien ist es eigentlich ganz einfach. Es gibt »altmodische« Aktien, die nicht dramatisch steigen, die aber einigermaßen sicher sind. Das sind z. B. Daimler- und BMW-Aktien, solche, die im Wesentlichen den DAX ausmachen. Man kauft sie und schaut ein Jahr lang nicht hin. Danach zahlt man auf Kurs-Gewinne keine Steuern; das allein ist schon viel wert in einem Abstauber-Staat wie dem unseren.

Wenn es an der Börse abwärtsgeht, schaut man nicht hin und legt sich eine Weile schlafen (Kostolany). Es wird auch wieder aufwärtsgehen.

Wenn man nur alt genug wird, geht es über 100 Jahre gesehen ganz gewiß nur aufwärts. Wer aber den großen Spekulationsreibach machen will, der muß mit einem Totalverlust seines Geldes rechnen, also extra Spielgeld verwenden. Das ist der sogenannte Neue Markt. Davon weniger anschaffen.

### So 2.4.2000

Das Gift Dioxin war – nicht zu knapp – in einem Entlaubungsmittel enthalten, das die Amerikaner unter dem Namen »Agent Orange« in Tausenden von Tonnen über Vietnam versprüht haben. Sie weigern sich jetzt, die verkrüppelten Nachkommen der Vietnamesen zu unterstützen, von denen sie besiegt worden sind und deren Kinder und Enkel noch immer ohne Endgliedmaßen und mit Krebsgeschwülsten geboren werden. Die Amis verweigern das Thema, vermeiden Gespräche darüber. Sie sind unsympathisch.

In England fangen die Versicherungen damit an, sich nach Gentests zu erkundigen. Wer »Schuldgene« für Erbkrankheiten in sich trägt (z. B. für Brustkrebs oder Alzheimer), der muß mit unbezahlbar hohen Versicherungsbeiträgen rechnen. Damit ist die Richtung klar. Nicht mehr lange, und es wird Genchecks schon nach der Geburt geben. Jeder kann sich dann ausrechnen, zu welchem Zeitpunkt er sich am besten eine Kugel gibt.

**Mo 3.4.2000**

Fax von Till Brönner: Er habe die Urbänder fertig, und sie seien derart gut geworden, daß er selbst neidisch darauf sei.

Die Leiterin des ECON Verlags faxt, ob ich nicht zusammen mit anderen Autoren dem Verlag zum 50. Geburtstag gratulieren und erlauben möchte, daß meine Unterschrift für die Verlagswerbung genutzt werde. Ich schrieb ihr, daß ich zu Verlagen kein sentimentales Gratulier-Verhältnis hätte, und habe abgelehnt.

**Do 6.4.2000**

Habe mir die Roughmixe angehört, die Friedhelm in den Briefkasten geworfen hat. Klingen zum Teil gut, zum Teil etwas DDRig. Schätze, wir können auf 70.000 kommen. Die Platte sollte zum Weihnachtsgeschäft zu haben sein.

**Frei 7.4.2000**

Morgens eine Stunde lang, immer wieder einnickend, das etwas wirre Buch »Der Hase im Rausch« von Eberhard Esche gelesen. Der Titel zeigt, daß er selbst wohl glaubt, mit der Interpretation dieses Gedichts vor 35 Jahren den Höhepunkt seines Schaffens erreicht zu haben. Er tritt heute noch als endgültiger Gestalter des »Hasen im Rausch« von Sergei Michalkow im Fernsehen auf. Wenn ich nicht irre, habe ich auf Seite 57 einen Satz über mich gefunden. Dort beschreibt Esche, daß er schon als Kind vor der Schulklasse als Rezitator geschätzt wurde: »Wenn ich gute Tage hatte«, schreibt er, »konnte ich bei allen, einschließlich meiner selbst, Tränen hervorrufen. Wie, Jahrzehnte später, mein einstiger Partner bei der legendären Berliner ›Jazz und Lyrik‹-Veranstaltung über mich zu sagen pflegte: ›Gedichte kann er sprechen.‹«

Ein kleines Wörtchen hat er aus diesem Satz gestrichen. Wenn ich ihn rezitieren hörte, sagte ich frotzelnd und anerkennend zugleich: »Gedichte kann er jedenfalls sprechen.«

Ich war in der Tat überrascht, daß dieser Schwurbelkopf seine Stücke textlich bis ins Letzte durchdacht und vorbereitet hatte.

Heute habe ich Ebi Esche einen Band »66 Gedichte« geschickt, mit der Widmung: »Für Ebi Esche, weil er, genau wie ich, einen Onkel Erich hatte und, genau wie ich, seiner mit Wärme gedacht hat. Von Manfred Krug April 2000. Seite 104/105«

**Sa 8.4.2000**

Früh um 10.00 Uhr mit Otti zur Trauerfeier für Rolf Römer in den kleinen Saal eines Bestattungsinstituts in Mahlsdorf gefahren und eine einstündige Abschiedsfeier gehalten. Etwa 50 Personen. Musik von Uschi Brüning und Luten und einem Trio mit Fender, Flöte und sehr guter Gitarre, gespielt von Knut Becker.

Anschließend eine Feier im Haus von Kathrin. Viele Unbekannte. Aber auch alte Freunde: Stefan und Inge Heym, Moeses, Sellhorn und andere. Kathrin kam im Rollstuhl zur Trauerfeier. Sie hat sich vor einer Woche auf der Bühne den Knöchel gebrochen. Von all den älteren Damen ist sie noch immer die ansehnlichste; mir kommt es sogar vor, als habe sie nie intelligenter und hübscher ausgesehen als heute. Jemand erzählte, daß Römer schon immer gern gezündelt habe, er habe sogar in der Jugend einmal eine Scheune abgebrannt. Die heitere Leichenrede seines unglaublich fetten Rechtsanwalts strotzte von Rabaukengeschichten, Unfällen, Verkehrsrasereien usw. Tsching-Gatsch-Guk[4], die Erfüllung eines Lebens. Um 17.00 Uhr nach Hause gefahren.

Heute ist mir die Idee gekommen, einmal eine Trauer- und Abschiedsplatte zu besingen, die ärmere Leute auf Trauerfeiern abspielen könnten.

**So 9.4.2000**

Gregor Gysi will kein Amt mehr in der PDS. Die Delegierten auf dem Parteitag in Münster haben ihm vor den Koffer geschissen.

---

4 Anspielung auf den Film »Chingachgook, die große Schlange«, in dem Römer die Rolle des Wildtöters (und somit des Freundes der Hauptfigur Chingachgook) hatte.

Die werden sich vielleicht noch wundern. Gysi ist die halbe Partei wert. Und Bisky ein Viertel. Beide gehen. Selbst mäßige Bruchrechner werden rauskriegen, was übrigbleibt.

Ich habe das Vergnügen, Gysis brillante Abschiedsrede, die er aus der Mütze und sehr leidenschaftlich hält, auf Phoenix zu hören. Er hat einem Gutteil seiner Genossen einen gigantischen, erfrischenden Einlauf gemacht. Für mich ein reines Vergnügen.

Der berühmte spanische Architekt Antoni Gaudí i Cornet starb als armer Mann. Die Leute dachten, er sei ein Penner, als er 1926 von einer Straßenbahn in Barcelona erfaßt wurde und zu Tode kam. Sein Hauptwerk, mit dem er 1883 begann: die bis heute nicht fertige Kathedrale Sagrada Familia in Barcelona.

Punkt 14.00 Uhr kam Udo Jürgens, rank und schlank und weiß Gott nicht wie bald 66 Jahre (30. September). Wir suchten in kurzer Zeit von meiner »Tatort«-CD zwei Titel aus: ein Stückchen aus »As Time Goes By« und den ganzen Song »All of Me«. Ich habe ihm gesagt, daß ich den Text nicht kann und nicht lerne. »Macht nichts«, sagt er. »Dann kriegst du einen Notenständer.« Die Sache soll nämlich in München mit Publikum aufgezeichnet werden.

Dann haben wir Ottis echten Tafelspitz gegessen, und nach einer Stunde war Jürgens wieder weg.

### Mo 10.4.2000

In der Presseschau hört man die Erwartung, daß die ganze PDS nach den Abgängen von Gysi und Bisky zur Bedeutungslosigkeit schrumpfen könnte. Und wozu braucht man eine Partei, die sich weigert, die gesellschaftliche Realität wahrzunehmen und auf sie zu reagieren? Zu nichts. Also wird sie nicht fehlen.

Im »Spiegel« steht, daß, erstmals in der Menschheitsgeschichte, ebenso viel übervollgefressene Menschen existieren wie abgemagerte, nämlich jeweils 1,2 Milliarden. Ich will zurück zur Mitte. Selbst wenn es sich nicht mehr lohnen sollte.

Petra und Marlene waren zu Besuch. Die Kleine war heute schon wieder abgehauen. Sie hat sich mit einem Freund und einer Freundin vom Kindergarten aus auf den Weg gemacht, ist aber nach kurzer Strecke eingefangen und durch Entzug von Vergünstigungen bestraft worden. Sie durfte zum Beispiel nicht draußen spielen.

Petra war entsetzt. Ich weniger. Wenn ich bedenke, wie viele Freiheiten uns der Krieg und die Nachkriegszeit gebracht haben, die Ruinen, das Spielen auf den autoleeren Straßen, die Gefangenschaft der Väter, die Möglichkeiten, durch Diebstahl und Tricks zum Broterwerb der Familien beizutragen, die Chancen, sich dauernd als kleine Helden aufzuspielen. Welch ein Elend für die heutigen Kinder.

### *Di 11.4.2000*

Heute früh um 6.00 Uhr weckte mich ein aufdringliches, lautes, eigentlich etwas ekliges Taubengurren auf. Zum ersten Mal hörte ich es aus größter Nähe, und mir fiel auf, daß jede Taube anders gurrt. Wie lächerlich die Natur uns alle doch macht, dachte ich. So ein anhaltender Lärm, bloß wegen der Nachkommenschaft. Und ich hoffte, daß die Taube bald wegfliegt. Sie mußte ganz nah an dem Spalt meines Klappfensters sitzen, den ich, wie jede Nacht, offengelassen hatte.

Als ich mich endlich mürrisch aufraffte, sah ich, daß das Taubenpärchen auf dem Dach meines Barocksekretärs saß. Es fand den schmalen Spalt zur Flucht wieder. Gott sei Dank. Sonst hätte es ein Blutbad gegeben. Flugratten.

Zum Wachwerden beim Frühstück ein Stück von dem Film »Tagebuch einer Verliebten« von 1953 gesehen. Ein blöder Film, mit zwei dämlichen Schauspielern, und doch, was sie so treiben, grenzt manchmal ans Geniale. Genial dämlich. Dem O. W. Fischer merkt man schon an, daß er eines Tages Wissenschaftler und Philosoph werden könnte. Aber auch bei Maria Schell ahnt man ihre künftige Alters-Armut und ihr Hüftleiden irgendwie voraus.

***Do 13.4.2000***

Abends mit Otti einen schrecklichen Film über Leben und Tod von Elvis Presley gesehen, der vollfett mit 42 Jahren ins Gras gebissen hat.

***Mo 17.4.2000***

9.30 Uhr zum Drehen für Telekom gefahren, dritter Drehtag. Alles Werbung für die neuen T-Aktien, die sich TIMES-Aktien nennen. Location: »Bärensaal im alten Stadthaus«, gebaut 1911 von Ludwig Hoffmann, heute Senatsverwaltung für Inneres. Imposante Halle; ca. 100 Kleindarsteller, darunter zu meiner Überraschung Herr Nagele, der sich um Otti und mich 1977, als wir in den Westen kamen, so auffällig gekümmert hatte. Ich fragte ihn rundheraus: »Sag mal, warst du damals bei der Stasi?« Er: »Ach wo, ich wurde von der Ständigen Vertretung angerufen. Meine Frau und ich sollten uns um euch kümmern.«

***Di 18.4.2000***

Letzter Drehtag für die Telekom-Aktien-Werbung. Wieder im Bärensaal, der in der DDR-Zeit vandalenmäßig verschandelt worden ist, indem man ihn mit Holz ausgekleidet hat wie die Kapitänskajüte eines Angebers. Zu dem Zweck haben sie nach Belieben den grauen Naturstein zerhackt und zerkerbt und zernarbt.

Ich habe mir ein paar der 18 in die Wand gemeißelten Sprüche aufgeschrieben, die sicher älter sind als von 1911:

- »Die Böses raten, betrügen, aber die zum Frieden raten, machen Freude.«
- »Ein kluges Herz handelt bedächtiglich, aber die kühnen Narren regieren närrisch.«
- »Ein Narr zeigt seinen Zorn bald, aber wer Schmach birget, ist witzig.«
- »Wo man arbeitet, da ist genug, wo man aber mit Worten umgehet, da ist Mangel.«
- »Es ist besser ein Gericht Kraut mit Liebe denn ein gemästeter Ochse mit Haß.«

· »Wer viel geredet und hält nicht, der ist wie Wolken und Wind ohne Regen.«

**Mi 19.4.2000**

14.00 Uhr Abfahrt nach Hamburg zur Lesung.

Der Fahrer von der Firma Bertelsmann ist ein lieber Altersgenosse, aber einer, der so schlecht Auto fährt, daß einem das Essen hochkommt. Ich habe ihm gedroht, daß ich mich ans Lenkrad seines geleasten Diesels setze, wenn er so weiterfährt. Es hat nichts genützt, er konnte es einfach nicht besser.

Nach zweieinhalb Stunden trotzdem in Hamburg angekommen, wo ich im Hotel auch auf Krista Maria traf. Das Zimmer habe ich gar nicht gesehen.

Der große Saal in der HanseMerkur-Versicherung war rammeldicke voll; es wurden Leute nach Hause geschickt. Saal leider sehr hallig, deshalb kein intimer Ton. Trotzdem: ein rauschendes Lesefest, viele nette, intelligente Leute. Ich las die Gedichte, die Postkarten und schließlich auch die noch nie gelesene Geschichte »Griebnitzsee«. Die Sponsoren und Veranstalter waren glücklich über das im Rahmen von »Hamburg liest« erstmals volle Haus und luden mich immer wieder zu künftigen Veranstaltungen ein.

Unmittelbar nach Feierabend ins Auto gesetzt und nach Berlin gefahren. Krista tat mir leid, ich hatte sie zur Übernachtung bei mir zu Hause eingeladen, weil sie morgen früh zusammen mit Anwälten aller beteiligten Parteien den Schaden besehen muß, den das neue Buch von Eva-Maria Hagen und die einstweilige Verfügung dagegen angerichtet hat.

**Do 20.4.2000**

Morgens war Krista schon weg, ihr Koffer stand im Hinterzimmer und die Kaffeemaschine war noch warm. Heute hole ich den BMW ab und lasse mich bei der Gelegenheit kurz fotografieren.

Der Wagen ist sehr hübsch. Silberfarben, Stahlschiebedach, und er ist der Fünfer mit der stärksten Maschine. Tolles Ding. Ich habe ihn sofort in die Tiefgarage gefahren.

Zu Hause mit Krista, deren Koffer noch im Hinterzimmer parkt, über das Treffen der Anwälte gesprochen. Krista kann sich des Eindrucks nicht erwehren, daß Mutter Eva-Maria Hagen, die anwesend war, und Nina Hagen, die nicht anwesend war, sich miteinander prächtig verstehen und daß das ganze Theater mit dem Buch und der einstweiligen Verfügung streckenweise nicht ernst geklungen habe.

Krista gab mir ein paar kleine Streichungen in meinen Geschichten und zwei logische Fehler, die bedacht werden sollten.

Nachmittags mit Till Brönner, Jens Kuphal und Stempel die Arrangements angehört. Die beiden ersteren erklärten so nett, was sie sich dabei gedacht haben, daß ich einen Teil meiner Furcht verlor, aber nicht alles.

### *Frei 21.4.2000*

Mit Otti einen schönen Eierkuchen gegessen und ihr gesagt, daß Marlene hier im Hinterzimmer übernachtet.

Ottis sofortige Frage: »MIT IHRER MUTTER?«

»Ja. Sonst schläft sie nicht hier. Sie will aber.«

Nachts alle meine Geschichten überprüft, nachdem K. Schädlich kleine, aber feine Streichungen vorgeschlagen hat. Sie sind jetzt gut. Ich kann sie nicht besser.

### *Sa 22.4.2000*

Wenn ich ein linker Bürgermeister von Braunschweig wäre, würde ich vielleicht ein Plakatchen drucken lassen: »In unserer Stadt haben Nazis die Klappe zu halten, deshalb heißt sie nämlich Braunschweig.«

### *Mo 24.4.2000 Ostermontag*

Aus dem »Spiegel«:

Die Australier haben ein Nagetier, das einem Kaninchen etwas ähnlich sieht, zum Osterhasen erklärt. Das spitznasige Tier namens »Bilby« löst damit den Osterhasen ab, der in Form von

Kaninchen nach Australien eingeschleppt und so, neben anderen nicht endemischen Viechern, zur Plage für den Erdteil wurde. 300 Millionen Kaninchen leben dort heute und richten jährlich einen Schaden von fast einer Milliarde Mark an. Nun gibt es die neuen Schokoladen-Bilbys. Diese Tiere seien sowieso besser geeignet, weil sie extra einen Beutel hätten, in dem sie die Eier tragen könnten. Die höhlengrabenden Bilbys haben jedoch einen nach oben und unten hin offenen Beutel, damit das Erdreich durchfallen kann und nicht an den Bilby-Babies hängen bleibt.

Ich müßte mich längst mit dem »Tatort« befassen, aber wenn ich nur dieses Wort höre …

***Mi 26.4.2000***

Kurz bevor man stirbt, kann man noch mal richtig auf den Putz hauen. Das ist die späte Ernte nach einem Leben des Strammstehens.

***Do 27.4.2000***

Nach anstrengendem Einkauf im Kaufhaus Hertie treffe ich vor dem Haus Hans Heinrich, der dann mit hochging und mir 4 Stunden lang die Treue hielt. Wir sprachen mal wieder über Ossis und Wessis.

***Di 2.5.2000***

Auf der Waage gewesen: 111,5 Kilo. Das ist für meine Verhältnisse halb tot.

***Frei 5.5.2000***

Leser, mal was anderes: solltest du zufällig ein Kameraschauspieler sein, so achte immer darauf, daß die Markierungen für deine jeweiligen Standorte aus weißem, 5 cm breitem Lassoband (Gaffer Tape) aufgeklebt werden. Weil es sehr gut zu sehen ist. Du brauchst nie extra nach unten zu blicken, um die Position zu treffen. Das Band springt dir ins Auge, du erkennst es immer, auch in der Unschärfe deines eigenen Blickes. Achte am ersten Drehtag darauf, daß dieses Zeug beschafft wird, oder besser: Wenn du die Rolle hast, kaufe dir das Band selbst.

### *So 7.5.2000*

Präsident Wladimir Putin hält aus der Mütze eine gutwillige Rede zu seiner Amtseinführung. Er hat einen Gang wie eine energische Soldaten-Ente. Draußen vor dem Kreml feuert eine Batterie Kanonen 30 Salven ab. In Rußland wird alles so schlampig und verrottet bleiben, wie es ist. Die Atom-U-Boote werden vor sich hinrosten und die Menschheit und die Fischheit bedrohen. Der Krieg gegen die Tschetschenen wird lange, lange weitergehen.

Otti hat mich bei strahlender Sonne zum Flugplatz Tegel gefahren, wo sonntags das letzte Flugzeug nach Hamburg um 16.25 Uhr startet.

Hamburg sieht tot und müde aus. Um den Gänsemarkt herum nach 20.00 Uhr – Trostlosigkeit. Der einzige Ort, etwas zu essen, ist das »Blockhaus«. Dort stehen große Haß-Schilder, die ich aus Moskau, Florida und der DDR kenne: »Bitte warten, Sie werden plaziert!« Ich warte ein bißchen, werde nicht plaziert, setze mich selbst, der Kellner kommt und sagt: »Sie wissen, daß hier Nichtraucher ist?« Ich gehe still hinaus und esse gegenüber im »Pizza Hut« acht ekelhafte Hühnerflügelchen.

### *Mo 8.5.2000*

Um 10.00 Uhr ruft Bernhard Liedtke an und sagt: »Manfred, du wirst heute erst um 15.15 Uhr abgeholt. Ein Schauspieler ist erkrankt …«

Es ist Endzeitstimmung mit dem »Tatort« in Hamburg. Ich spüre es an der nachlassenden Aufmerksamkeit gegen den »Star«.

Angela Merkel hat sich ihre Schüttelfrisur von ihrem Mann kürzen lassen; dabei sind ein paar Fransen stehengeblieben. Das sieht aus.

Ich bin stolz auf die vorzüglichen Haarschnitte, die Petra und Marlene meiner Kunst verdanken.

Ich nehme mir vor, ein Schriftstück darüber zu verfassen, was mit mir zu geschehen habe, wenn ich einmal den Verstand verliere. Es soll Anweisungen über die erhoffte Leichtigkeit meines Todes enthalten.

***Di 9.5.2000***

Ein sehr harter Tag bei großer Hitze und abgehängten Fenstern: Wir drehten »Nacht« im Polizeirevier.

In all dem Schweißtreiben tauchte Schöps auf, er wolle uns im Auftrag seiner Frau in das Restaurant »Schmitz« zum Essen einladen. Gleichzeitig übergab uns Freisler einen Brief von Frau Ramcke, es stehe noch eine Einladung von Frau Heinze aus, die uns zum Essen bei »Schmitz« einladen wolle.

Abends im Hotel bei Zigarre und Ramazzotti fiel uns ein: Wir sollten es nicht ewig dulden, daß all die Leute vom Sender und vom Studio Hamburg ihre schlechten Gewissen durch Esseneinladungen an uns beide sublimieren. Wir beschlossen, beide Einladungen auf ein Datum zu legen, den Kreis der Eingeladenen nach unserem Belieben zu vergrößern und die Chefs und Chefinnen dadurch zu demütigen, daß sie nicht uns, sondern wir sie einladen. Und zwar Schöps mit Frau, Liedtke mit Frau, Freisler mit Frau, die Damen Heinze und Ramcke, Strobel, Förnbacher und Raimund Weber mit Frau.

***Mi 10.5.2000***

Ich sollte glücklich sein, daß die »Tatort«-Zeit zu Ende geht. Bis zum Schluß sind die Bücher beschissen, bis zum Schluß leben wir von der Hand in den Mund. Und vor allem leben wir von mir.

***Do 11.5.2000***

Der große Abenteurer Reinhold Messner kann keinen Computer bedienen und nicht ☺ schwimmen. Wie tröstlich.

### *Frei 12.5.2000*

10.00 Uhr Anruf von Schöps. Er habe eine Extrapostkarte drukken lassen, auf der nur das Ereignis »Manfred Krug – Wenn ich singe ...« abgebildet ist. Da sind Fanny, Uwe Belz und ich drauf. Ob er mir 100 Stück schicken soll. Ja, hab ich gesagt.

Und in »TV Movie« sei eine tolle Ankündigung unseres nächsten »Tatorts« drin, ob er mir die auch schicken soll. Ja, hab ich gesagt. Und von diesem neuen »Tatort« »Rattenlinie« gäbe es auch Postkarten, ob er mir die auch schicken soll. Ja, hab ich gesagt.

Abends mit dem Zug nach Hause gefahren und bewußt den Geburtstag von Meinhard Lüning verpaßt. Er feiert im »Ballhaus Berlin« in der Chausseestraße. Kleiner ging's nicht. Frank Beyer ist da und Stefan Heym und zweihundert fremde Menschen, von denen einer mir schon dadurch einen Schreck eingejagt hat, daß er mich auf die Bühne und zu einer Laudatio nötigen wollte. So was kann ich nicht, ich hasse es. Ich hasse große Feste.

### *Sa 13.5.2000*

Mir scheint, die ganze Nacht habe ich vom Ausbrüten geträumt. Harte Arbeit. Ich habe den Eiern warmen Wind zugefächelt, rings um die Brutstätte kleine Gluten angefacht, immer wieder das Thermometer abgelesen und runtergeschlagen. Schließlich enthielten nur vier von vielleicht 30 Eiern Leben, aber was für ein Leben. Die Küken konnten nicht aufstehen, nur an ihren Augen sah man, daß sie bei Besinnung waren. Sie waren nackt, wie aus Marzipan, mit milchiger Farbe, leibarm, hilflos. Ich wache nicht gern mit dem frischen Erlebnis eines Flops auf.

Abends die Übertragung des »Eurovision Song Contest« mit Petra angeschaut und mich sehr über den Sieger (Dänemark) gewundert, zwei ältere Brüder, die ein lasches Liedchen trällerten. Europa war sich unglaublich einig. Der ganz drollige Fernseh-U-Mensch Stefan Raab wurde Fünfter. Von mir aus hätte er nach dem Iren Zweiter werden können.

### Mo 15.5.2000

Die Amerikaner können alles nur in großen Kampagnen erledigen, wie einst die Russen. Jetzt machen sie Hatz auf Leute, die in ihrer Bar oder ihrem Club eine Zigarette rauchen. Sie schreiben Strafzettel aus und zeigen ekelhafte Antiraucher-Spots im Fernsehen. Ein junger Mann wird von einer Frau angelächelt, während er sich gerade eine Zigarette anzündet. Plötzlich neigt sich die Zigarette nach unten und macht schlapp. Wer einen Platz im Freien ergattert hat, darf straflos rauchen, bekommt aber keinen Alkohol. Er muß rein raus, rein raus.

Aber jeder Dummkopf kricht in jedem Waffenladen einen Colt und 500 Schuß Munition. Ein unangenehmes Land.

### Mi 17.5.2000

Der türkische Fußball-Verein »Galatasaray Istanbul« hat gegen »Arsenal«, London, den Europa-Cup 2000 gewonnen. Drei Stunden Lärm in der Stadt. Schreie, Schüsse, Hupen – die Hölle. Fürchterlich. Meine Enkelinnen, wenn sie bereit sind, einen Fußball-Fan zu heiraten, werden enterbt.

### Sa 20.5.2000

9.20 Uhr abgeholt und zum ehemaligen Kontrollratsgebäude zum Drehen gefahren worden.

Entspannte Arbeit. Zwei – textlich allerdings schreckliche – 25-Sekunden-TV-Spots gedreht, zum Beispiel den:

Krug bekommt von einer Börsianerin einen Tip ins Ohr geflüstert.

Krug: »Aahh! – Willst du auch einen guten Tip hören?«

Brauer: »Jaa …«

Krug: »Mach mit beim Bonusprogramm für Privatanleger: … Für zehn von den nächsten T- Aktien gibt's eine geschenkt …«

Börsianerin: »Schon nach gut anderthalb Jahren!«

Brauer: »Nein!«

Krug: »Doch!«

Um 18.30 Uhr kommt Uwe Belz, der seit 5 Tagen aus Kuba zurück ist, wo er einen Film gedreht hat, unter anderem ein Interview mit der Tochter Che Guevaras. Er brachte 50 lange Havannas mit, in denen noch die gute Inselfeuchte steckt.

Schöps habe ihn angerufen: Der NDR-Kultur-Redakteur Krey habe Schöps gefragt, ob Manfred Krug nicht einen weiteren Film machen wolle – »Krug, der Schauspieler«. Es sei schon schlimm gewesen, so Krey, daß der Sänger-Film über Krug ohne Wissen der Kultur-Redaktion gedreht worden sei usw.

Ich möchte aber, daß Herr Krey sich selbst bei mir meldet. Ich habe nichts davon, wenn ein solcher Film gemacht wird. Was soll ich denn dann in mein Buch schreiben? Da müßte Krey schon sagen, was er zahlen will und wie hoch das Wiederholungshonorar werden würde. Juhnke hat bei Rowohlt mit »Meine sieben Leben« einen gigantischen Flop hingelegt, so daß nun der ganze Verlag wackelt. Warum? Weil das Publikum schon alles über Juhnkes sieben Leben aus Talk-Shows kennt. Ich habe nicht umsonst 15 Jahre in allen Medien die Klappe gehalten und auf hundert Talk-Show-Honorare verzichtet, um jetzt für lau und aus Eitelkeit über mein Schauspielerleben zu schwatzen.

### Mo 22. 5. 2000

Drehbeginn erst mittags, trotzdem ein anstrengender Tag im Krankenhaus, Abteilung Pathologie. Dort hing über der Tür zum Leichensaal ein alter Text aus dem Jahre 1690:

»Krenckhelsche Totentafel
Steh hier ein wenig still,
diß Todes Bild beschawe,
und deiner Stärckhe ia
nit gar zu viel vertrawe,
Es ist nicht ungewohnts,
es geschieht wohl mehr dergleich,
daß der heüt aufrecht steth,
schon morgen ist ein Leich.

Der Todt heüt den ins grab,
den andern morgen senckht,
und rafft wohl den hinweg,
der niemal dran gedenckhet,
und darum bedenckh daß End,
mach dich darzu bereit,
und schickhe dich Zum Todt,
weil es noch heißet heüt.«

### *Di 23. 5. 2000*

Abends im Fernsehen einen Bericht über das berühmte, 42 m lange Schiff »Batavia« gesehen, das 1629 vor der australischen Südwestküste auf ein Riff gelaufen ist. Ich sollte das später veröffentlichte Logbuch des Kapitäns einmal lesen. 250 Menschen hatten sich schwimmend auf karge, wasserlose Inseln gerettet. Schreckliches Gemetzel und Vergewaltigungsorgien unter den Passagieren, von denen sich eine bewaffnete Terrorbande unter dem Kommando eines gewissen Cornelisz abgespalten hatte. Seefahrt war schrecklich in diesen Zeiten. Es gab nur Maden, Ratten, Pisse, Scheiße, Dreck, keinen Platz. Zwischen Kanonen, Ladung und Gepäck eingepferchte Menschen. An Deck zwei Plumpsklosetts. Die Exkremente wurden nach Außenbord geleitet, in dem Kacktrichter hingen an den Enden aufgespleißte Taue, die man nach dem Reinigen des Arschlochs wieder ins Meerwasser platschen ließ.

### *Mi 24. 5. 2000*

13.15 Uhr losgefahren und im Zentralen Stellwerk der Hamburger S-Bahn gedreht, danach in einem japanischen Sushi-Restaurant. Diese Szene habe ich völlig neu geschrieben. Darüber hinaus konnte ich einige ernsthafte dramaturgische Fehler vermeiden.

Zwischendurch saßen wir auf unseren Film-Stühlchen auf der Straße und hatten Kontakt mit allerlei netten Menschen aus Hamburg. Mit der alten Frau mit Gipsarm, die ihre Geschichte erzählte, mit einem hübschen jungen Mädchen namens Nadine, die in einem Hamburger Funktaxi-Unternehmen als Telefonistin arbeitet und die uns jedem ein frisch gekauftes Sträußchen Teerosen schenkte. Ein süßes junges Ding. Mochte sich gar nicht trennen, gab uns das Gefühl, als hätten wir noch Chancen bei ihr.

### Do 25. 5. 2000

Deutsche Wissenschaftler haben erfolgreich an einer wichtigen Sache gearbeitet: Neuerdings ist man in der Lage, den sogenannten genetischen Fingerabdruck nicht nur aus herausgerissenen, sondern auch aus herausgefallenen Haaren zu gewinnen. Früher mußten noch Zellen an der Haarwurzel haften, jetzt kann man das nötige Material für den genetischen Code aus dem Haar selbst gewinnen. Das ist ein Fortschritt, denn auch Verbrecher verlieren ihre Haare.

Übrigens: Die 6 Milliarden Menschen von heute haben zusammengenommen das etwa gleiche Gewicht wie alle auf der Erde anwesenden Ameisen aller Arten.

In einem Berliner Pflegeheim ist, vor einigen Tagen schon, Stasi-Chef Erich Mielke gestorben.

Abends habe ich tatsächlich in das Hamburger Nobelrestaurant »Schmitz« die Kollegen Brauer, Heinze, Ramcke, Schöps und Frau, Freisler und Frau, Liedtke und Frau, Raimund Weber, Hans Zeidler, Helmut Förnbacher und Hartwig Strobel eingeladen: 1.500,- Mark plus 100,- Mark Trinkgeld. Das war's mir wert. Ich wollte nicht, daß die Heinze oder Schöps mir aus der Portokasse ein Essen bezahlen, weil sie glauben, sie könnten mich dann auch nur einen Deut nachlässiger oder unwürdiger behandeln.

### So 28. 5. 2000

Nachmittags war Daniel mit seiner Familie kurz zu Besuch, dann haben Otti und ich den neuen »Tatort« »Rattenlinie« von Raimund Weber in der Regie von Hartmut Griesmayr angeschaut. Er war im »Gong« mit 5 Punkten und mit freundlichen Worten angekündigt: »Krug als ›Bruder Paul‹ undercover in Mönchskutte – riecht stark nach nach 'ner sarkastischen Stoever-Schmonzette. Ist aber mehr: Die Story um Spätschäden vatikanischer Nazi-Fluchthilfe: stark, logisch und so konsequent spannend, daß man gern bis zum finalen Rausschmeißer (hinreißend: Brocki/Stoevers ›Ave Maria‹ in der Klosterkirche) ausharrt.«

Den wunderbar kitschigen Song hatte ich durchgesetzt. Es war nicht leicht, Text und Noten dafür noch aufzufinden. Als ich mich 1959 in Otti verliebte, tanzte sie in der Bar »Koralle« in Ost-Berlin nach diesem Lied, das von einem Smaragd-Tonbandgerät immer wieder abgespielt wurde. Sie tanzte mit einem jungen Architekten, ich kann nur sagen, daß mir nach der Kleinen das Wasser im Mund zusammenlief.

Es war wirklich ein ausnehmend guter »Tatort«, Hartmut Griesmayr und Raimund Weber habe ich sofort angerufen und gratuliert.

Bin gespannt auf die Quote morgen.

### Mo 29.5.2000

Unser »Tatort« »Rattenlinie« hatte eine für heutige Verhältnisse sehr gute Einschaltquote. Man darf sagen, daß sie nach »Wetten, dass..?« und vielleicht einigen besonderen Fußballspielen seit Jahren die beste ist.

Sollte sich am Ende aller »Tatorte«, meinetwegen auch viele Jahre danach, zufällig jemand fragen: »Wie hat dieser Schauspieler das eigentlich gemacht, in einem besonderen Maße das Interesse der Fernsehzuschauer zu wecken und sich zu erhalten?«, und sollte dieser Mensch ein »Medienforscher« sein, dann biete ich ihm hiermit alle noch erhaltenen Drehbücher an, die bei mir im Keller liegen, damit er den Inhalt und die Dialoge der jeweiligen Filme mit dem Inhalt und den Dialogen der jeweiligen Drehbücher vergleichen kann. Das ist sicher etwas aufwendig. Aber der Mann hat etwas davon: Er kann feststellen, welche eigentliche Arbeit ich geleistet habe, und zwar sowohl in kleinen Vorabendserien wie »Auf Achse« als auch – in geringerem Grad – in »Liebling Kreuzberg« als auch, und vor allem, im »Tatort«.

### *Di 30.5.2000*

»Raindrops Keep Fallin' On My Head« vielleicht auf Kölsch:

Rejen drop fällt op minge Kopp
Ers hier ön Dröppken un dann da ön Drop …
Au'm Kopp, hier un da ön Drop un
dann widder Sonne un ön Schatz voller Wonne …
Ach, wär dat schön, so schön
Dat könnt ön janzes Leben lang so jehn,
dat mäht misch ja nix aus …«

Abends mit Otti Bratwurst und grüne Bohnen gegessen. Lecker. Und dabei die 90-Jahr-Feier für Inge Meysel gesehen, die Alain Delon für den größten Schauspieler aller Zeiten hält, und den hatten sie dann auch extra aus Paris eingeflogen. Imposant die Leistung von Johannes Heesters, der mit 96, gerade noch stehend an den Flügel gelehnt, zwei Lieder für das junge Ding hingeschmettert hat, daß einem der Mund offenblieb.

### *Mi 31.5.2000*

Friedhelm Schönfeld steckt die vier neu gemischten Titel in den Briefkasten:

1. Frag nicht, warum ich gehe
2. Mein Mädel ist nur eine Verkäuferin
3. Komm zurück
4. Küß mich

Ich bin sehr erfreut über die Qualität, finde aber die Stimme manchmal ein bißchen zu »samten«.

In 1. würde ich eine Stelle (»Das Lied – ist aus …«) bei 2.30 einen Hauch lauter nehmen.

Bei 2. scheint mir die Stimme durchweg ein wenig »fern«. Die Streicher sehr nah. Die Bläser auch »fern«. Vielleicht ist das Arrangement zu voll. Die Bass Drum etwas aufdringlich und »pappig«.

In 3. ist die Stimme schön präsent, weil das Arrangement leerer ist, durchsichtiger. Das Summen könnte ein wenig »atmen«, d. h. hier und da einen Hauch changieren zwischen Schwinden und Anschwellen.

Nr. 4 ist, wie es ist. Da fällt mir nichts ein.

Abends lief im Ersten von der Autorin Doris J. Heinze unter der Regie von Vera Loebner das Stück »Zwei Dickköpfe mit Format«. Die Hauptrollen bestritten nicht Charles und ich, wir hatten das Stück ja vor 2 Jahren schon abgelehnt, sondern Harald Juhnke und Klausjürgen Wussow. Es war scheiße, wie alles von der Heinze. In einer Vorab-Kritik der FAZ stand am Schluß zu lesen: »Die Handlung dümpelte immer seichter und unter Humorflauten vor sich hin. Es bleibt mit schalem Bedauern zu vermerken, daß die Dreharbeiten in der Karibik ganz offensichtlich den gelöst agierenden Darstellern bestens bekommen sind, zu einem gelungenen Fernsehabend aber wenig beizutragen haben.« Was diese Frau so alles wegstecken kann.

### *Sa 3.6.2000*

Ich habe den ganzen Tag damit verbracht, einige Köfferchen mit alter Post zu sortieren, und vor allem: das meiste davon endgültig auszusortieren. Kein Mensch wirft leichten Herzens Liebesbriefe weg. Denn man kann in ihnen lesen, was für ein toller Mensch man einmal war. Man war vielgeliebt, zärtlich, stark. Ich habe meinen Reißwolf viele Male in einen großen Müllsack entleert. Tempi passati.

### *So 4.6.2000*

Dem Herrn Lars Ingwersen einen Brief gefaxt und den folgenden Text dazu, der als »Klappentext« für das Booklet in der CD dienen kann. Es soll nur ein Vorschlag sein.

»(Korrektur)
Manfred Krug
DEUTSCHE SCHLAGER

Liegt da etwa 'ne Betonung drauf, auf dem Wort ›deutsche‹?

Ja, da liegt eine Betonung drauf.

Die Amerikaner haben einen Fundus an Songs, der sich ›American Standards‹ nennt. Mit Recht, denn es sind international erfolgreiche, berühmte Lieder, die man auch in Deutschland den ganzen Tag in den Radio-Sendern hören kann. Allmählich fängt man in ganz Europa und der Welt an, die amerikanischen Original-Texte zu verstehen. Sie müssen nicht mehr in die jeweiligen Landessprachen übersetzt werden. In aller Welt werden mehr und mehr Schlager geschrieben, die von vornherein in englischer Sprache gesungen werden.

Prima. Dagegen kann man nichts sagen.

Aber gibt es auch deutsche Standards? Oder sind wir längst dabei, sie zu vergessen? Es gibt kaum neue Aufnahmen von ihnen, hier und da werden sie noch im Fernsehballett verwendet, wo sie von Tänzerinnen mitgeträllert werden.

Hier ist eine neue Platte, die wir, bewußt altmodisch und bescheiden, ›DEUTSCHE SCHLAGER‹ nennen. Und die Betonung auf ›deutsche‹ kommt beinahe aus Trotz. Denn ich habe diese Lieder nicht vergessen.

Sogleich wird gefragt: Nazilieder? Hast du nichts davon gehört, daß solche Stücke wie ›Das kann doch einen Seemann nicht erschüttern!‹ oder ›Ich weiß, es wird einmal ein Wunder geschehn!‹ allesamt mehr oder weniger versteckte Durchhalteparolen waren, die eigentlich in den Köpfen von Hitler und Göbbels entstanden sind?

Aber klar habe ich das gehört. Immer und immer wieder. Einen Teil meiner Schulzeit verbrachte ich in der DDR, da lernten es schon die Kinder. Ein solches Lied zu singen – na, da hättest du gleich ein Hakenkreuz quer über den Marx-Engels-Platz malen können.

Und prompt stimme ich ein solches Lied nicht an. Es ist ja die Wahrheit: Viele deutsche Schlager sind für Propagandazwecke mißbraucht worden. Und manche wollten mißbraucht werden, das hört man ihnen heute noch an.

Aber längst nicht alle.

Ich sehe als alter Mann einem kleinen Jungen über die Schulter, und der Junge bin ich. Es ist Krieg. Mein Vater ist spät zu den Soldaten eingezogen worden, denn er hatte als Stahlkocher einen kriegswichtigen Beruf. Bevor er also kurz vor Schluß in den idiotischen Krieg zog, die Ost-Front verlief schon innerhalb der ›Reichsgrenzen‹, übergab er mir die Schachtel mit den Grammophonnadeln und den Schlüssel zum Plattenschrank, aus dem man den elektrischen Plattenspieler herausziehen konnte.

Dieses Wunderwerk hatte ich vorher nicht einmal berühren dürfen. Es war ein feierlicher Akt.

›Mein Junge‹, sagte er, ›du hast gute Ohren. Du kannst alle Waffengattungen unterscheiden, die Flak von der Pak, den Kanonendonner vom Granateneinschlag, und weil du so gut hören kannst, liebst du auch die Musik. Sollte ich zurückkommen, mußt du mir den Schlüssel wiedergeben.‹

Der kleine Junge war von einem Tag auf den anderen Herr über alle unsere Platten geworden, auch über das große Blaupunkt-Radio mit beleuchteter Skala, das oben auf dem Grammophon stand. Kaum war mein Vater losmarschiert, steckte ich eine Nadel in den Tonarm und spielte ›Komm zurück, ich warte auf dich …‹

Ich mußte, wie alle anderen auch, gegen Kriegsende Kartoffeln und Mohrrüben klauen, Ähren lesen und Geschäfte plündern. Aber jede freie Minute, die ich nicht im Bunker verbrachte, stand ich vor dem Radio und spielte mir etwas aus den 100 numerierten Platten vor.

Die Lieder waren mein Trost, sie brachten mich zum Träumen, sie waren meine Liebe, meine Märchen, mein Glück, meine Sehnsucht nach Frieden.

›Die kleine Stadt will schlafen gehen …‹ – jedes Mal war ich, der kleine Junge, in dieser fremden Stadt zu Besuch und ging durch ihre Gassen.

›Küß mich, bitte, bitte küß mich …‹ – ich, der kleine Junge, war manchmal der Liebhaber, dann wieder der Straßenbahnfahrer.

›Mein Mädel ist nur eine Verkäuferin …‹ – Meine Freundin Eveline würde eines Tages groß sein, dann würde sie mir in einem Geschäft Schuhe verkaufen, ohne Bezugschein. Ich baute mir eine Welt in allen diesen Liedern.

Nie wieder konnte ich einen Text so auswendig wie die Texte dieser 100 Lieder, und ich kann sie noch heute. Wenn Stromsperre war, habe ich zum Lieben Gott gebetet, daß er sie beendet. Ja, diese deutschen Schlager waren das Schönste an meiner Kindheit.

Sie sind herzlich eingeladen, sie anzuhören. Ich habe sie so schön gesungen, wie ich konnte, und Friedhelm Schönfeld hat sie wunderbar arrangiert, und die Musiker haben sie mit Herz und Gefühl gespielt. Auch wer jünger ist als ich, wird Entdeckungen machen.«

**Mo 5.6.2000**

Ein paar Stunden habe ich ein Tagebuch-Fragment (10 Seiten) vom März/April 1988 abgeschrieben. Es ist aus der Zeit, da ich mit Werner Masten in Mexiko »Auf Achse« gedreht habe. Da hatte ich mit ihm Italien, Thailand und Chile hinter mir. Rücken an Rücken. Er konnte sich auf mich immer verlassen. Jeden Abend hat er zwei Stunden nur geschrieben, und ich habe in diesen zwei Stunden die neuen Geschichten und Dialoge erfunden, die er mit glühenden Fingern aufgeschrieben hat. Dafür hat er mich später bei einem »Tatort« glatt hängen lassen, weil er eine 7-teilige Serie natürlich besser fand als einen »Tatort«. Wir sind alle keine Engel. Immerhin ein flüchtiger Blick in die Zeit meiner Vorabend-Serien.

**Di 6.6.2000**

Heute haben sie den Erich Mielke in einem anonymen Urnengrab beigesetzt.

**Mi 7.6.2000**

Otti zum Frühstück eingeladen, mit Ei, Käse, Heringssalat. Wir haben über den Ingwersen-Brief gesprochen. Der Wunsch nach einer weiteren »Tatort«-Platte ist mir zwar verständlich, ich habe aber eigentlich wenig Lust. Schon für den letzten Song »Ave Maria« habe ich alle Stimmen fast allein gesungen. Ich muß darüber mit Ingwersen und Schenk reden.

Telefonat mit Ingwersen. Ich bat ihn, darüber nachzudenken, wie die 2. »Tatort«-Platte werden soll. Bei aller Liebe zu Charly möchte ich mich nicht auch noch als Sänger so sehr an ihn koppeln, wie ich durch den »Tatort« nötigerweise an ihn gebunden war. Das verstehe er, er könne sich vorstellen, daß man etwa 6 Duette macht, die anderen Lieder könnte ich allein singen, wie ich ja auf der ersten Platte schon einige allein gesungen hätte. Dann fiel von seiner Seite der Name Astrud Gilberto, er wisse aber nicht, ob sie als Sängerin noch aktiv sei. Mit ihr »The Girl From Ipanema« – das wäre was! Ich brachte Caterina Valente ins Gespräch und wies auf das Duett »Adé« hin, das ich vor Jahren schon mit ihr gesungen hätte. Auch das könne er sich vorstellen. Die Valente sei jahrzehntelang bei der WEA unter Vertrag gewesen, da gäbe es noch Kontakte.

### *Frei 9.6.2000*

Auf die Frage der »DAS!«-Moderatorin, wen er sich einmal in seiner Show »Zimmer frei!« als Gast wünschen würde, nannte Götz Alsmann im N3-Fernsehen nur einen Namen: »Ich würde mich freuen, wenn Manfred Krug einmal den Weg zu uns finden würde. Aber da er in keine Talk-Show geht …« Und das habe ich zufällig gerade um 19.25 Uhr gesehen. Der Mann hat Geschmack. Ich fange an, ihn zu mögen.

### *Sa 10.6.2000*

Die ganze Nacht noch einmal die Geschichte »Die Katze« durchgesehen und leicht verbessert. Viel war nicht zu verbessern. Denn besser kann ich nicht schreiben. Schreckliche Erkenntnis.

### *So 11.6.2000 Pfingsten*

13.00 Uhr kommen Pröbrocks uns abholen, wir fahren, wie alle Pfingsten der letzten Jahre, zur Witwe Schamoni in den Garten, der schon von Menschen voll ist. Es gibt wie immer alles zu essen und zu trinken, auch Spanferkel.

Alle sind da, die immer da sind: Moeses, Kohlhaases, die Benders und viele andere. Bender pöbelt ein bißchen, er danke mir dafür, daß ich die ganze Zeit ein freundliches Gesicht gemacht hätte. Na ja. Ich nehme kaum noch irgendwelchen Menschen irgend etwas übel.

### Mo 12.6.2000 Pfingstmontag

Anruf von Peter Voigt, der sich für meinen Anruf zu seinem Ernst-Busch-Film bedankt hat.

»Hast du mal mit Klaus Löwitsch gearbeitet?«

»Ja.«

»Wie bist du mit ihm ausgekommen?«

»Hervorragend.«

»Er hat den Ruf, ein Scheusal zu sein.«

»Zu Unrecht. Er kann schlechte Regisseure nicht leiden, das heißt 90% aller TV-Regisseure. Und das verstehe ich sehr gut.«

Voigt: »Ich hatte einen kurzen Krach mit ihm. Ich habe ihm gesagt, er soll besser artikulieren. Da hat er Krach gemacht. Dann aber hervorragend artikuliert. Er ist nämlich Legastheniker. Das heißt, er mußte den ganzen Text auswendig lernen. Stell dir das vor. Und er hat es getan. Er ist jetzt stolz auf die Arbeit.«

»Mit Recht. Ich habe ihm mit Vergnügen zugehört. Er paßt sehr gut zum Thema Busch. Er hat dem Ganzen eine schöne wilde Farbe gegeben.«

Abends mit Otti den Uwe-Belz-Film »Wenn ich singe …« gesehen. Von 22.30 Uhr bis 0.00 Uhr – anderthalb Stunden. Telefonisch gab es Lob von Regine Bender, Fanny Krug und Leonore Krenzlin, die von dem Stück »Bei dir war es immer so schön« besonders angetan war. Faxe von Charles Brauer (»Ein wunderbarer Film – Gute Nacht mein Prinz Dein Charles«), Meinhard Lüning (»Gratulation, mein Liebster! Es war so, wie ich Dich sehe, verehre und gehofft habe, daß es so rüberkommen wird! Dein

Meinhard 12. 6. 2000«) und Jörg Stempel (»Lieber Manfred Krug, das war ein schöner, ruhiger Film – und trotzdem spannender als das EM-Spiel der Deutschen heute« usw.). Ich könnte angesichts eines Fußball-Programms beim Gegner ZDF und der späten Stunde mit 18 % Marktanteil vollauf zufrieden sein. Mal sehen.

Fax von Till Brönner, er sei wieder in Berlin, wir könnten uns treffen, »um zu üben, zu überlegen, rauszuwerfen, wie auch immer. Laß einfach von Dir hören, wenn Du eine Minute hast. Ganz liebe Grüße Till.«

## *Mi 14.6.2000*

Im Büro von Götz Friedrich angerufen und mich bedankt für den Interview-Beitrag, den er in dem Film »Wenn ich singe …« abgeliefert hat. Es war übrigens eine Art Revanche. Ich hatte, zu seinem 60. Geburtstag war es wohl, eine kleine Reportage in ein Büchlein geschrieben, das die Westberliner Staatsoper zu dem Anlaß herausgegeben hatte. Ein Bericht über Friedrichs tollkühne Entscheidung, mich 1970 an der »Komischen Oper« den »Sportin' Life« spielen zu lassen.

Bin zu einer Talk-Show eingeladen worden. Gesprächspartner soll der amüsante Politmoderator Friedrich Nowottny sein. Das Ganze wäre ein »Kamingespräch« vor nur 35 Personen (!) zum Thema »Marke/Branding«. Was Branding ist, weiß ich nicht. Ich nehme an, es kommt aus der Cowboysprache vom Brandzeichen für Pferde & Rinder. Verstehe ich etwas von Marken? Nein.

Der Schlagersänger Fred Frohberg ist am 1. Juni im Alter von 74 gestorben. War ein umgänglicher Mann. Holzbein. Vor 40 Jahren dünkte ich mich toll modern gegen ihn. Vielleicht war ich es.

Heute gab es in der »Frankfurter Allgemeinen« einen sehr schönen Artikel über »Wenn ich singe …«. Der Mann (Dieter Bartetzko) hat mich verstanden. Obwohl: Alle witzigen Bemerkungen von mir hat er dankbar in seiner Kritik verarbeitet, und dann schreibt er im letzten Satz: »Diesem Sänger, der singend ein Erzähler ist, hätte der redselig fragende Film mehr Vertrauen und mehr Raum schenken sollen.« Und was hätte Bartetzko dann geschrieben? Noten?

### Do 15.6.2000

Daß Ingwersen und Schenk noch kein Wort über die Musik-Kassette »Manfred Krug – DEUTSCHE SCHLAGER« verloren haben, ärgert mich. Denn es kann nur bedeuten, daß es ihnen schwerfällt, sich positiv zu äußern. Es gibt nichts zu jubeln.

Ich werde noch eine Woche warten. Danach hätte ich nicht übel Lust, ihnen die Platte wieder wegzunehmen. Auch unsensible Plattenmenschen müssen sich vorstellen können, daß es einen Sänger nervt, wenn nach dem Übersenden eines Teils der Arbeit grüblerische Stille herrscht. Auch taktisches Zögern kann ich nicht ausstehen. Vielleicht wollen sie mich deshalb warten lassen, damit ich nicht etwa glaube, das Wasser liefe ihnen im Mund zusammen. Auffällig langsames Reagieren einer Plattenfirma könnte dann als Billigmacher gedacht sein? Dumm. Die ganze Plattengilde war mir noch nie geheuer.

Ich würde sagen: Nächsten Mittwoch ist Stichtag. Wenn bis dahin nicht klar reagiert worden ist, komme ich meinem Versprechen gemäß in einem kurzen Gespräch auf Stempel zurück. Wenn der auch zögert, weiß ich, daß ich einen dritten Weg suchen muß, die Platte zu vertreiben.

Auf einen begeisterten Brief der Kammersängerin Anneliese Rothenberger, die am Montag die Sendung »Wenn ich singe …« gesehen hatte, habe ich nett und mit einer »Tatort«-CD geantwortet.

### Frei 16.6.2000

Otti ist zur Feier des 60. Geburtstags von Ulrike Krenzlin, der zweiten Frau ihres ehemaligen Schwagers Norbert, in die Kantine des Berliner Ensembles gefahren. Da geh ich nicht hin. Habe ihr einen Gruß, ein Buch und eine große Tüte »Cailler«-Schokolade mitgeschickt. Und habe Otti gesagt, daß ich lieber einen Abend mit Marlene verbringe, und sie hat es ausdrücklich »erlaubt«.

Um 2.00 Uhr nachts rief Otti auf dem AB an und machte eine etwas häßliche Bemerkung: »Das Kontrastprogramm geht mir langsam auf die Nerven.«

Ich werde sie bitten, grundsätzlich nachts nicht mehr nach 1.00 Uhr anzurufen. Das hat sie nun davon. Frauen sind unerträglich.

### *Sa 17.6.2000*

Auf N3 der »Tatort« »Experiment« (Masten) mit zwei schäbigen Punkten im »Gong« und mit dem Spruch: »Knallchargen und Längen, keine Spannung«. Die Wichser.

### *Mo 19.6.2000*

Im »Osten« stehen eine Million Wohnungen leer.

### *Mi 21.6.2000*

Früh um 9.00 Uhr schon 30° Celsius.

Um 11.00 Uhr ließ Thomas Schenk faxen, ich solle ihn mal anrufen. Es folgte ein mindestens halbstündiges Gespräch. Er wolle am Wochenende gern mal nach Berlin kommen und Auge in Auge usw.

Ich sagte nein. Er solle so nett sein und Butter bei die Fische tun.

Sehr langsam und mühsam kam heraus: Als Beobachter des Marktes glaube er, es sollte keine Manfred-Krug-Schwemme geben. Er habe gehört, daß die Till-Brönner-Platte schon weit gediehen sei, er könne sich im Jahr 2001 etwas vorstellen. Wenn ich's noch in diesem Jahr haben wolle, dann würde er abwinken.

»Gut«, sagte ich. »Das ist ein Wort. Dann fühle ich mich jetzt wieder frei. Ich hätte die Platte lieber noch in diesem Jahr.«

Nach langem Hin und Her schwenkte er ein und sagte, dann könnte man die Platte so machen, daß sie in der Weihnachtszeit in die Läden kommen könnte.

Ich sagte, er könne sich das bis morgen abend in Ruhe überlegen, dann erwarte ich sein letztes Wort.

Um 14.30 Uhr kommt ein kleiner alter Mann mich besuchen, mit silbernen Haaren und einem 3-Tage-Bart: der Filmproduzent Herr Horst Wendlandt, der eine Video-Kassette unterm Arm trägt. Die will er mir vorspielen. Es handelt sich um einen englisch/amerikanischen Spielfilm der allererbärmlichsten Sorte. Das sei, sagt er, ein allgemein unbekannter Film, der sich eher für ein Remake eignet als viele berühmte Filme. Hier frage nämlich keiner nach dem Original. Ich kucke mir geduldig mit ihm den Film an. Nach einer Stunde sage ich sehr bestimmt: »Den Film drehe ich nicht. Und wenn Sie einen Rat hören wollen: Drehen Sie ihn auch nicht. Sollten Sie zu viel Geld haben, spenden Sie ein bißchen davon an die Kinderdörfer.« Dann schenkte ich ihm, mit einer kleinen Widmung versehen, das Buch von Eugene Vale »Die Technik des Drehbuchschreibens für Film und Fernsehen«, und dazu meine »Tatort«-Platte, und er sagte im Weggehen: »Bis zum nächsten Mal.« Das werde ich mir noch überlegen. Denn er hat mich schon einmal mit einem Drehbuch behelligt, das ich ihm zuliebe gelesen, begutachtet und ihm dringend abgeraten habe, weil es noch schlechter war als dieser Film.

### Do 22.6.2000

Thomas Schenk faxt mir:

»... möchten wir gerne die CD MANFRED KRUG: DEUTSCHE SCHLAGER Ende August veröffentlichen und die Marketing-Aktivitäten bis ins Weihnachtsgeschäft hinüberziehen.« Zu einem Vertragsgespräch will er sich nebst Justiziar mit mir in Berlin treffen. (Den beiden habe ich offenbar schön auf die Sprünge geholfen. Sie wollten wahrscheinlich so tun, als nähmen sie den Knochen nur mit ganz langen Zähnen an. Dann wurden die Hunde wach, als ich ihnen eben den Knochen wegnehmen wollte. Sie wollten ihn billig machen. Nicht mit mir.)

### Frei 23.6.2000

Um 12.00 Uhr Anruf von Schöps. Langes Drucksen. Schließlich kommt raus: Er sei von dem NDR-Programm-Chef Kellermeier angerufen worden. Der habe seiner »Freundin« Doris Heinze dringend empfohlen, an dem für den 10. Juli geplanten Gespräch zwischen Schöps, Schreiber und mir teilzunehmen (!).

Erstaunen auf meiner Seite. Warum?

Er druckst wieder: »Soweit ich das verstanden habe …, gibt es Streit darüber, wer diesen Film[5] in Auftrag geben soll, die NDR-Kulturabteilung, also Schreiber, oder die NDR-Fernsehspielabteilung, also Heinze«.

Mir kann das egal sein, also soll sie teilnehmen. Ich werde mich sowieso zieren, weil ich mein eigenes künftiges Buch nicht langweilig machen will.

### Sa 24.6.2000

14.00 Uhr die Kinder[6] abgeholt und mit ihnen spazierengefahren. Zur Brücke hinter Birkenwerder, wo ich für Otti einen schönen Räucheraal gekauft habe. Den haben Marlene und ich nach artigem Klingeln bei ihr abgegeben; dabei sahen sich Tante Otti und Marlene nach Jahr und Tag wieder und haben ein paar Worte miteinander gewechselt:

»Du bist also die Marlene?«

»Ja.«

Tante Otti erblickt die Hände von Marlene: Fünf Finger sind rot, fünf Finger blau lackiert. Otti haucht ein bewunderndes: »Ooohh!«

### Mo 26.6.2000

Mittags waren Schenk und Ingwersen zu Besuch, es wurde ein neuer Vertrag besprochen. Den Titel der Platte haben sie akzeptiert. Schenk hatte einen unbrauchbaren Vorschlag »Manfred Krug –

---

5 Nach der erfolgreichen Ausstrahlung der Dokumentation »Wenn ich singe …« war eine weitere Dokumentation unter dem Titel »Wenn ich spiele …« geplant.

6 Manfred Krugs ganz eigene Koseform für seine jüngste Tochter Marlene und deren Mutter Petra.

Frag nicht, warum ich gehe«. Habe ich ihm ausgeredet. (Das wäre 1977 ein lustiger Titel gewesen.) Sie wollen bis August die Platte draußen haben.

Abends war ich im Theater, in den Kammerspielen in der Reinhardtstraße. Dort gab es »Alte Meister«, eine Adaption nach einem Roman von Thomas Bernhard, die von Hans Nadolny und Friedo Solter eingerichtet wurde, welch letzterer auch die Regie gemacht und die Rolle des »Engländer« gut gespielt hat.

Ansonsten ein Un-Stück mit wenig Dramatik. Die bekannten nörgelnden und die Welt schmähenden Texte von Bernhard, trotzdem kurzweilig gespielt von Walter Schmidinger (Reger), Otto Mellies (Atzbacher) und dem sehr drolligen Dietrich Körner (Irrsigler).

Dann mit Otti ins »Diener«, wohin Schmidinger mit zwei süßen Jungschauspielern aus Tübingen nachkam und erzählte: »Der Esche kam in unsere Garderobe, und ich sagte ihm, der Krug ist in der Vorstellung. Drauf sagt der Esche: Der Krug? Der geht doch nie ins Theater. Und der Körner sagte: Der will sich bestimmt ein paar Kollegen suchen für seine Fernseh-Sachen.«

Sehr komisch. Ganze 105 Zuschauer waren drin. Vor Beginn des Stückes sprach mich Rolf Hochhuth an und bot mir mit der schleimigen Bemerkung »Sie sind doch tatsächlich der populärste Schauspieler Deutschlands« gleich zwei Rollen an, eine in dem Stück »Die Hebamme« und eine in dem Stück »Hemingway«. Da soll ich ebendiesen spielen. Alles abgewinkt und ihm meine Faxnummer gegeben.

Zu Hause fand ich ein Fax von Uwe Belz:

»Lieber Manfred,

eben rief Friedo Solter an und hat sich für das tolle Fernseherlebnis – ›Wenn ich singe …‹ - bedankt. Er habe noch nie ein so gutes Portrait gesehen.

Deine alte Silberlocke Uwe.«

### *Di 27.6.2000*

Noch ein Brief von Anneliese Rothenberger. Sehr nett. Sie hat auf den Briefumschlag neben einer »Helvetia 90 Rappen« und zwei »Helvetia 10 Rappen« zwei durch eine Lochung getrennte, gleich hohe Marken ohne Aufdruck geklebt. Bei näherem Hinsehen bemerke ich, daß ein Portrait von ihr selbst zu sehen ist, und dahinter ist noch Platz für ihren grauen Pudel. Daneben in doppelter Breite, nur durch die Zahnreihe getrennt, ein verkleinertes Gemälde von ihrer Hand, ein großer Blumenstrauß in einem Marmeladeneimer. Unten rechts, so daß sie noch auf der winzigen Marke deutlich zu lesen sind, die siamesischen Initialen »AR«.

Ein Brief von einem Fremden:

Der Mann hat den bisher wuchtigsten Ehrerbietungsbrief geschrieben, den ich je bekommen habe. Anderthalb Seiten Begeisterung. Er ist der Verwaltungschef des Kleinen Theaters am Südwestkorso und war früher in der DDR Musiker. Er will aber nichts. Erstaunlich.

### *Mi 28.6.2000*

Wenn ein Kampfhund auf dich zukommt, ist noch das Beste: Gähnen, Blinzeln, Wegschauen. Wenn ich allerdings eine Pistole hätte, würde ich sofort schießen.

Um 12.30 Uhr ins »Nucleus«-Studio gefahren, um »Bein' Green« und »Pferdehalfter« aufzusingen.

Nach vier Stunden wieder zu Hause. Mit Till Brönner und Jens Kuphal sehr schön gearbeitet. »Bein' Green« ist ganz entzükkend froschig geworden; auch meinen Text finde ich famos. Und, man glaubt es kaum, »Es hängt ein Pferdehalfter an der Wand« ist ebenfalls amüsant und bluesig geworden. Ich habe darauf bestanden, daß die 24-Spur um einen halben Ton heruntergefahren wurde, wodurch die Nummer nicht so huschig-marschmäßig schnell, sondern eher hillbilly-swing-bluesig langsamer wurde.

Das hat die Jungs ein bißchen zum Staunen gebracht, aber sie haben es gern gemacht und eingesehen, daß es besser geworden ist.

***Do 29.6.2000***

Helmut Kohl, der Mann mit dem Ehrenwort, hat sich vor dem Untersuchungsausschuß aufgeführt wie ein Ganove. Der verarscht das Volk. Er glaubt, daß er sich das leisten könne, weil er doch ein so wuchtiger, doller Staatsmann sei.

***Frei 30.6.2000***

Ich finde, ein Schriftsteller braucht nicht unbedingt einen unverwechselbaren Ton. Im Gegenteil: Bei Ich-Erzählungen sollte der Ton sich mit jedem anderen »Ich« ändern, verwandeln. Ein anderes »Ich«, ein anderer Ton, ein anderes Vokabular, eine andere Syntax.

Der Konjunktiv über große Strecken geht mir übrigens seit je auf die Nerven. Ich kann's nicht ändern.

***Sa 1.7.2000***

Leichte Arbeiten gemacht, nämlich die Musik-Kassetten aufgeräumt, die überall herumfliegen und herumliegen, die sich virenartig auszubreiten scheinen.

Walter Matthau ist heute mit 79 Jahren an Herzversagen gestorben. Knorriger, amüsanter Mann. Sehr schade.

Hab mich mit der Übersetzung von »Copacabana« gequält und nicht viel geschafft. Seit ich weiß, daß es dafür keinen Pfennig Honorar gibt, fehlt mir auch die Lust.

***Mo 3.7.2000***

Fax von Stempel mit den Nachdichtungen für die Songs »This Masquerade« und »Your Song« von Heinz Kahlau. Schwer zu singen. Eigentlich gar nicht. Stempel will, daß ich dem Heinz absage.

Langes Telefonat mit ihm. Nach fast dreißig Jahren. Er erzählt unbefangen, daß er von 56–63 auch Stasi-IM war. Sie hätten ihn damals eingefangen, weil er ein paar freche Gedichte gemacht habe. Das habe er nach der Wende, die er »Übernahme« nennt, jedem erzählt, aber keiner habe es damals hören wollen. Na, ja.

Er habe 92 einen Schlaganfall gehabt und später eine Herzoperation. Nach der Wende sei er noch Abgeordneter für die PDS in Pankow gewesen, weil er nicht haben kneifen wollen. Er sei schon lange mit der 12 Jahre jüngeren Cordula verheiratet und werde bald 70. Aus der Wohnung in der Dietzgenstraße wolle er bald wegziehen in das Dorf Gummlin an der Ostsee.

Perry Friedman sei schon 5 Jahre tot: Krebs und Schlaganfall.

Texte zum Nachdichten würde er gerne nehmen, er habe ja sonst wenig zu tun. Er sei zur Wendezeit im Vorstand der AWA und mit ihrer Auflösung und Übergabe an die GEMA betraut gewesen.

Die beiden Texte könne ich beliebig bearbeiten. Das sei wohl auch nötig, und anders habe er sich eine Zusammenarbeit ohnehin nicht vorgestellt.

### *Mi 5.7.2000*

Trübe. Gefaulenzt. In der kleinen Küche eine wunderbare Erbsensuppe gekocht.

Ganz rührende Post von älteren Leuten bekommen, immer noch ein Nachhall der Sendung »Wenn ich singe …«. Die Briefe sind über den NDR gegangen, deshalb so spät. Jetzt sind es die 60–70jährigen Mädels, die sich noch in mich verlieben. Und zwischendurch immer auch mal eine Jüngere.

### *Do 6.7.2000*

Bin um 13.00 Uhr ins Studio gefahren und habe die beiden Stücke »Copacabana« und »Wand'rin' Star« aufgenommen. Das erste ein ganz schöner Bossa mit einer Nachdichtung von mir, das zweite ein Cowboy-Song in einer alten Übersetzung. Dieser war der Wunsch des einzelnen Herrn Stempel ☺. Meine Idee war, für dieses und das andere Cowboy-Lied einen zarten Engel-Chor zu schreiben. Ich habe strikt abgelehnt, irgendeines der Lieder durch musikalische Effekte zu verdeitlischen. Etwa den Frosch durch Wau-Waus auf der Trompete zu unterstützen oder ein Banjo in den Cowboyliedern zuzulassen oder ein Pferdetrappeln und ähnliche Mätzchen, mit denen man sich von den Liedern quasi hätte distanzieren können. Die Platte muß eben so sein, daß sich der Jazz-Liebhaber, der Schlagerfreund und auch der Cowboy-Freak, der einsam staubige Reiter mit seiner einsamen Winchester, gleichermaßen und friedlich nebeneinander wohlfühlen.

Die CD mit dem Roughmix von »Frosches Lied« haben sie mir mitgegeben, es ist wunderbar geworden.

»Masquerade« steht total in der falschen Tonart, das kann ich nicht singen. Wir fanden heraus, daß es G-Dur zu sein hat und keine andere. Jens und Till suchten Wege, das Urband durch technische Tricks zu retten. Vergebens.

Telefonat mit Stempel: Wir müssen noch einen kompletten Musiker-Termin finden, um »Masquerade« und »Wonderful World« neu aufzunehmen. Es nützt alles nichts. Stempel war einsichtig, beinahe gütig. Ich habe meinen Teil Schuld an der falschen Tonart auf mich genommen.

Ich habe für die CD den Titel »Manfred Krug: GEMISCHTWAREN« vorgeschlagen und gemeint, das mache die Leute neugierig wie bei einem Überraschungs-Ei. Darauf Stempel: Warum nicht gleich: »Manfred Krug: ÜBERRASCHUNGS-EI«? Und da hat er freilich recht.

Abends habe ich mir zusammen mit Otti und Daisy »Frosches Lied« angehört. Daisy wollte es dreimal hintereinander hören, die Zweijährige war ganz begeistert. Ich auch.

### *Frei 7.7.2000*

Ich hörte mir ein weiteres Mal »Bein' Green« an und war von mir selbst einmal wieder sehr gerührt. Das erinnert mich an den Saxophonisten Ben Webster, der einmal eine lange Passage hindurch eine Ballade geblasen hatte und auf die Frage eines Kollegen, warum ihm die ganze Zeit Tränen über die Wangen gelaufen seien, geantwortet hat: »Weil ich so wunderbar geblasen habe, du Blodmann.«

Und ich habe das Lied wunderbar gesungen, wenn man bedenkt, daß das auf deutsch nicht immer so einfach ist.

### *Sa 8.7.2000*

Das Wort hört sich an, als ginge es um eine Pferdewiese: Hippocampus. Es ist aber eine Region im Gehirn, die besonders wichtig ist, weil sie für das Sich-Erinnern zuständig ist. Meine Mutter und ich haben unter der Kalotte in dieser Region wenig zu bieten.

Heute ist Selbstdarstellungstag der ungeilen Jugend. Anderthalb bis 2 Millionen Ecstasyfresser sollen in der Stadt sein.

Um 17.00 Uhr ins »Nucleus« gefahren, wo Till und Jens auf mich warteten. Ich ging ans Mikro und sang das Lied »Eine kleine Sekunde« zweimal ganz durch. Die zweite Aufnahme nahmen wir ganz, und fertig war die Laube. Es swingt wie Deibel. Wunderbare Musiker und ein wunderbarer Deutsch-Sänger.

Dann kam Stempel und gab endlich mal ein sofortiges Urteil ab: sehr gut.

Ich zog meine Turnhose aus, die lange Hose und das Hemd an und fuhr zum Geburtstag von Stulli (Polle), wo es nette Leute und ein grandioses Essen gab. Ich zückte die CD mit den beiden Roughmixes, und die Runde war begeistert.

### *Mo 10.7.2000*

17.20 Uhr kamen Frau Doris Johanna Heinze (NDR), Charly Schöps und der Kulturchef Schreiber (NDR). Sie wollten den Schauspieler-Film klarmachen.

Alle drei wollten nur wissen, wie billig die Sache zu haben ist, weiter nichts. Ich habe gesagt, daß ich übermorgen mit Charly allein sprechen will. Ich will nicht, sagte ich, 6 Augen sehen, die nach meiner Gagenforderung verächtlich auf mich blicken. Die beiden Augen von Charly würden mir genügen. So sind sie zunächst ohne Ergebnis abgezogen.

### Di 11.7.2000

Friedhelm ist um 11.00 Uhr gekommen und hat die Platte »DEUTSCHE SCHLAGER« abgeliefert. Ganz hübsch, aber wenn ich ehrlich sein soll, mein Herzblut ist es nicht. Aus musikalischen Gründen. Rhythmusgruppe nicht ganz das Gelbe vom Ei. Die wenigen Solisten reißen einen nicht vom Hocker. Dennoch, eine kleine Kulturtat ist es schon. Man hört die alten Lieder endlich mal mit allen Strophen und Versen. Das hat einen ähnlichen Charme wie in alten Zeitungen zu blättern.

### Mi 12.7.2000

Schöps hat mich angerufen. Ich habe ihm gesagt, der Herr Schreiber von der Kulturabteilung des NDR kann das kleine Interview anläßlich 30 Jahre »Tatort« von mir umsonst haben. Dafur sollten wir uns den großen Film »M. K., der Schauspieler« abschminken. Er schien begeistert und sagte: »Danke, mein Lieber.« Es ist immer dasselbe: Sie freuen sich über jeden Pfennig, den sie sparen können.

Im Ersten eine ziemlich eklige und langweilige, halt deutsche Kriminalkomödienklamotte mit Hilmar Thate gesehen: »Krieger und Liebhaber« (2000). Der arme Hilmar. Sein Antlitz ist einfach zu edel für solche Filme, es paßt besser in die Akademie der Ost-Künste als in einen solchen lustig sein wollenden doofen West-Film. Hilmar kann sich nicht retten. Er kann keinen schlechten Text verbessern. Er muß das Zeug aufsagen, wie sie es ihm geschrieben haben. Er ist und bleibt doch der gute alte Daniel Druskat. So gut, so schmerzlich gut war er nie wieder.

### Do 13.7.2000

In der Post einige Briefe, wie ich sie im Leben nur selten bekommen habe. Adorierend geradezu. Das Publikum nimmt auf rührende Weise Abschied. Auch vom »Tatort«. Auch von Charles. Die Leute haben's in den Zeitungen gelesen.

Auf N3 lief ein alter Krimi aus der Reihe »Stahlnetz« von 1958, geschrieben von Menge, inszeniert von Jürgen Roland. Dort sah ich einen Schauspieler wieder, mit dem ich 1957 ein paarmal gesprochen hatte und der mir zeigte, wie man es im Westen macht. Er rannte dauernd mit Blumensträußen herum. Die schenkte er jeder Dame, die irgend etwas mit Aufnahmeleitung oder Produktionsleitung zu tun hatte. Er sah sehr gut aus mit seinen grünen, stets leicht getuschten Augen. Später habe ich ihn in Softpornos gelegentlich wiedergesehen. Dort war er also mit all seinen Blumen gelandet.

### Frei 14.7.2000

Die Steuerreform ist vor dem Bundesrat durchgekommen. Kann mir egal sein. Ich habe mein ganzes West-Leben ohne Steuerreform durchgestanden, und die meiste Zeit mit satten 51 %.

Abends im »Diener« mit Barbara Naujoks über die heutige ungeile Jugend gesprochen und sie gnadenlos mit der unsrigen, damaligen, eigenen, sehr geilen verglichen, und prompt besser weggekommen.

### Sa 15.7.2000

Habe heute nach dem Mittagsschlaf zum 1. Mal regelrechte Verwirrungszustände an mir bemerkt. Keine Konzentration. Alles geschieht sehr langsam. Angst, ein Kuvert zu beschriften. Ich kann mir nichts anderes vorstellen, als daß sich das allmählich verstärkt und weiter verstärkt, und dann kann nur eine traurige Endphase bevorstehen.

### Mo 17.7.2000

Mit Ingwersen telefoniert. Er hat mich glatt gefragt, ob ich nicht das Einspielen/Einsingen der Brönner-Platte ein bißchen verzögern könnte. So würde sich auf ganz natürliche Weise vermeiden lassen, daß die beiden Platten gleichzeitig herauskommen. Ich habe schlicht mit Befremden reagiert. Was für eine Bande.

### Sa 22.7.2000

Wenn es im Norden Rußlands, etwa um das Weiße Meer herum, etwa auf der Onega-Halbinsel, nicht so kalt und unwirtlich wäre, wenn man dort mehr anbauen könnte als kleine Kartoffeln, wenn die Russen es fertiggebracht hätten, dort Schienen oder Straßen zu bauen, dann hätten sie auch in dieser einsamen Gegend die Wälder abgeholzt und auf jede andere typisch russische Weise die letzte freie Natur auf der Nordhalbkugel verschandelt. Die Russen sind die größten Naturverplemperer und -verschandler der Welt. Da kann einem das einzelne Individuum wegen seiner Armut noch so leid tun. Wenn sie genug Leute pro Quadratkilometer zusammenkriegen, fressen sie ihr eigenes Land leer, verpesten es anschließend und sehnen sich dann nach dem Süden.

### So 23.7.2000

Während des Mittagsschlafs ein schrecklicher Traum: Ottilie hatte mich zu einer Lesung begleitet und in der Kantine des Veranstaltungshauses in der Pause einige Biere getrunken. Das Buch, aus dem ich vorlas, war plötzlich aus der Garderobe verschwunden. Und Otti löste sich nicht von der fröhlichen Kantinenrunde, um mir in der Not zu helfen. Ich mußte mehrmals hinaus zum ungeduldigen Publikum, um mich zu entschuldigen. Der Applaus wurde immer spärlicher, bis er in ein Buhen umschlug. Ottilie machte sich lustig, holte aber schließlich ein Buch, welches das falsche war. Ich kämpfte lange mit mir, aber nachdem sich Otti gleichgültig und hämisch zeigte, verprügelte und ohrfeigte ich sie schließlich ganz fürchterlich. Ich bekam ihren Personalausweis zu packen, den ich zerriß.

Mit ausgetrocknetem Mund erwachte ich endlich.

Johannes Dyba, Erzbischof von Fulda, ist heute mit 70 nach Herzattacke gestorben. Sein Motto: »Nicht verschämt, sondern unverschamt katholisch.« Er war ein unverschämter Wichtigtuer. Trotzdem schade, daß er tot ist. Durch ihn gab es immer ein bißchen Stimmung im Karton.

Um 22.00 Uhr ging ich ins »Diener«, wo ich die üblichen Leute traf. Auch eine Frau, die mir nach drei Minuten erzählte, daß sie

Mitglied der SEW[7] gewesen sei. Als ich provozierend sagte, die seien doch alle bei der Stasi gewesen, bestritt sie es nicht.

### *Di 25.7.2000*

Mit beim Start schon brennendem Triebwerk ist heute eine französische »Concorde« nach wenigen Minuten bei Paris abgestürzt. Mehr als hundert Tote, davon fast hundert deutsche Urlauber. Wie kann man nur auf die Idee kommen, mit dieser britisch-französischen Angeberhuddel, deren Konstruktion älter als 30 Jahre ist, herumzufliegen. Hin- und Rückflug nach USA kosten 10.000 bis 15.000 Mark. Dafür fliegt die Luxusgurke 2.000 km/h und verpestet die Umwelt so gut wie drei doppelt so große Flugzeuge zusammen.

### *Mi 26.7.2000*

Der Bundeskanzler Schröder jammert im Fernsehen über die Toten.

Otti ist heute am frühen Morgen zum Flugplatz Tegel gefahren, wo sie Schwester Regine und Schwager Werner Bender treffen und mit ihnen nach Portugal fliegen wird. Sie hat mir den folgenden Zettel unter der Tür durchgeschoben:

»Mein Süßer, ich sause los und melde mich, wenn ich gelandet bin. Für alle Fälle sollst Du wissen, daß ich Dich liebe, und das seit 40 Jahren.

Einen dicken Kuß von Deiner Ottimiez,
die sich schon jetzt auf ein Wiedersehen freut.«

### *Do 27.7.2000*

In Düsseldorf ist eine Bombe in einer Gruppe von Menschen explodiert, die im Düsseldorfer Zentrum den Ausgang eines Bahnhofs verlassen hatten. Neun Menschen verletzt, vier davon schwer.

---

[7] Sozialistische Einheitspartei Westberlins, von der DDR finanzierter Ableger der SED im Westtteil der Stadt.

Einer hochschwangeren Frau hat es das Bein abgerissen, und sie verlor ihr Kind. Nicht die Spur eines Verdachts, welcher Wahnsinnige diese Tat begangen haben könnte.

***Frei 28.7.2000***

Auf einmal ist mit dem gestrigen Bombenanschlag in Düsseldorf alles klar: Sechs der Opfer sind Juden, sie stammen aus Rußland, Aserbaidschan und der Ukraine, sogenannte Kontingentflüchtlinge. Sie waren erst kurze Zeit in Deutschland, deshalb kamen sie allesamt von einem Deutschkurs. Die Bombe war ferngesteuert.

Ich ekle mich immer mehr vor Primitiv-Deutschen. Ich habe schlicht Angst.

***Sa 29.7.2000***

»Dichten heißt über sich selbst Jüngstes Gericht halten.« (Henrik Ibsen)

Telefonat mit Herrn Gerd Schmitt von der Firma »film4ma GmbH«. Ich will keine Talk-Show auf der Udo-Jürgens-Veranstaltung. Ich will das Lied singen, und fertig. Schmitt hat es eingesehen, wenn auch ungern.

***So 30.7.2000***

Um 17.55 Uhr Abholung durch den Fotografen Steffen Jänicke und Fahrt zum Foto-Termin für die CD »Deutsche Schlager«. Der Ort wird das Rundfunkgebäude in der Masurenallee sein.

Das Hans-Poelzig-Gebäude von großer Schönheit. Der Aufwand hat sich gelohnt. Der Fotograf will immer sehr locker sein und flaxt herum. Wenn aber einer zurückflaxt, ist er erstaunt und wird unsicher. Er hilft nicht viel. Ich habe ihm erklärt, daß es weniger darauf ankomme, wie gut gelaunt er hinter der Kamera sei. Es komme aber sehr darauf an, wie gut gelaunt der Mensch sei, der vor der Kamera stehe, weil nämlich er es sei, der etwas hervorbringen, etwas erzeugen müsse.

In erstaunlicher Offenheit sagte er: »Ich habe viel von Ihnen gelernt. Auch heute wieder. Aber ich habe Angst vor Ihnen.«

Um 23.30 Uhr ins »Diener«, dort ein merkwürdiger und unwürdiger Zwischenfall. Ein heiteres Gespräch über die Figuren von Karl May, die von Ulla Meinecke der Reihe nach heruntergerasselt wurden. Die Wirtin, Frau Lilo Wirthwein, saß mit ihrer Töle am Tisch. Sie fütterte den Hund mit Brezeln und nannte die Namen der Karl-May-Helden ebenfalls sehr beflissen, aber nicht ein einziges Mal konnte sie die Meinecke im Tempo besiegen, ihre Namen kleckerten immer hinterher. Darüber machte ich eine leichte, heitere, nicht mißzuverstehende Bemerkung, wie etwa: »Ja, nachplappern kann ja jeder ...« Da fauchte mich die Alte an: »Ich verbitte mir das, hier für blöd gehalten zu werden. Das geht schon den ganzen Abend so ...« Sie war erst 10 Minuten vorher an den Tisch gekommen, ich hatte nicht ein einziges Wort an sie gerichtet.

Bei mir geben die Leute sich Mühe. Sie stellen die Goldwaage auf den Fußboden, legen jedes meiner Worte auf die Schale, und anschließend drücken sie sie mit dem Fuß runter. Ich muß etwas grundsätzlich falsch machen.

### *Di 1.8.2000*

Abends kam Jörg Stempel mit einer fulminanten Karikatur von Krüger[8] an und fragte, wie sie mir gefalle. Sie ist ganz schön abstoßend. Schweinebacke mit enger Stirn. Er hat Entsetzen erwartet. Aber nix. Ich war enttäuschend unentsetzt. »Ich hab nix dagegen«, sagte ich. »Die Folgen für den Absatz kann ich jedoch nicht einschätzen. Könnte sein, daß die älteren Damen zurückzucken.« Da ging Stempel in sich und meinte, er wolle mit Krüger noch mal reden, ob es nicht ein bißchen weniger karikaturesk ginge, das heißt, ob Krug nicht ein bißchen kuschliger aussehen könne.

Nachts ein Anruf von Werner Sellhorn, der meine Geschichte »Der schwarze Meister« in einem Humor-Band des

---

8 Es geht um das von Sebastian Krüger stammende Covermotiv für die CD »Schlafstörung«.

Eulenspiegel-Verlages erneut unterbringen wollte. Die Geschichte ist aber so schlecht, daß ich froh über den Zerfall des alten, schwefeligen Papiers bin, aus dem vor 35 Jahren der Band »Das Tier lacht nicht« hergestellt worden war.

Es ist in gewisser Weise erleichternd, sich von einem Teil der Freunde, die man im Leben gesammelt hat, zu trennen. Es ist schlimm genug, daß ich selbst eitel, geizig, unwissend, gierig, rechthaberisch, halbgebildet usw. bin. Das kenne und verachte ich alles an mir selbst. Ich brauche es an anderen nicht zu erleben. Einige wenige Freunde genügen vollauf. Es sind immer noch zu viele. Und je älter wir alle werden, desto unerträglicher werden wir.

Ich habe zum Beispiel mit 35 Jahren beschlossen, nie wieder zu lügen. Seither haben die Freunde lernen müssen, daß man Fragen, die man an mich stellen möchte, besser sorgfältig auswählt. Denn wenn ich nicht gerade schweige, um den Fragenden zu schonen, kann er fest mit einer ehrlichen Antwort rechnen. Allein dieses Verfahren sortiert schon eine Menge Freunde aus, und es hindert viele potenzielle Neuzugänge daran, diesen Status überhaupt anzustreben.

### *Mi 2.8.2000*

Anläßlich des 250. Todestages von Bach lief auf 3sat die Serie über sein Leben, die 1984 in der DDR und in Ungarn unter der Regie von Lothar Bellag zum 300.Geburtstag gedreht worden ist und in der Ulrich Thein den Bach spielt. Er ist sehr gut, besonders wenn er an der Orgel oder am Klavier sitzt. Er muß die Klaviatur-Passagen regelrecht eingeübt haben, so daß Schwenks über seine Hände gemacht werden konnten. Sonst ist er etwas proletarisch steif, aber im Gesicht hat er schöne Züge. Ist das derselbe Uli Thein, der 5 Jahre später auf meiner Tournee diesen gräßlichen Schreiber Licht im »Zerbrochenen Krug« gegeben hat? Kaum zu glauben.

Anrührend die Szene, wie der Hauslehrer einem der Bachkinder das Rechnen beibringen will:

»Wieviel gibt 5 und 3?« Der 5-jährige Knabe druckst, antwortet nicht. Da sagt Uli Bach zu seinem Söhnchen: »Und wieviel gibt eine Quinte und eine Terz?«

»Eine Septime, Herr Vater.«

Gut gegeben.

### *Do 3.8.2000*

»Komisch«, sagt Marlene. »Ich habe Mama eben den Traum erzählt, den ich heute nacht hatte. Ich war beim Arzt. Der Arzt hat zu Mama gesagt: Ihr Kind trinkt zu wenig. Da müssen wir mit einer Spritze das Wasser unter die Haut spritzen. Aber die haben sie nicht gefunden. Sie war nämlich in mir drin. Ich habe dann zwei Säcke Wasser ausgetrunken. Der Arzt hat gesagt: Wo ist denn das Wasser geblieben, das in den Wassersäcken an der Lampe hing? Die sind ja leer!«

»Ein toller Traum«, sage ich. »Glaubst du manchmal, so ein Traum sei Wirklichkeit?«

Marlene: »Ich glaube manchmal, das ganze Leben ist ein Traum.«

Und dies ist gewißlich so gewesen.

### *Frei 4.8.2000*

Wenn ich jemals meine Kindheit als Buch schreiben sollte, können wir ein spezielles Foto verwenden: Ich habe ein altes Schwarzweiß-Bild von meiner Oma Lisa und mir von 1943 vor mein Gesicht gehalten und im Flur neben den Miniaturen eine ganze Serie gleichartiger Portraits knipsen lassen. Das könnte man als Buchumschlag nehmen.

### *Sa 5.8.2000*

Zu meinem Erstaunen kam ein Brief von Irene Henselmann, der Witwe von Hermann Henselmann. Sie schreibt ein Buch über die Persönlichkeiten, denen sie im Leben begegnet ist. Das sind sicher viele, schon durch ihren leutseligen Hermann und das Dutzend Kinder. Ein paar Schnurren will sie auch über mich schreiben.

Ob ich damit einverstanden wäre. Aber danach zu fragen sei ohnehin zu spät, meint sie, weil das Buch schon im Druck sei. Na ja.

## *So 6.8.2000*

Der demokratische deutsche Staat mag uns nicht immer erfreuen. Dazu hat er zu viele Fehler. Aber ich, der zwei undemokratische deutsche Staaten erlebt hat, noch als Kind den Nazistaat und später den Sozialismus-Staat, bin froh, daß wir die Bundesrepublik haben. Ich weiß sie sehr zu schätzen.

Vielen Deutschen kommt es vor, als wüßte diese Republik sich selbst nicht zu schützen. Sie fackelt lange herum, sie schreitet nicht ein, sie stellt nicht pünktlich die Diagnose des eigenen Leidens, sonst müßte ihr längst klar sein: Diese objektiv ahnungslosen Gewalttäter mit den geschorenen Glatzen und den dadurch freiwerdenden Rcklameflächen auf dem Kopf, wo man als Tätowierung Bedeutendes lesen kann, z.B. »DEUTSCHLAND!«– diese Wichtigtuer sind tatsächlich gefährlich.

Schon ihre Eltern waren in der Mehrzahl keine Demokraten, im Gegenteil, viele der Ost-Eltern waren in der SED. Und auch die Großeltern waren in der Mehrzahl keine Demokraten, von denen waren die meisten in der NSDAP, und folgerichtig sind die Kinder und Enkel in demokratiefeindlichen, also für jede Republik gefährlichen Verhältnissen aufgewachsen. Die Nachkommen konnten von ihren Vorfahren nichts lernen, nichts übernehmen, auch nicht das Glücksgefühl, daß eine Demokratie in Deutschland endlich existiert. Und das Wenige, was die Hautköpfe in ihren Familien gelernt haben, war unnützes, dummes Zeug. Es hatte viel mit Kampf zu tun, Kampf – gegen alle und gegen alles; es hatte mit Verschwommenheit und Vorsehung zu tun. Was noch? Teure Schlagworte: Herrenrasse, Stärke, Deutschland, Ergreifung der Macht; und spater dann Klassenstandpunkt, Waffenbrüderschaft, Macht der Arbeiterklasse, Schwert und Schild der Partei und dergleichen.

Und bei all dem sind die Neufaschisten im Kopf stehengeblieben. Keine Namen, keine Daten, keine Taten und Untaten aus der jüngeren deutschen Geschichte. Keine Toleranz – woher denn auch? –, keine Bildung und damit keine Herzensbildung. Nur ein Gefühl dafür, wie man Angst verbreiten und sich wichtigmachen kann. Und das wunderbare Gefühl, als kleiner Mann diesen schlappen Staat zum Zittern zu bringen, bis man wieder einen eigenen, faschistischen Staat fertiggebracht hat, in dem man dann die Regeln selbst aufstellt. Diese tödlichen Regeln, die noch allgemein bekannt sind.

Das hat die Bundesrepublik Deutschland nun davon, daß sie eine Demokratie ist. Die ist ja so demokratisch, daß sie sich kaum wehren kann. Sie quält sich sogar damit herum, ein paar Kampfhunde einzuschläfern, die kleine Kinder zerbissen haben.

Ich bin für Repression. Sowohl gegen Kampfhunde wie auch gegen aggressive Hautköpfe.

Mir kommen die jungen Leute vor, als müßten sie vor sich selbst geschützt werden. Sie kommen mir wie trunkene Hooligans vor, die morgens wach werden und sich fragen: »Mein Gott, was habe ich da gestern abend gemacht?«

Nicht mehr lange, und diese jungen Leute werden Väter sein. Was wollen die ihren Kindern darüber berichten, wie sie ihre Jugend verbracht haben? »Und dann ist Papa mit drei anderen Glatzen und einem Vorschlaghammer losgezogen und hat bei Nacht und Nebel alle Grabsteine des jüdischen Friedhofs umgehauen! Das hat voll reingeknallt. Nimm dir daran ein Beispiel, mein Junge!«

Diese künftigen Familienoberhäupter müssen zu Besinnung und zu neuer Konzentration gebracht werden. Man muß ihnen helfen. Man sollte ihnen Zutritt zu Besinnungslagern oder meinetwegen auch »Konzentrationslagern« verschaffen, wo aber nicht vergast wird, sondern studiert und gearbeitet.

Die Lagerzeit kann jeder Fascho-Terrorist selbst beeinflussen: Wer einen bestimmten Grad an Bildung erreicht hat, darf nach Hause gehen. Wer zweimal wegen Unmenschlichkeit ins Lager kommt, wird nur nach Erreichen eines akademischen Grades wieder entlassen.

Nun höre ich sofort Leute sagen: »Das ist ja auch bloß eine Form von Faschismus!« Ich sehe es eher als den Beelzebub an, mit dem der Teufel manchmal ausgetrieben werden muß.

So was würde viel Geld kosten.

Unsere demokratische Gesellschaft, wenn sie es bleiben will, wäre gut beraten, dieses Geld aus den Steuern aufzutreiben. Die Industrie kann als Sponsorin mitmachen; sie jammert in diesen Tagen über die sich verschlechternden Export-Chancen, seit im Ausland wieder über faschistische Umtriebe in Deutschland berichtet wird.

Ja, eine neue Sorte Bildungsknast, mitfinanziert auch von denjenigen Medien, die sich seit Kriegsende um die Verblödung des deutschen Volkes verdient gemacht haben. So wie die amerikanische Zigarettenindustrie endlich mitbezahlt für Millionen kaputte Lungen, so sollen diese Medien für die von ihnen angerichteten folgenschweren Hirnschäden aufkommen.

Müssen wir grölenden Mob durchs Brandenburger Tor marschieren lassen?

Strafrecht anwenden. Rechtsäugige Blindheit schleunigst zur Heilung bringen.

### *Mo 7.8.2000*

Alec Guinness ist im Alter von 86 Jahren gestorben. Wunderbarer Mann.

### *Di 8.8.2000*

Ein Wort wie EHE, OTTO, UHU, welches also vorwärts und rückwärts gelesen werden kann, nennt man Palindrom. REITTIER und RETTER sind weitere Beispiele. Es war der Frauenverächter Schopenhauer, der sogar ein mehrsilbiges Palindrom gefunden hat: RELIEFPFEILER. Was die Leute sich damals Zeit genommen haben, für solche Dinge! Wie glücklich muß Schopenhauer gewesen sein, als er dieses Wort gefunden hatte. Er wird Tage und Wochen gesucht haben. Da dies nur nebenbei geschehen sein kann, sind vielleicht sogar Jahre ins Land gegangen. Ein ganzes

Leben. Und eines Tages: RELIEFPFEILER. Ein schönes Wort. Man braucht es selten. Der ungebildete Mensch kann ganz darauf verzichten. Aber wo es hinpaßt, da sitzt es: Reliefpfeiler. Man kann Eindruck damit machen. Der Zuhörende wird erstaunt sein über die Genauigkeit dieses Wortes. Aber er hört nicht, daß es ein Palindrom ist. Welch ein geheimes Vergnügen.

**_Mi 9.8.2000_**

Jazz ist nicht für jeden unterhaltsam, schon gar nicht für Deppen. Dazu ist er zu intelligent. Deshalb wirkt er zum Beispiel auf Nazis wie Knoblauch auf Vampire.

Anruf von Schöps, ob die beiden jungen Leute, die den Beitrag zu »30 Jahre ›Tatort‹« machen wollen, mal bei mir vorbeikommen können. Nee, hab ich gesagt, so luxuriös muß es nicht sein. Sie sollen die Fragen faxen, dann werde ich neue hinzufügen und langweilige streichen, das genügt. Dann habe ich ihm gesagt, daß ich den Film »M. K., der Schauspieler« in jedem Falle mit Uwe drehen werde, ich werde ihn bezahlen und dann sehen, wer ihn senden will. Da tat er ganz traurig.

**_So 13.8.2000_**

Im Gegensatz zu mir hat Charles Brauer mitten auf seiner Glatze einige Haare. Die machen im Gegenlicht noch etwas her. Durch ihren silbernen Widerschein sieht Charly wie ein Mensch aus, den man als behaart bezeichnen könnte. Mich nennt jeder kahlköpfig, ich habe eine Glatze. Charlys Mittelhaar besteht aus knapp 100 einzelnen Härchen. Wenn Wind weht, stehen sie gemeinsam auf, um zu flimmern und zu glitzern. Viel Effekt mit wenig Aufwand.

Ganz anders z. B. die Seeotter, deren Fell aus bis zu 900 Millionen (!) Haaren besteht.

Man könnte wichtigere Dinge aufschreiben. Aber mir kommt immer mein Kränkeln und das Bewußtsein des nahenden Todes in die Quere. Darüber habe ich schon genug geschrieben, und genug wird noch folgen.

**Di 15.8.2000**

In der Barentssee liegt seit Sonntag ein russisches Atom-U-Boot aus der Murmansker Schrottflotte in 100 Meter Tiefe auf Grund. 116 Matrosen hängen da unten rum, eingeschlossen, die beiden vorderen Kammern des U-Boot-Monsters sind geflutet. Wer weiß, wie viele schon tot sind. Das hatten die Russen nach alter Sitte bis heute morgen verschwiegen. Und später kam heraus, daß die Explosion sich schon am Samstag ereignet habe. Und daß es keinen Funkkontakt zu dem Ding gibt und daß es ihn auch vorher nicht gegeben hat. Und daß man sich durch Klopfzeichen verständigt usw. Das Monsterboot ist fast 150 m lang und 18.000 Tonnen schwer.

**Mi 16.8.2000**

In dem russischen U-Boot-Monster sind nach neuerer Nachricht 118 Seeleute. Seit heute sind die Militärs bereit, fremde Hilfe zuzulassen. Die Engländer schicken endlich ein Mini-Rettungs-U-Boot in die Barentssee. Es kann Samstag, also zu spät, dort sein. Ich glaube nicht, daß noch ein einziger Mann lebt, und ich glaube, daß die russischen Militärs das schon lange wissen.

**Do 17.8.2000**

Die gestrigen Fotos von Steffen Jänicke sind gut geworden, sie werden das Booklet von »Schlafstörung« schmücken. Die Amiga-Platte soll nämlich endgültig diesen Namen haben. Ich habe ihn mir einmal vor 20 Jahren für eine regelmäßige Nachtsendung im RIAS ausgedacht, die ich für Siggi Schmidt-Joos geschrieben und moderiert hatte.

**Frei 18.8.2000**

Vier Herren von der »Woche« kamen pünktlich um 11.00 Uhr. Den Kamera-Assistenten habe ich höflich wieder weggeschickt, da waren es immer noch drei. Die beiden jungen Journalisten Joachim Wehnelt und Adriano Sack (der übrigens noch nie etwas von der Sängerin Erna Sack gehört hatte) blieben geschlagene

5 Stunden, und sie wären noch länger geblieben, wenn nicht um 16.00 Uhr Olaf, der Masseur, gekommen wäre. Die Jungs haben mich ausgequetscht, daß es seine Art hatte. Ich habe ihnen etwas von beiden CDs vorgespielt und auch etwas von »Schweinegezadder«. Sie schienen begeistert von alledem. Kein Wunder. Ich habe mich um Kopf und Kragen geschwätzt. Bin völlig entwöhnt. Daher viel zu gründlich geantwortet. Logorrhöen. Und auch einigen Blödsinn.

Ende August wollen sie mir den Artikel zur Korrektur schikken. Veröffentlichungstermin wird entweder am 7. oder am 14. Sept. sein.

### Sa 19.8. 2000

Punkt 14.00 Uhr ist Till Brönner da. Wir gehen meinen Text von »Wenn's regnet« noch mal durch. Er findet, man kann das Lied so enden lassen, wie es endet. Das sei sogar originell. Na gut, das wollte ich bloß wissen. Mir gefallen die meisten Texte, die ich »nachdichte«. (Und eigentlich könnte ich die Gänsefüßchen auch weglassen. ☺)

Petra hilft mir, als die Kleine im Bett ist, den heiklen Text für »What A Wonderful World« zu machen. Durch den selbstgestellten Anspruch, einen quasi »Greenpeace-Text« daraus zu machen, muß jeder Buchstabe auf die Goldwaage gelegt werden. Gratwanderung zwischen Schlagersülze und Text.

### So 20.8.2000

Am Abend habe ich alter Depp mir die Hornhaut von den Fersen schaben wollen, habe zu dem Zweck eine neue Klinge in den verdammten Schaber praktizieren wollen und mir beim Zerren und Schieben der Klinge plötzlich den halben linken Mittelfinger aufgeschnitten. Ich alter Idiot! Da ich seit dem Schlaganfall »Marcumar« schlucken muß, blutete ich wie Sau. Ich habe also meine linke, eigentlich letzte gute Hand mit meiner rechten, längst ertaubten Hand verbunden und verarztet. Ich mußte ja einen größeren Hautlappen komplett abschneiden. Verdammt.

**Mo 21.8.2000**

Heute ist die Suche nach Überlebenden des 146 m langen Atom-U-Boots »Kursk« aufgegeben worden. Das Boot ist von vorn bis hinten voller Wasser. Nach endlosen Lügenmärchen der russischen Admiralität und Regierung wird allmählich klar, daß die Russen beim Manöver mit einer Rakete ihr eigenes Schiff versenkt haben. Einmal wird die Leidensfähigkeit des russischen Volks am Ende sein. Und dann …

Der Boxer Bubi Scholz ist heute mit 70, alzheimerkrank, in einem Altersheim gestorben.

»Wo ist das Grab von Alois Alzheimer?

In der Gedächtniskirche.«

**Mi 23.8.2000**

Mir ist aufgefallen, daß bei der CD »Deutsche Schlager« die gesungenen Texte nicht mit den Texten im Booklet übereinstimmen. Heidenkrach mit Ingwersen am Telefon gemacht. Regelrechter Anschiß. Dann habe ich mich stundenlang hingesetzt und alle Texte neu aufgeschrieben und an die Schlampenfirma gefaxt. Es ist zum Kotzen.

**Do 24.8.2000**

Silvio Francesco, der Bruder von Caterina Valente, ist mit 73 Jahren gestorben. Er war genauso begabt wie Caterina, stellte sich aber vornehm in den Hintergrund.

Ich habe heute den ganzen Tag für Amiga die Texte durchkorrigiert, die ich alle rechtzeitig dem Stempel zugeschickt hatte und die allesamt beschissen abgeschrieben worden waren. Mir ein Rätsel, wie das passieren kann. Lauter Legastheniker bei den Schallplattenfirmen.

**Frei 25.8.2000**

Gestern, als wir Marlene vor der Nase den Fernseher ausgeschaltet hatten, weil ein doofer Film mit der netten Evelyn Hamann lief, sagte Marlene. »Ich hasse euch!«

»So was sagt man nicht zu den Eltern. Selbst wenn es für den Augenblick wahr sein sollte. Das mußt du doch spüren, bei deinem Sprachgefühl. Du mußt in deiner Sprache erheblich feiner werden.«

Marlene, wörtlich: »Rechne nicht damit. Ich werde während meiner Kindheit bestimmt nicht feiner werden.«

Das ist renitent, hat aber was Geniales aus dem Munde eines noch nicht fünfjährigen Kindes. Leonard, der jüngere Sohn Jureks, war ebenfalls sprachlich sehr früh wach, erzählte die hübschesten Geschichten und sagte als Kind die erstaunlichsten Dinge. Ich liebte ihn dafür und beneidete seinen Vater.

Brief von Stempel, er hätte solchen Streß usw., er habe doch all die Texte durchsehen und korrigieren müssen usw. Ich habe ihn unwillkürlich gefragt, ob er verwandt mit dem Stalingrad-General Stempel sei, der sei zwar ein Idiot, aber wenigstens tapfer gewesen. Nein, sagt er.

### *Sa 26.8.2000*

Ich war pünktlich um 14.00 Uhr im »Nucleus«-Studio. Dort Jens Kuphal, Till Brönner und Arne. Die Orchesterparts waren einschließlich der Chöre komplett vorgemischt. Es konnte also nur noch um das Verhältnis von Sänger und Musik gehen, und das war anstrengend genug.

Ich verfügte mich zum Abhören ins Hinterzimmer, wo eine eigene Anlage mit Pult steht. Bin, was das Mischungsverhältnis angeht, stets unsicher und scheue mich, rundheraus zu sagen: »Der Sänger ist zu leise.« Aber seit G. Fischers Zeiten habe ich mich über dessen Nr. 2 (»Ein Hauch von Frühling«) geärgert, und dieser Ärger hält ein halbes Leben an. Ich konnte also wenigstens darin einige Tipps geben und bin froh, daß ich's getan habe. Es ist alles gut.

Nach dem Mischen wurden die Stücke ausgeputzt: Anfang, Ende, Fade-outs. Um halb eins war ich erschöpft und fuhr nach Hause, nicht ohne die ganze Runde herzlich zu einem großen Essen in meiner Wohnung einzuladen, das ich nach dem Verkauf der ersten 50.000 Platten geben würde.

Jörg Stempel kam um 3.00 Uhr morgens und brachte das Masterband hoch, das ich mir auf meiner Anlage noch mal angehört habe. Und ich war es zufrieden. Eine der schönsten Platten, die ich gemacht habe. Vielleicht die schönste.

### *So 27.8.2000*

Mittags rief Otti vom Strand auf Hiddensee an. Ich erzählte ihr von dem Ereignis und zog mir anschließend die Platte noch mal rein. Sie ist immer noch gut. Wenn die Leute diese Platte nicht kaufen, muß ich mir ein anderes Publikum suchen.

Selten genug: Alle Macher sind sich einig, daß etwas außergewöhnlich Schönes entstanden ist.

### *Mo 28.8.2000*

Seit gestern brennt der 33 Jahre alte Fernsehturm Ostankino in Moskau. Eine Zeitlang war er mit 537 m der höchste Fernsehturm der Welt.

In den späten sechziger Jahren, das wird im Winter 68/69 gewesen sein, gehörte ich einmal zu einer Delegation von DDR-Bürgern, die nach Moskau fahren durfte. Wir hatten Erfolg mit dem Fernsehfilm »Wege übers Land« gehabt, nun wurde der Vierteiler auch im sowjetischen Fernsehen gezeigt. Unter den Schauspielern war Ursula Karusseit, auch Autor Helmut Sakowski und Dramaturgin Korff-Edel, wir alle gingen auf die Moskau-Reise. Unter anderem stand ein Besuch des damals noch fast neuen Fernsehturms auf dem Programm. Ein besonderer Leckerbissen, eine Vergünstigung. Also fuhren wir mit dem Fahrstuhl in das Restaurant, um aus den großen Fenstern das unter uns liegende Moskau zu betrachten. Jemand instruierte uns, von welcher Qualität die Fragen sein sollten, die wir sogleich zu stellen hatten. Die Dolmetscherin übersetzte dem Chefingenieur, der am Turmbau beteiligt gewesen war, unsere Fragen. »Wie viele Tonnen Beton sind verarbeitet worden? Wie viele Tonnen Moniereisen? Wie lange hat der Bau gedauert? Wie viele Menschen waren daran beteiligt? Wie weit pendelt die Turmspitze bei Sturm aus?« usw. Der

Chefingenieur, der diese Fragen schon vielen Delegationen beantwortet hatte, plusterte sich auf und erklärte alle diese Dinge in wichtigem Ton. Jeder kam einmal dran, schließlich auch ich.

»Ich hätte nur zwei Fragen. Erstens: Was glauben Sie, wann wird der Turm umfallen?«

Die Dolmetscherin übersetzte getreulich: »Der Genosse fragte: Wann wird der Turm umfallen?«

Chefingenieur auf russisch an mich: »Haben Sie das wirklich gefragt, Genosse?«

Dolmetscherin: »Ob Sie wirklich diese Frage gestellt haben, will der Genosse Chefingenieur wissen.«

Ich: »Ja, warum nicht? Wir Sozialisten wissen: ›Alles fließt‹, nichts bleibt, wie es ist. Warum soll man diese Frage nicht stellen? Wir sind unter uns.«

Der Chefingenieur zeigte bei seinem scheuen Lächeln ein paar große Goldzähne und sagte: »Tja, wann fällt der Turm um?«

Die Dolmetscherin: »Der Genosse Chefingenieur fragt sich selbst: ›Wann mag der Turm umfallen?‹«

Der Chefingenieur, der mit einem Blick zu prüfen schien, ob wir wirklich unter uns seien, sagte, um Zeit zu gewinnen: »Umfallen? Meinen Sie, durch eine kriegerische Handlung oder etwa ein Erdbeben?«

»Nein, eigentlich nicht. Der Mensch hat ihn gebaut. Da ist es interessant zu erfahren, welche Haltbarkeit der Mensch von ihm erwartet.«

Ich bilde mir ein, einige der Gedanken des Chefingenieurs in seinem Gesicht gelesen zu haben. Es war viel Zeit, darin zu lesen:

Dieser Faschist bringt mich hier in Schwierigkeiten, dieser blöde Mensch. Bringt mich in Teufels Küche. Will wahrscheinlich provozieren. Will mich unglücklich machen. Weiß dieser deutsche Idiot, daß ich Frau und Kinder habe?

Es wäre Zeit für das Lesen noch weiterer Gedanken gewesen, aber hier will ich es bewenden lassen.

Endlich sagte der Chefingenieur: »500 Jahre.«

Wir nickten alle anerkennend. Ich sagte: »Toll. Wirklich.«

Dolmetscherin: »Sie hatten eine zweite Frage an den Genossen Chefingenieur?«

»Ja«, sagte ich. »Wir schauen hier bei strahlender Wintersonne auf Moskau, das uns zu Füßen liegt. Ein schöner Anblick. Vor allem die neuen, sozialistischen Wohnhäuser, die in weitem Bogen um den Fernsehturm herum angeordnet sind. Schön, wie die weißen Dächer heraufschimmern. Und mittendrin der eindrucksvolle Schatten des Fernsehturms. Wäre es da nicht eine hübsche Idee gewesen, diesen Häusern die Form römischer Ziffern zu geben? Dann hätten alle Besucher des Turmrestaurants bei schönem Wetter von der größten Sonnenuhr der Welt die Zeit ablesen können.«

Ich bilde mir ein, im Gesicht des Chefarchitekten den bitteren Zug der Mundfalten entdeckt zu haben. Eine Mischung aus Haß und Verachtung. Ob sich darin die Wut über meine Frage ausdrückte oder die Wut darüber, daß er, während die Häuser dort unten damals entworfen wurden, nicht selbst auf die Idee gekommen war, das weiß ich nicht.

Jedenfalls: Dieser stattliche Turm brennt seit gestern. Er arbeitet wie ein Kamin. Zehn Meter Kamin = ein Millimeter Wassersäule Sog. Ein Kurzschluß, sagt man.

Putin fragt sich indessen, welches Land er da eigentlich regiert. Er fängt an, Zusammenhänge zwischen den russischen Katastrophen zu erkennen.

### *Di 29.8.2000*

Sie haben an dem Turm in Moskau bis gestern nachmittag herumgelöscht. Den Löschschaum sollen sie teils über die Treppen hinaufgetragen haben.

### *Mi 30.8.2000*

Abends habe ich einen unglaublichen Film auf WDR gesehen. »Der Jazztrompeter aus dem Gulag«. Über den aus Berlin stammenden jüdischen Jazzer Adolph Rosner, genannt Eddie Rosner, der Geige und Trompete studiert hatte, über Polen in die

Sowjetunion gekommen ist und der dort geschlagene 33 Jahre als Orchesterleiter gelebt und erfolgreich gearbeitet hat. Allerdings hatte es Stalin gefallen, ihn 1946 wegen angeblichen Vaterlandsverrats in ein Lager zu stecken. Nach dessen Tod '53 wurde Rosner aus der Haft entlassen und gründete in Moskau mit jüngeren Musikern eine Band. Diese neue Formation, die bis 1971 von Rosner geleitet wurde, sorgte für großes Aufsehen und bewährte sich schnell als eine der profiliertesten des Landes. Da acht seiner Ausreiseanträge abgelehnt worden waren, schmuggelte er sich während des Nixon-Besuches als amerikanischer Tourist verkleidet in die amerikanische Botschaft ein. Er bat den Botschafter, sich für seine Ausreise nach Deutschland einzusetzen, was 1973 gelang. Rosner starb verarmt und vergessen 1976 in der Eisenzahnstraße in Berlin.

### So 3.9.2000

Fehlleistung des Tages: Heute habe ich zum ersten Mal eine leere Tasse Tee in die Mikrowelle gestellt. Dann habe ich auf Höchstleistung für 1:15 Min. gedrückt. Nach 1:15 Min. entnahm ich der Mikrowelle eine leere Tasse Tee, wodurch ich erst bemerkte, daß die Tasse leer war.

An der Geschichte »Der schwarze Meister« gearbeitet. Ich will sie einfach nicht wegschmeißen, obwohl sie es vielleicht verdiente.

### Mo 4.9.2000

Stempel kam und brachte mir 25 erste Exemplare von »Schlafstörung«. Es ist eine ganz schön häßliche Platte geworden. Allerdings mit einem sehr guten Inneren. Das Porträt von Krüger ist grau auf schwarzem Grund. Der Notenschlüssel auf der Stirn ist natürlich ein Hinkucker. Aber sonst – die Schrift wieder sehr klein, die Rückenschrift winzig und nichtssagend. Sie haben sich einfach nicht an meine Anweisungen gehalten.

### Di 5.9.2000

Um 18.00 Uhr Abflug nach Hamburg.

Dort angekommen, fuhr ich in Begleitung von Frau Elfi Küster und dem Interviewpartner von der Kulturabteilung des NDR in ein hübsch ausgeleuchtetes Büro, wo schon eine Kamera stand, um anderthalb Stunden lang ein Interview von mir aufzunehmen, und zwar zu dem 90-Minuten-Beitrag »30 Jahre ›Tatort‹«. Ich redete, bis mir die Spucke schaumig wurde. Ich erklärte sodann, daß nur die maximal 15 Minuten, die für den Beitrag gebraucht würden, umsonst seien. Der Rest solle Uwe Belz für seinen Film »M. K. – Der Schauspieler« als Schnittmaterial zur Verfügung gestellt werden. Das wurde mir von Herrn Schreiber unter Zeugen zugesagt.

Abends gingen wir bei einem Italiener unglaublich miserabel essen, und dann fiel ich im »Marriott« ins Bett.

Schon entkleidet, drückte ich um 1.00 Uhr nachts die Taste »Wake-up call«. Statt des Computers meldete sich schlaftrunken ein lebendiger Amerikaner: »Ja?«

Ich: »Ich wollte einen Weckruf aufgeben ...«

Er: »Bei mir?«

Ich: »Nein, Entschuldigung. Ich habe mich wohl verwählt ...«

Er: »O. k.«

Ich lege auf und drücke dieselbe Taste noch einmal.

Er: »Ja?«

Ich, mit verstellter Stimme: »Hier ist die Rezeption. Das ist ein Prüfanruf. Danke. Legen Sie bitte auf.«

Ich lege ebenfalls auf und drücke den Knopf »Operator« in der Hoffnung, den Weckruf direkt aufgeben zu können.

Eine verschlafene deutsche Frau: »Ja, bitte?«

Ich: »Ich wollte einen Weckruf aufgeben ...«

Sie: »Aber nicht bei mir, mein Lieber. Leute, die ich nicht kenne, wecke ich grundsätzlich nicht.«

### *MI 6.9.2000*

Morgens aus Angst zu verschlafen um 8.00 Uhr aufgewacht und gleich zum Frühstück. Dann kam Klaus Gloede aufs Zimmer, um mich zu schminken. Dann los in die Hamburger Jazz-Kneipe »R&B« (»Rhythm and Blues«). Neben mir nahmen im Präsidium

Platz Friedhelm Schönfeld, Stempel, Till Brönner und Jens Kuphal; Ingwersen und Elfi Küster im Publikum, der Saal gut gefüllt. Dann habe ich anderthalb Stunden gequatscht, was das Zeug hielt, unterbrochen durch einige Beiträge von Till und Friedhelm. Uwe Belz hat mit kleinem Team mitgedreht. Die Stimmung famos, die Journalisten haben jedes Mal geklatscht, wenn eines der insgesamt sieben Lieder aus zwei CDs zu Ende war. Am besten war zu unsrer Verblüffung »Es hängt ein Pferdehalfter an der Wand« angekommen. Ein damals von uns nur mäkelnd akzeptierter Stempel-Vorschlag.

Nach Schluß wahre Bettelorgien einiger Zeitungen und der TV-Redaktion »Drehscheibe« vom NDR. Von denen kamen zwei Mann hoch: Jede Gage, jede Vertragsklausel, jedes Zugeständnis, eine ganze Sendung für mich allein usw. Ich wiegelte vorerst alles ab.

Für die ARD-Sendung »Brisant« ein weiteres Kamera-Interview in der Wohnung von Elfi Küster. Etwa eine halbe Stunde. Zwischendurch habe ich nebenan im Antik-Laden eine kleine flämische Krone gekauft, die mir nach Berlin gebracht wird.

Dann in einem guten Restaurant gegessen und, zusammen mit Friedhelm, per Bahn nach Berlin zurückgefahren.

### *Do 7.9.2000*

Gestern hat mir »Die Woche« die Seiten geschickt, auf denen ich mit dem Interview drauf bin. Sieht achtbar aus. Die Verkürzungen führen zu einem etwas rauhen, vielleicht sogar primitiven Ton. Aber was soll man machen? Weitschweifigkeit ist noch schlimmer. Und jeden Satz schon beim Sprechen auf eine aphoristische Kürze zu bringen, das schaffe ich nicht.

Klaus Gloede schminkte mich in der Wohnung und nahm mich mit ins »Diener«, wo ein ungewohnter Trubel war. Der hintere Raum war von Fotografen voll, drei Filmkameras standen auf Stativen, 35 Journalisten saßen an den Tischen, anderthalb Stunden standen wir alle, die es schon gestern getan hatten, den Presseleuten Rede und Antwort.

Am Ende sagte ich noch »exklusiv« ein paar Sätze in die Kamera, die der Berliner TV-Kulturobere Rott geschickt hatte. Schließlich kam die blonde hübsche Interviewerin, die schon gestern in Hamburg dabei gewesen ist, mit ihrem eigenen Team. Sie hatte sich quasi zwei Tage inspirieren lassen, die hübschesten Geschichten, die ich spontan erzählt hatte, auf einen Zettel geschrieben. Nun wollte sie, daß ich alle diese Geschichten noch einmal für ihre Kamera extra aufsage, wie das Politiker machen. Ich lehnte ab. Sie hatte keine einzige zusätzliche Frage. Sie wollte sich nur bedienen, exklusiv sozusagen, als hätte ich einen Bauchladen, in den sie nur munter hineingreifen muß. Ich habe ihr geraten, sie möge dem Uwe Belz die Originalmomente, die er alle mitgedreht hat, abkaufen. Basta.

Die Wirtin vom »Diener«, das humorlose Schrapnell, habe ich selbstverständlich keines Blickes gewürdigt. Dafür habe ich mit Rolfi freundliche Worte gewechselt. Damit hatte es sich.

Wir gingen dann alle in die »Paris Bar« in der Kantstraße, wo ich zum ersten Mal den Chef von BMG Berlin gesehen habe, den Vorgesetzten von Jörg Stempel, ein nichtssagender junger Mann, der nur wenige Worte brauchte, um mich zu langweilen, so daß ich den Platz wechselte.

Die kleine Elfi Küster gefällt mir immer besser, sie hat ihre Sache sehr gut gemacht. Alle aßen etwas, tranken einen Wein, und ich ging dann hundemüde nach Hause. Mir war, als hätte ich einen Waggon Kohlen ausgeladen.

Zu Hause auf die Mucke mit Udo Jürgens vorbereitet. Morgen fliege ich mittags nach München-Unterföhring, um dort die Show zu proben.

### Frei 8.9.2000

Die Udo-Jürgens-Geburtstagshalle steht auf dem Bavaria Film gelände. Es gibt nichts Schlimmeres als Musik-Shows in großen Hallen mit Publikum. Viele der morgen auftretenden Künstler waren nicht da, aber Udo Lindenberg, Klaus Doldinger und ich. Stundenlanges Proben in der eingenebelten Halle. Nebel ist ganz modern. Macht Atmosphäre. Hundert Jahre haben die Menschen gebraucht, um die Bilder scharf und klar zu kriegen. Jetzt können sie's, und da nebeln sie alles wieder ein.

Die Probe ging bis abends um acht. Das Orchester ganz passabel. Udo J. ein ganz guter Pianist. Vollmusiker. Moderator ist Johannes B. Kerner.

Als Feierabend war, kam ich zurück in das scheußliche Hotel »Zum alten Wirt«. Ein solches Zimmer habe ich zum letzten Mal in einem DDR-Hotel in Bitterfeld gesehen. Ansonsten alles nett, alles aufgeräumt. Die Kellner wie in der DDR. Tragen geschäftig Pfefferfäßchen hin und her und spielen arbeiten, kümmern sich nicht um die Gäste, und was sie am genauesten kennen, sind die Küchenschlußzeiten, und die liegen in Bayern sehr früh.

### Sa 9.9.2000

Morgens war die Frühstückszeit schon beendet. Ich bekam gerade noch eine Tasse Kaffee. Da ich aber wußte, daß ich nach Bayern komme, hatte ich Stullen mit. Mir konnte nichts passieren. Die Hotel-Yuppies haben die Klitschen vom Opa geerbt, ihre Pappis haben dann noch ein bißchen dran herumgebosselt. Die Herren kommen mit dem Porsche in ihre Biergärten, da machen die doch außer der Zeit keine Weißwurscht mehr warm.

Den ganzen Tag in dem häßlichen Hotel herumgedrückt.

Schließlich kam der getreue Manfred Singer und fuhr mich in die große Bavaria-Halle. Dort sammelte sich schon das sehr spezielle Publikum, lauter Udo-Jürgens-Fans.

Die Abschieds-Show dauerte schließlich länger als 3 Stunden.

Auftritt Udo, rank und schlank, federnder Gang – die Gala-Treppe runter. Empfang und freundschaftliches Dauerverhör durch den netten, frischen Johannes B. Kerner.

Die Pepe-Lienhard-Band links, die Sinfoniker rechts, Udo am Glasflügel, fast alles live. Viele seiner schönen und bekannten Schlager, »Ich werde da sein«, »Siebzehn Jahr, blondes Haar«, »Griechischer Wein« usw.

Udo Lindenberg, das amtliche Genie in Deutschland, kommt als erster zu Besuch und trällert was mit dem Jubilar.

Bruder Manfred kommt sodann mit dem Traktor auf die Bühne, mit dem der kleine Bockelmann einst selbst usw.

Kindheit und Jugend von Udo in Klagenfurt. Zwischendurch Straßenumfrage und Medley von der MAZ.

Dann mit einer sehr witzigen Laudatio Harald Schmidt. Dieser einen halben Kopf größer als ich und gehirntechnisch in bestem Zustand.

Dann der berühmte Xavier Naidoo, ein ganz unglaublicher, hervorragender Sänger mit der Marotte, sehr heftig an Jesus ranzuklotzen. Er sang mit Udo dessen Lied »Ich glaube«. Edel.

Dann ein Block über die einmalige Karriere von Udo, dann »All of Me« mit Udo am Klavier und Klaus Doldinger am Saxofon, ich hab es gesungen. Die Leute erstaunlich zufrieden!

Die Kinder von Udo sangen was, Udo als Vater usw. Rückblenden in seine frühen Jahre, Talk mit Peter Weck. Auftritt von Wolfgang Petry, ein sehr netter Typ, seine Haare umgeben von einer Kiff-Wolke.

Udo liebt auch klassische Musik. Deshalb Auftritt des hochbegabten Geigers Julian Rachlin, einem 25-jährigen baltischen Russen.

Irre witzig der Auftritt von Jörg Knör. Den habe ich später gefragt, ob er wirklich so heiße. »Ja, so heiße ich. Ich weiß: es klingt komisch. Es klingt, als trete man nacheinander zwei Frösche tot.«

Die Sängerin Loona singt ein spanisches Udo-Lied. Herzig.

Dann kommt Lindenberg mit seinem Antinazi-Song »Sie brauchen keinen Führer«. Hervorragend. Genialer Text.

Dann brennen die Pyrotechniker ein bißchen Feuerwerk ab, und die Show ist zu Ende.

Viele Leute wollen Sendungen mit mir machen. Am dringendsten wieder die »Aktuelle Schaubude«, deren jungen Redakteur Elke Christian Kienecker ich kennenlerne und der mich, zusammen mit seinem Chef, regelrecht bekniet. Sie würden gern eine ganze Sendung für mich freimachen.

Es gibt ein paar Brezeln, von denen ich keine abkriege, ein paar Schmalzstullen und ein paar Bier. Die anderen gehen noch ins Hotel »Vier Jahreszeiten« in München ein bißchen feiern. Ich gehe in mein trostloses Hotel. Gott sei Dank hatte ich am Nachmittag schon einen Brotzeitteller bezahlt und in meinem Häßlichkeitszimmer in der Plastiktüte gehortet. Vorrat-Technik aus alten DDR-Tagen. Sonst hätte ich mit knurrendem Magen ins Federpulver-Bett steigen müssen. Bayern ist reich und aufgeräumt, ansonsten dasjenige deutsche Land, das der ehemaligen DDR am ähnlichsten ist.

### So 10.9.2000

Um 9.00 Uhr saß ich pünktlich unter der großen Linde im Garten des Hotels »Zum alten Wirt«. Eine Frau Müller, die eigentlich mitfahren wollte, hatte verschlafen, so wurde ich allein zum Flugplatz gefahren. Dort traf ich auf den Unterhaltungschef des ZDF, der ankündigte, mich zusammen mit Otto Meissner einmal in Berlin zu besuchen. »Vielleicht können wir ja etwas mit Ihrem … mit Ihrem Jazz machen …« ☺. Was machen? Mit meinem Jazz? Die Leute möchten mich nicht gerne »Schlagersänger« nennen, dabei hätte ich nichts dagegen.

Bei schöner Sonne in Berlin angekommen, wo die Straßensperre für den bescheuerten Berlin-Marathon so angelegt war, daß ich ums Verrecken nicht nach Hause gelangen konnte. Ein unüberwindbarer, doppelter Zaun. Ich stand bei der Gedächtniskirche, konnte in meine Straße sehen und sie nicht erreichen. Eine sinnlose Wanderung mit Gepäck. Endlich ein neues Taxi. Damit über den Nollendorfplatz nach Hause gekommen.

### Mo 11.9.2000

Ein ganz liebes Dankesfax von Elfi Küster auf mein Dankesfax vom Wochenende an sie. Sie ist eine gute Frau, eine beherzte Arbeiterin.

Ich werde im letzten »Tatort« etwa 20 Drehtage haben, davon eine Woche auf der Insel Neuwerk/Scharhörn. Am 10. November ist alles vorbei.

Auf NDR um 11.15 Uhr zufällig eine 15-minütige Wiederholung vom vergangenen Freitag gesehen: »Tatort – ein Klassiker«. In diesem Film zeigt der NDR alles schon jetzt, was er eigentlich in dem geplanten Beitrag »30 Jahre ›Tatort‹« zeigen wollte, für den ich fast 2 Stunden um mein Leben geschwätzt habe. Sehr intelligent.

Zusätzlich ein Fax von Uwe: Er habe beide Platten inzwischen mehrmals angehört. »Glückwunsch von einem Freund und toi toi toi für den Verkauf«.

### Di 12.9.2000

Meinen schönen grünen Kaktus habe ich aus Versehen, also aus Liebe, ertränkt. Einen einzigen noch intakten Arm habe ich ihm abgetrennt und einfach eingepflanzt. Der hat jetzt, nach 10 Tagen, zu meiner Freude schon Wurzeln geschlagen. Ich habe ihn heute in einen Tontopf umgepflanzt. Ich sehe ihn als Kind meines guten alten Kaktus an, der quasi auf dem Friedhof liegt. Bin für den Kleinen verantwortlich.

### Mi 13.9.2000

Konrad Kujau, der große Fälscher, von dem ich mir ein Plattencover gewünscht hätte, ist gestern mit 62 Jahren an Magenkrebs gestorben.

### Do 14.9.2000

Die Leute fangen an, über mich zu schreiben wie über einen längst verstorbenen Biedermeiermenschen. Immerhin stehen brauchbare Sachen drin wie »Alle deutschen Übersetzungen stammen von Krug, sind lässig, herrlich albern, niemals peinlich«. Aber auch Sätze wie »… mal jazzt er mit Volldampf drauflos …« oder: »Der ›DDR-Star mit Weltniveau‹, wie Krug einmal genannt wurde, traf einst wie kaum ein anderer Schauspieler das Lebensgefühl der jungen Generation der SED-Republik.« Die Leute fühlen nicht mehr den Unterschied zwischen »damals« und »einst«. So was schreibt der eine Journalist vom anderen seit 23 Jahren wörtlich ab.

Stempel will in wenigen Tagen mit Till Brönner und Jens Kuphal hier vorbeikommen und Ideen zu neuen Platten aushecken. Er will dann auch sagen, wie die Vorbestellungen aussehen und wie der Markt bisher reagiert. Anzunehmen ist, daß er gute Anzeichen hat, sonst würde er mit neuen Plänen noch warten.

Ingwersen will weitere 50 Belegexemplare von »Deutsche Schlager« schicken. Also muß auch er bisher gute Nachrichten haben.

In der »Berliner Morgenpost« stand was Nettes, aber Dämliches über die beiden CDs.

Nachmittags mit Uwe Belz zusammengesessen und über die Konzeption des M.-K.-Films »Schauspieler« geredet. Schöps muß jetzt Butter bei die Fische tun und sagen, ob er mir die Grundgage und ordentliche Wiederholungshonorare zahlt. Dann könnte es losgehen. Viele Leute, die beruflich mit mir etwas zu tun hatten, sind schon gestorben, und etliche sind von diesem letzten Ereignis in ihrem Leben nicht mehr weit entfernt, darunter ich selbst.

### *Frei 15.9.2000*

Heute in Sidney die Eröffnung der Olympischen Spiele.

### *Sa 16.9.2000*

113,5 Kilo.

Ich muß dauernd an Jurek denken. Es gibt neue Sachen, die ihm viel Freude gemacht hätten, zum Beispiel zieht ein Rechner eine imaginäre Linie ins Schwimmbecken. Sie erscheint nur auf den Bildschirmen, und man kann an ihr erkennen, wie schnell die Schwimmer vorwärtskommen müssen, wenn sie den bestehenden Weltrekord brechen wollen. Schicke Sache. Das wäre was für ihn gewesen.

Anna-Maria Gradante, die bisher niemand kannte, hat gegen eine knorpelohrige Chinesin kackfrech und sehr beherzt in 8 Sekunden die Bronzemedaille im Judo gewonnen.

Mir scheint, die Frauen spielen heutzutage besser Fußball als die Männer. Die Spielzüge sind klar, intelligent, sie holzen und bolzen nicht, sie laufen schöner und ausdauernder, sie haben hübschere Beine. Man spürt, daß sie nicht von schlackernden Eiern im Schritt behindert werden. Birgit Prinz schießt zwei prima Tore gegen Brasilien.

***So 17.9.2000***

Die Olympischen Spiele laufen reibungslos. Jurek hätte seine Freude gehabt. Die Fernsehstationen in aller Welt können den Bahnen ihrer Schwimmer nach Gutdünken ein dunkleres Blau verpassen, so daß die Zuschauer immer wissen, auf welcher Bahn ihre nationalen Athleten schwimmen.

Es gibt verschärfte Doping-Kontrollen. Aber es scheint, als könnte man sich die passenden Menschen züchten. Der australische Schwimm-Meister Ian Thorpe soll 60 cm lange Füße ☺ haben, die holländische Schwimmerin hat Schultern wie ein Junge und sie soll aquadynamische Pobacken ☺ haben

Wilhelm Koch-Hooge rief an. Er sei jetzt schon 84 Jahre, sie seien neun lebend geborene Kinder und er das jüngste gewesen, der Kaiser habe seiner Mutter gratuliert. Und wegen dem Kaiser trage er den Namen Wilhelm, den man außer bei Wilhelm Pieck lange nicht gehört habe. Der habe den Namen noch mal in Erinnerung gebracht. »Naja, Walter will ja auch keine Sau mehr heißen.«

Er habe in einer Arztpraxis mein Interview in der »Woche« gelesen, er habe es ausgezeichnet gefunden, gute Antworten, gute Überschrift »Liebling Deutschland«! Ja, alle, die noch vor 10 Jahren in Gesprächen mit ihm Schlechtes über mich gesagt hätten, die würden jetzt sagen: »Er ist mein Lieblingsschauspieler« und so weiter.

***Di 19.9.2000***

Marlene hat Geburtstag, sie wird 5 Jahre.

***Do 21.9.2000***

Eine charakterliche Mangelerscheinung ist in der internationalen Politikergilde besonders ausgeprägt: Die meisten haben keinen

Stolz. Daher spüren sie nicht, wann sie abgehalftert sind. Als Helmut Kohl am 24.11.1999 im Bundestag aufsprang und mit dem herrischen Ausruf »Das kann in der Art und Weise, wie hier verleumdet wird, nicht stattfinden!« und mit dem nachgeschobenen Befehl »Jetzt hören Sie bitte zu!« nur noch einen höhnischen Lacher erntete, da kuckte er genauso blöde und weidwund und mit demselben ungläubigen Ausdruck, wie damals Ceauşescu unter seiner Pelzmütze hervorgelugt hat, auf jenem letzten Balkon in Bukarest.

Vom Gemüt sind alle Politiker geborene Diktatoren. Wenn sie abgewählt werden, vergessen sie deshalb nie den Hinweis »Das ist nun mal so in der Demokratie.« Sie tun so, als wäre dies ihre Einsicht. Dabei ist es reine Wehmut.

### *Frei 22.9.2000*

Um 16.00 Uhr werde ich von dem Manager Hans Jochen Hübenthal in seinem Mercedes abgeholt und auf einigermaßen verstopfter Autobahn nach Leipzig gefahren. Dort ist in einem riesigen Einkaufscenter ein Podest aufgebaut. Die Musiker Henning Protzmann, Wolfgang »Zicke« Schneider und Uli Gumpert haben sich zu einem Trio zusammengefunden. Uschi Brüning singt dazu. Sie hat darauf bestanden, daß ihr Mann Ernst-Ludwig Petrowsky auf dem Saxofon ein bißchen dazu herumblasen darf. Was er aber nach langen Jahren der Free-Jazz-Betätigung nicht mehr so richtig kann.

Sie spielen zuerst 4 Stücke, dann eine halbe Stunde Lesung, dann wieder 4 Musikstücke, wieder eine halbe Stunde Lesung und ein letzter Block Musik. Ende.

Das Wiedersehen nach einem Vierteljahrhundert war nett, aber nicht besonders kurzweilig.

1.200 Karten waren verkauft, der Laden knallvoll. Ohne große Werbung.

Die Leute wollten, daß ich singe. Die Presse hatte Schlagzeilen geliefert à la »Wird Krug singen?«. Ich sang am Ende völlig ungeprobt »All of Me«. Es ging einigermaßen.

### *Sa 23.9.2000*

Von Leipzig nach Glauchau gefahren. Im dortigen Theater hatte ich mit Fischer am 14. Januar 1977 eines der letzten Konzerte gegeben. Der Chef, Herr Krüger, war noch immer derselbe. Er gab zu, daß er damals die Anordnung der Partei zu befolgen hatte, daß mindestens 50 % der Zuhörer im Saal aus feindseligen, desinteressierten FDJ-lern und Kampfgruppenleuten rekrutiert werden mußten, die ihre Eintrittskarten von der Partei geschenkt bekamen.

Er übergab mir ein Buch, in dem die Geschichte des Glauchauer Theaters beschrieben wird, »Geschichte und Geschichten hinterm roten Vorhang«. Auf zwei Seiten auch jenes traurige Kapitel mit mir, in dem unbefangen die Namen der damals beteiligten Genossen genannt werden.

Der Saal faßt 760 Personen. Er war ausverkauft.

Auch hier wollten die Leute, daß ich singe. Dennoch haben sie meine Lesung freundlich aufgenommen.

In der Zwischenzeit hatten die Musiker so viel Bier intus, daß alles sehr schlecht lief: Uschi Brüning hatte, ohne daß ich es wußte, das Mikrofon ausgeschaltet. Uli Gumpert spielte statt der acht verabredeten Takte im Beat ein beschissenes »konzertantes« Vorspiel. Ich mußte abbrechen und von vorn beginnen.[9]

Während der Lesung hatten die drei Lackel von der Technik die ganze Zeit die Monitor-Boxen aufgedreht, obwohl ich darum gebeten hatte, genau das nicht zu tun. Dadurch war mein Mikro die ganze Zeit nahe an der Rückkopplung, und ich mußte höllisch aufpassen. Dafür hatten sie aber, als ich sang, die Monitore abgestellt, so daß ich nichts von mir hörte.

Es gab wirklich nichts, was normal funktionierte. Ein Elend.

Ich will morgen dem Henning Protzmann faxen, daß so was nicht mehr vorkommen darf, weil ich mich dann nämlich aus der Veranstaltung zurückziehen werde.

---

9 Siehe Uschi Brüning, die den Vorfall in ihrer Autobiographie »So wie ich«, Ullstein Verlag, Berlin 2019, auf S. 224 f. anders schildert.

### So 24.9.2000

Etliche Interview-Anfragen zum 10. Jahrestag der Deutschen Einheit usw. per Patentbrief abgesagt.

Uschi Brüning hat mir, wenn ich das richtig interpretiere, einen Trauerbrief gefaxt: einfach eine ganze Seite, bestehend aus nichts als der Farbe Schwarz. Das hat viel Tinte gekostet, Tinte in meinem Faxgerät, aber es zeigt immerhin, daß sie etwas verstanden hat.

Ich wollte an Henning Protzmann einen Brief schreiben, aber ich lasse es. Stattdessen habe ich an Hübenthal gefaxt, daß ich für die Zukunft davon abraten würde, daß vor dem Konzert Freibier ausgeschenkt wird.

Abends um 22.45 Uhr lief als erster Beitrag der vom NDR produzierten Sendung »Kulturreport« im Ersten ein 10-minütiges Stück über meine beiden Schlager-CDs. Ein heiterer Zusammenschnitt: Ich in der DDR als Sänger und jetzt nach 20 Jahren wieder; Teile der Plattenvorstellung im »Diener« und anderes. Da kann ich mich nicht beklagen.

### Mo 25.9.2000

Ich habe mein Lebtag Schlipse nur in Rollen getragen. Nun findet man in allen möglichen Zeitungen Berichte darüber, daß Schlipse out seien, nur gescheiterte Manager liefen noch mit Schlipsen herum. Es wird also Zeit, daß ich ein paar Schlipse bereithänge. Ich muß mich gegen den Trend stellen und so über ihn hinwegkommen.

14.00 Uhr ist Stempel hier und bringt den Karton mit 100 Belegexemplaren von »Schlafstörung«. Ich bedanke mich. Er sagt, wenn ich noch welche brauche, soll ich Bescheid sagen. Das klingt aus dem Munde eines Berufsgeizhalses so, als seien die Orderzahlen des Handels hoffnungsvoll. Sagen wird er mir darüber nichts. Und ich werde mir die Zunge abbeißen, ehe ich ihn frage.

Ich hätte mir die Sache noch mal überlegt, sage ich, die 19 Pfennige zusätzlich pro Platte für die schönen Texte, die ich gemacht habe, seien unverzichtbar. Er soll das jetzt in Ordnung bringen. Will er machen.

Die Olympiade läuft, ich kucke ein bißchen. Jurek hätte alles gesehen, jede Sekunde, Tag und Nacht. Heute war es schön zu sehen, wie die Aborigines-Frau Cathy Freeman die 400 Meter lief und gewann. Sie durfte dann neben der australischen auch die schwarz-rot-gelbe Fahne ihres Volkes durch das Stadion tragen. Sie war sehr bewegt und in der Selbstrührung auch schön. Unglaubliche Beine.

Und dann Michael Johnson. Er hat sie alle abgehängt auf den 400 Metern. Wie bloß? Er hat einen langen Oberkörper, kurze Beine, fast dünne Waden und ein kleines Doppelkinn. Für einen Athleten ein eigenwilliger Typ.

Die Kinder kommen zu Besuch. Genau in dem Moment wird mir endlich der Text durchgefaxt. Es ist ein sogenanntes Portrait, das heißt, ich muß mir gefallen lassen, was dem jeweiligen Journalisten zu mir so einfällt. Das Schlimmste, was es gibt. Seit 16 Jahren habe ich mich geweigert, so was zu machen. Ich war sicher, daß es sich um ein Interview mit anschließender Korrektur handelt, denn Frau Küster hat mir zugesichert, daß ich und niemand sonst es absegnet. Ich fühle mich überrumpelt, denn ich bin sicher, daß das Wort »Portrait« nicht gefallen ist. Nun faxt die Frau mir ein Portrait durch, voll von allen blöden Klischees, die ich so fürchte. Soll ich mir das jetzt noch antun?

Ich ruf also an und frage sie, bis wann das fertig sein muß. »Bis morgen«, sagt sie. Ich machte ihr zwei Vorschläge. Ich fragte, was sie für den Artikel bekommen würde. Von jeder der Zeitungen ca. 500 Mark netto, sagt sie. Ich sagte, das würde ich ihr sofort ersetzen und mit keinem Menschen drüber reden. Die andere Möglichkeit: Sie hört ihr Band noch mal ab und schreibt es als Interview um. Das hat sie beides abgelehnt, das erste sogar mit Empörung.

Dann Telefonat mit Küster. Küster sagt, sie habe schon sehr hübsche Sachen von der gelesen. Ich sage ihr, was ich davon halte. Küster über meinen Vorhalt, das Wort »Portrait« sei nicht gefallen, empört. Es sei gefallen, aus ihrem Munde.

Ich beende das Gespräch mit der Floskel: »Ich möchte nicht ohne Ihre Erlaubnis auflegen. Darf ich auflegen?« Sie stottert: »Ja.«

Dann rief ich die Frau mit einem letzten Angebot an: Sie soll morgen kommen, dann arbeiten wir beide das Ding um. Sie war einverstanden.

Um 20.00 Uhr noch ein halbwegs versöhnliches Fax von Küster: Mißverständnisse ... Sie kenne ja den Artikel nicht. Also habe ich ihn ihr gefaxt. Und angerufen habe ich sie auch ein zweites Mal. Sie sagte: »Na, hätten Sie es doch wahrgemacht und abgeblasen.«

Ich habe aber nicht abgeblasen.

Die ganze Nacht hindurch an dem Scheißartikel gearbeitet bis früh um fünf.

### *Di 26.9.2000*

Dann klingelte die Frau. Ich bedankte mich für ihr Kommen und bot noch einmal an, die Reise von Hamburg und zurück zu bezahlen, was sie dankend ablehnte.

Dann druckte ich das aus, was ich in der Nacht gespeichert hatte, und gab es ihr zu lesen. Sie las schnell und war unbeeindruckt. Dann sagte sie: »Erstens ist das kein Portrait, sondern ein Interview ...«, womit sie ja teilweise recht hatte, »... und zweitens ist das nicht von mir, sondern von Ihnen.« Damit lag sie eher richtig; denn ich hatte mich bemüht, so viel, wie mir erträglich schien, von dem Portraitcharakter zu retten. Nein, das wollte sie nicht, da könne sie ihren Namen nicht druntersetzen. Nach erneutem Hin und Her ließ sie sich darauf ein, das Ganze doch in Interviewform zu machen und die Fragen nachträglich einzuarbeiten. Ich ließ sie drei Stunden allein an meinem Computer.

Ergebnis: Jetzt hatte sie in ihre nicht enden wollenden Fragen die ganze Scheiße wieder eingebaut, die ich mühsam rausgeschmissen hatte. Da platzte mir der Kragen, und ich schmiß sie selbst raus. Ein Tag und eine Nacht verschenkt.

Zum Trost für diesen Tag und diese Nacht höre ich mir nach zwei Wochen mal wieder die »Schlafstörung« an. Und bin entzückt.

Abends aufgeräumt. Gefühl von Einsamkeit.

***Do 28.9.2000***

Ein elegischer Nachmittag im Gespräch mit Heinz Kahlau. Keiner braucht ihn mehr. Er sagt über sich, so gut es nur geht, die Wahrheit. Er erzählt aber auch rosa gefärbte Geschichten: 1961 sei er am 13. August mit Peter Hacks im Schriftstellerheim am Schwielowsee gewesen. Am Tag nach der Mauer sei ihm ein später berühmt gewordener Zweizeiler eingefallen, den er natürlich ironisch gemeint habe, den die Genossen dann aber bis zum Ende der DDR unverdrossen in allen Kampfgruppenchören gesungen hätten. Dafür habe er nicht können. Der Zweizeiler, den auch ich kannte, ging so: »Klappe zu, Affe tot, endlich glänzt das Morgenrot …«

Der Aufbau Verlag drucke ihn nicht, obwohl die Menschen seine Gedichte noch immer nicht vergessen hätten. Lange über Altersbeschwerden palavert. Da konnte ich gut mithalten.

Schließlich fiel aus seinem Mund der Satz: »Zu Lebzeiten vergessen …«

Ich sagte, das sei ein Label, unter dem man eine Schallplatten-Reihe machen könnte. Alle diese vergessenen sozialistischen Schriftsteller könnten da lesen. Sie waren ein wichtiges Stück DDR, ihre Werke, ob gut, ob schlecht, waren auch Zeitdokumente. Ich könnte mir auch einen anderen reißerischen Titel vorstellen: »Alle bei der Stasi …« Er solle sich den verlegerischen Einfall mit Datum bei einem Notar schützen lassen. Das will er vielleicht machen und dann mit einer Aufbau-Lektorin reden. »Aber der Einfall ist doch von dir«, sagt er. Ich sage: »Den schenk ich dir.«

***Frei 29.9.2000***

Heute habe ich für den Radiosender SWR ein 2-Stunden-Interview gemacht, in das einige Stücke von der Platte eingestreut werden. Der Kerl, der Interviewer, hatte keine Ahnung. Er hatte offenbar beide Platten nicht einmal gehört und hätte am liebsten von mir gewußt, was er spielen soll.

Gleich anschließend ein 30-minütiges TV-Gespräch für denselben Sender, allerdings für die Fernsehabteilung. Interviewerin war Frau von Arnim, die Frau von Martin Schulze. Ich habe es gemacht, weil ich an Martin noch Dank abzutragen habe. Er hatte mir vor 23 Jahren in seiner Kölner Wohnung Unterschlupf geboten, so daß ich die Hotelkosten sparen konnte.

Als ich abends nach Hause kam, war Otti mit Regine und dem Ehepaar Klaus Bibl aus Amerika in der »Cantina« zum Essen. Sie kamen dann nach Hause, die Gemahlin von Bibl ging ins Bett, Otti und Klaus unterhielten sich noch ein bißchen mit mir. Aber Klaus ist anstrengend, denn er will dauernd recht haben, und das will ja ich schon.

### So 1.10.2000

13.00 Uhr wurde ich abgeholt und in die Schloßstraße nach Steglitz gefahren, wo ich im Wertheim-Kaufhaus, zusammen mit der Schauspielerin Barbara Schöne, von der Direktion begrüßt und sodann allein in drei Abteilungen geschickt wurde, die Multimedia-Abteilung, die CD-Abteilung und die Buchabteilung. Autogramme und nette Gespräche ohne Ende. Die beiden neuen Platten waren schon zu haben. Auf sechsmal »Deutsche Schlager« wurde einmal »Schlafstörung« verkauft. (Vielleicht ist, was ich schon lange ahne, das Covergemälde von »Schlafstörung« doch der größte Scheiß, den man in dem Geschäft machen kann. Das käme dann auf die Kappe von Stempel.) Ich hatte mir fest vorgenommen, so entzückend zu den Menschen zu sein wie nur irgend möglich. Und es hat geklappt. Am Ende hatte ich meine letzten Charme-Reserven aufgebraucht, war fix und fertig und fiel zu Hause ins Bett.

### Mo 2.10.2000

Heute lag für Otti und mich eine Einladung zu Daniel vor, wir sollten dort einen selbstgemachten Gulasch essen. Abends um sechs kommt Otti rüber und sagt, Petra lasse sich entschuldigen, sie habe einen Migräneanfall bekommen, es sei nix mit dem Gulasch. Ob es uns recht sei, wenn Daniel stattdessen mit seinen beiden Töchtern zu uns zu Besuch komme. Yeah!

Daniel kam mit den Töchtern, wir aßen gemeinsam zu Abend. Ich ging um 21.00 Uhr hinüber in meine Höhle, weil ich eine starke Erkältung habe, vor allem einen bösen Husten.

### Di 3.10.2000

Feiertag. Tag der Deutschen Einheit. Den wird man wohl nur so lange feiern, wie die deutsche Einheit nicht bestanden hat. Und das genügt allemal. Eigentlich sollte man ihn gar nicht feiern, denn es waren ja wir Deutschen selbst, die durch ihren Übermut und ihre Arroganz die deutsche Einheit zertrümmert haben.

### Do 5.10.2000

Etwa um 21.00 Uhr kippte eine Demonstration in Belgrad um in eine Befreiungsschlacht. Polizei gegen Demonstranten, die Treppe zum Parlament hoch, die Leute drangen ein, verbrannten Akten usw.

Das wird's mit Milošević wohl gewesen sein. Der neue Mann heißt Koštunica.

### Sa 7.10.2000

Milošević backt kleine Brötchen. Er ist aufgetaucht. Er sehe ein, die Wahl verloren zu haben, und wolle sich jetzt ausruhen. Chef der Sozialistischen Partei will er bleiben und weiter politisch wirken. (Übrigens: Beide Eltern von Milošević haben einst Selbstmord verübt.)

Gregor Gysi hat eine brillante Abschiedsrede vor seiner Partei gehalten. Er konnte gar nicht anders, als in groben Umrissen schon jetzt zu zeigen, woran diese Partei untergehen wird: an ihrer Doofheit

In einem der karg bestückten Läden in Belgrad ist heute folgendes Pappschild gesehen worden: »Neuer Mangel in Belgrad. Es tut uns sehr leid: Wir haben keine Angst mehr.«

Abends eingeladen bei der lieben Gabi, die wunderbar die Tafel gedeckt hat.

Christian Thonke haute mich sofort um beide CDs an. Ich sagte ihm, daß die entsprechenden Geburtstage abgewartet werden.

Dann war dort ein Herr Geiger, der früher einmal ein leitender Mann bei der Spionage in Pullach war, und Herr Schütz, früher Regierender Bürgermeister von West-Berlin und danach Botschafter in Israel. Geiger sanftmütig, gebildet, intelligent, politisch korrekt, SPD-Mann; Schütz jovial, heiter, humorig, sprachlich klarer. Kann er sich leisten, da er aller Ämter ledig. Sein Motor-Arm ist ein Wunderwerk. Unglaublich die Kunsthaut, die perfekt angeglichen ist. Am liebsten hätte ich mir das Ding zeigen lassen und ein bißchen damit gespielt.

### So 8.10.2000

Michael Schumacher aus Kerpen ist – für Ferrari nach 21 Jahren – in Japan Auto-Rase-Weltmeister geworden.

In der Schriftgröße 45 HELVETIA schreibe ich seit drei Tagen meine Zettel. Ich bin bei der Hälfte für den letzten »Tatort« »Tod bei Scharhörn« angekommen. Früher habe ich für einen »Tatort« höchstens zwei Tage gebraucht. Heute gebe ich nach einer Stunde auf. Ich kann die scheinbar immer gleichen Texte nicht mehr ertragen. Aber wenn ich es könnte – die Kräfte sind so gering geworden.

Zwischendurch erhole ich mich bei einem Tierfilm im Fernsehen. Heute habe ich staunend gelernt: Circa ein Sechstel aller grünen Blätter des Regenwalds wird von den Blattschneiderameisen zerlegt. Sie tragen die Teile aus den Baumkronen hinunter unter die Erde in ihre Baue, wo sie damit eine Art von Pilzen ernähren, die ihnen wiederum als Nahrung dienen.

### Mo 9.10.2000

Überraschender Anruf von Klaus Priebe (SEA). Er habe erst heute gehört, daß sehr rasch und sehr plötzlich neue Telekom-Werbefilme gemacht werden sollen. Es gäbe Turbulenzen usw., er wisse noch nicht, worum es gehe, aber ich wüßte ja, ich sei die Geheimwaffe für den Ernstfall, ob Charles Brauer mit von der Partie sein soll, wisse er noch nicht, Thomas Holstein mache Urlaub in Griechenland, und am liebsten würde er den ersten Film schon am kommenden Sonnabend machen.

Ich sagte sofort Ja.

Jörg Stempel kam wie angekündigt hier an, und zwar mit Till und Jens. Sie dienten nur als Verstärkung. Denn Stempel fragte mich wiederum, ob ich »Wetten, dass..?« und die Biolek-Talk-Show machen will. Ich habe nett darum gebeten, diese Art von Druck mit Hilfe einer Dreier-Delegation nicht auszuüben. Stempel hat mir gezeigt, daß der Umsatz der CDs stagniert, ja sogar zurückgegangen ist. Seine Gehilfen hatten inzwischen ca. 5 Kubikmeter Kartons im Treppenhaus aufgestapelt. Ich habe bis nachts um 3 Uhr mit einem speziellen Silberstift mehr als 500 Autogramme auf riesige Papp-Poster gesudelt. Eine schreckliche Arbeit. Unter anderem auch deshalb, weil die potthäßliche Krüger-Karikatur von mir darauf zu sehen ist. Das hat mir alles Stempel eingebrockt.

### *Di 10.10.2000*

Nachmittags Fax von Stempel, eigentlich sei alles gar nicht so schlecht:

»Ich finde es trotz allem ein tolles Ergebnis, denn immerhin sind Sie innerhalb eines Kalenderjahres mit drei verschiedenen CDs in den Musik-Charts. Also: herzlichen Glückwunsch – wir arbeiten weiter in Richtung Top 20. Liebe Grüße – Jörg Stempel.«

### *Do 12.10.2000*

Um 9.00 Uhr mit dem Zug nach Hamburg gefahren.

Am Drehort eine Kleinst-Delegation, bestehend aus Schöps und Ramcke. Ich habe nur kurz am Drehbuch genörgelt, aber alle dachten eh wie ich. »Daran kann man sehen«, sagte ich, »wie groß unsere Drehbuch-Not bis zum letzten Tage ist.«

Beim Drehen mußte ich mich zur Leiche (Hallwachs) runterhocken. Ohne Hilfe wäre ich nicht wieder hochgekommen.

### *Frei 13.10.2000*

Seit Tagen schwere Haßausbrüche zwischen Juden und Palästinensern. Es sieht aus wie Krieg. Religionen sorgen immer wieder und seit Jahrtausenden für ausreichend Haß.

### *Sa 14.10.2000*

Angeblich gäbe es bei der Telekom keine Frage darüber, ob Charly und ich auch im nächsten Jahr weiter als »Sympathieträger« beschäftigt werden. Herr Priebe machte eine Andeutung, daß eine Weiterarbeit wahrscheinlich sei. Wir haben beide nicht gezuckt, als Priebe das sagte. Dazu sind wir zu stolz.

Die Petersburger Ortsgruppe der Präsidentenpartei »Einheit« hat die Kinderfibel »Als Wowa noch klein war« herausgegeben, in der man über den Präsidenten Wladimir Putin erstaunliche Sachen lesen kann. Beinahe so wie früher über Lenin und Stalin: »Als er so war wie du, da wußte er nicht, daß er Präsident werden und für alles verantwortlich sein würde. Dafür wußten alle auf dem Hof, daß Wowka vor niemandem Angst hat und niemanden betrügt.

Niemand wußte, daß er Präsident wird. Aber alle Mädchen und Jungen wußten, daß Wolodja Putin ein wahrer Freund ist, auf den man sich verlassen kann.

Später wurden es so viele Freunde – das ganze Rußland. Und sie wählten ihn zum Präsidenten. Er fliegt mit dem Düsenjäger dorthin, wo gekämpft wird, damit der Krieg aufhört.« Usw.

### *So 15.10.2000*

Im Kinderkanal KiKA erstmals den DEFA-Farb-Film »Der Teufel vom Mühlenberg« von 1955 (Regie: Herbert Ballmann) gesehen. Mit Eva Kotthaus, Willy A. Kleinau, Wolf von Beneckendorff,

Werner Peters und dem jungen, soeben aus Westdeutschland angekommenen Hans-Peter Minetti. Minetti ist ein mäßiger Schauspieler und ein naiver, sicher aber kein schlechter Mensch. Er spielte mit Wonne und mit geschlossenen Fäusten die revolutionären Typen, auch im Märchen. Er stand immer da wie ein Klassenkämpfer. Irgendwie arschlochmäßig. Im Herzen wahrscheinlich echt, in der Ausstrahlung unerträglich falsch.

Die Kotthaus hübsch und langweilig. Beneckendorff bizarr. Kleinau selbstbewußt, damals als vermeintliche Reinkarnation von Heinrich George vielleicht etwas überschätzt.

## *Mo 16.10.2000*

»Wenn man einen Raucher dazu zwingt, täglich etwas über die Schädlichkeit des Rauchens zu lesen, dann hört er damit auf. Nicht mit dem Rauchen. Mit dem Lesen.« (Winston Churchill)

Otti fuhr mich nach Tegel, von wo ich 18.40 Uhr nach Bremen geflogen bin. Dort pünktlich angekommen und von Charly und Felix Gregor empfangen. Fahrt nach Cuxhaven in dasselbe miese Hotel, das ich noch von vor 5 Jahren kannte. Harte, billige Betten, kaltes Zimmer. Ich konnte wegen der Latte, die unter der miesen Matratze in meinen Rippenbogen drückte, nicht schlafen. Ich legte mich dann quer über beide Betten, um diesem Brett zu entgehen. Warum tue ich mir das alles an? Morgens um fünf gerädert zum x-ten Mal erwacht.

## *Di 17.10.2000*

Nach dem Frühstück zum Hafen gefahren und per Polizeiboot bei Hochwasser übergesetzt auf die Insel Neuwerk, wo wir unter der Regie von Helmut Förnbacher vor 5 Jahren schon einmal einen »Tatort« gedreht haben: »Tod auf Neuwerk«.

Auch heute haben wir schon unterwegs gedreht, unter anderem eine Einstellung, die von einem Hubschrauber aufgenommen wurde. Charly und ich singen mit ausgebreiteten Armen »Somewhere over the rainbow«, sehr titanicmäßig und sicher ganz nett. Die Sonne ließ sich hin und wieder blicken, durchgefroren und übermüdet kamen wir am Nachmittag auf Neuwerk an. Wir mußten uns nach der Tide richten. Nur mit der Flutwelle kann man den kleinen Hafen von Neuwerk erreichen. Wir schliefen in demselben Hotel wie damals, einem Betrieb der Familie Fock. Fußbodenheizung, kalt, schöner Ausblick aufs Wattenmeer, kein Telefon, keine Flasche Selters auf dem Zimmer, dieselbe karge Küche wie damals, Krabbensuppe und immer wieder Krabbensuppe, Spiegelei mit Krabben, Krabbenbrot usw. Warum tue ich mir das an? Warum einen schlecht gebauten »Tatort« drehen, der wieder auf Neuwerk spielt?

Ein Wort des Preußenkönigs: »Es ist nicht nötig, daß ich lebe, wohl aber, daß ich meine Pflicht tue.«

### *Mi 18.10.2000*

7.00 Uhr aufgestanden und nach dem guten Frühstück und der Maske im Morgendämmer in einem Amphibienauto bei Ebbe auf die Vogelinsel Scharhörn gefahren. Wunderschöne Fahrt durchs Watt, an Enten und Möwen vorbei, durch die Priele bis Scharhörn, wo wir von dem einzigen dort lebenden Menschen am Strand herzlich empfangen wurden, nämlich der Vogelwartin. Sie lebt dort ohne Wasser, mit einem Holzklosett mitten in der Landschaft, aber mit Strom und Handy.

Dort ein Bild gedreht. Charly und ich durften dann gerade noch bei Ebbe zurückkehren, die anderen mußten weiterdrehen.

Charly hatte mir einen Bericht aus der Zeitung »Hamburger Abendblatt« gegeben. Großes älteres Foto von mir, Titelzeile »Das Rumpelstilzchen von Charlottenburg«. Eine Rachestory, genauso schlecht geschrieben wie die Geschichte, die ich abgelehnt hatte.

### *Sa 21.10.2000*

Letzter Drehtag auf der Insel Neuwerk. Es ist allerhand passiert. Schöne Erfindungen gemacht, die Jürgen Bretzinger sehr zu schätzen weiß, was er immer wieder ausdrücklich erwähnt.

Nach einem Mittagsschlaf ging ich hinunter in die Kneipe. Ich hätte mich schon heute nach dem Drehen ans Festland setzen lassen und nach Hause fahren können. Aber schon vor einigen Tagen wurde ein großer Abschiedsbahnhof angekündigt. Angeblich sollten der NDR-Intendant Jobst Plog und der Programmchef Kellermeier kommen. Es kamen schließlich Frau Ramcke und die Herren Düwel, Schöps und Dr. Willich, ein Mann, den man durchaus mögen kann. Er hat ein famoses Gedächtnis.

Wir saßen also alle zusammen und leerten zwei größere Flaschen Schnaps. Dazu aßen wir sogenannten Butterfisch, überkrümelt mit Nordseekrabben, recht gut gesalzen, da weiß man immer schon, was los ist, und Bratkartoffeln. Düwel erklärte mich mehrmals zum Zyniker, meinte aber, daß man mich von seiten des Studio Hamburg ganz gewiß nicht ins Rentnerdasein entlassen werde, sondern sich noch eine lange Zusammenarbeit mit mir wünsche usw.

Da kam die Nachricht, ein Amphibienauto habe Motorschaden, man rechne mit Rettung. Der alte Fock sagte: »Was heißt Rettung? Es ist kein Wind, wunderbares Wetter, die haben Wolldecken, früh um sieben kommt die Flut, dann schwimmen sie auf und werden auf den Haken genommen. Ich kenne die Gegend. Wenn man in dieses Loch da reinfährt, bleibt man nur selbst stecken.«

Dr. Willich, der großartige alte Thüringer, stand sofort auf und gesellte sich dem Rettungsfahrer Ralf mit seinem zweiten Amphibienauto an die Seite: »Ich fahre mit. Das wär doch gelacht.« Charly Brauer und ich wechselten einen jener seit 15 Jahren eingeübten schnellen Geheimblicke. Und wir hielten den Heldenblicken von Dr. Willich lässig stand, indem wir ihnen eingezogene Schwanzblicke entgegenschickten.

Nach einer Stunde kam über Handy die Nachricht, daß der alte Fock recht gehabt hatte: Nun steckte auch das zweite Amphibienauto mit Ralf und Willich in dem Loch. Bis ca. 6.00 Uhr muß auf die Flut gewartet werden, wenn niemand darauf besteht, für 8.000 Mark einen Hubschrauber vom Festland zu bestellen. Niemand bestand darauf. Willich mußte sich wohl oder übel in die Decke rollen

Ich unterhielt mich mit Schöps und Düwel noch ein bißchen über die kommenden »Tatorte«. Atzorn will keinen Assistenten, er will sich als einsamer Wolf durch die Fälle quälen. Das wird nix. Das ist für die Autoren noch schwerer. Daran wäre mehrmals sogar Columbo gescheitert. Und in USA gibt es mehr und bessere Autoren.

Wir haben noch fleißig einen zur Brust genommen; erst gegen halb zwei bröckelten die Typen ab.

### So 22.10.2000

Aufgewacht von einem häßlichen Traum, einem Traum meiner Schwäche. Ich hatte eine Veranstaltung, die ich ganz allein bestreiten wollte. Der Theatersaal war brechend voll. Ich hatte irgendwie vergessen, was ich eigentlich machen wollte, mein Konzept war dahin. »Na, das wäre ja noch schöner. Das hast du doch immer so gemacht. Das Abendfüllende bist du selbst. Reiß dich zusammen. Sei geistreich.« Schlimm war, daß ich nur eine Unterhose anhatte. Auf dem Playback hörte ich das Vorspiel. Nun war ich dran. Ich kam zu spät auf die Bühne und fing an zu taumeln. Ob das echt oder gespielt war, weiß ich selbst nicht. »Jetzt denken die Leute unten, ich wäre betrunken«, dachte ich. Ich öffnete mit Gewalt meinen Mund und sprach überdeutlich: »Meine sehr verehrten Damen und Herren, es tut mir leid, ich habe einen Schwächeanfall. Bitte verzeihen Sie …« Die Leute applaudierten, offenbar zum Lohn dafür, daß ich nicht betrunken war. Ich brach zusammen. Zwei Helfer kamen und hielten mir eine Hose und eine Jacke hin.

Ich zog alles an, geriet dabei in Schweiß. Die Leute kamen aus dem Foyer und den Gängen herein und setzten sich erwartungsvoll. Der peinliche Rest blieb mir durch Erwachen erspart.

### Mo 23.10.2000

Heute ging es mir den ganzen Tag über so schlecht wie selten einmal im Leben. Fürchterlicher Schwächezustand, dazu der heftige Husten, die fast völlige Bewegungsunfähigkeit wegen der

Schmerzen im Rücken. Kann kaum laufen, kann nur unter großen Schmerzen husten. Wenn ich ein »normaler« Mensch wäre, hätte ich heute und morgen auf keinen Fall gearbeitet. Nicht mal, wenn ich Herzchirurg oder Alan Greenspan wäre. Aber ich bin Schauspieler.

Ich konnte mich nur unter Mühen ankleiden. Ich nahm zwei Tabletten Phenylbutazon aus Spanien. Otti fuhr mich zum Bahnhof Zoo. Ich war wie immer eine halbe Stunde überpünktlich, nur um dann auf dem Schild zu lesen, daß der Zug eine halbe Stunde später kommen wird, und dann noch mal eine Viertelstunde später. Dafür hält er auf drei zusätzlichen Stationen.

Durchgefroren stieg ich endlich in den Zug. Mein Nebenmann packte seine Stullen derart laut aus, daß ich ihm am liebsten eins in die Fresse gehauen hätte.

### *Di 24.10.2000*

Es ging mir besser. Kurzes Frühstück mit Charly, dann im Hafen Harburg am »Lotsekai« an Bord der »Jana« gegangen. Dort mit dem DDR-Schauspieler Horst Krause gedreht, der mir schon lange als sehr guter Mann aufgefallen war. Er ist 59 Jahre alt, was man ihm nicht ansieht. Ein dicker, untersetzter Kerl, der kürzlich überzeugend den Schalck-Golodkowski gespielt hat. Ich habe ihn mit Vergnügen meine Wertschätzung spüren lassen.

Nachts lief auf Arte der Film »Breaking the Waves«, ein erschütternder, 150 Minuten langer Spielfilm von 1996, geschrieben und inszeniert von dem Dänen Lars von Trier. Eine dänisch-holländisch-schwedisch-deutsche Koproduktion. Außergewöhnlich Emily Watson.

Der Film spielt im Norden Schottlands. Die naive Bess heiratet einen Mann, den sie sehr liebt und der auf einer Bohrinsel verunglückt. Die Kleine beteiligt sich auf merkwürdige Weise an seiner Genesung. Sie erregt damit Anstoß und stirbt schließlich nach einem großen Opfer, das sie für ihn bringt. Ergreifend. Viele am Set kannten diesen Film. Bloß ich wieder nicht.

Die Synchronisation der Watson ist von einmaliger Qualität. Wer war das?

Der Film übersteigt wahrscheinlich meinen Horizont, deshalb empfinde ich ihn manchmal beinahe als pervers. Ich sage also: Ich glaube, der Film ist sehr gut.

### *Mi 25.10.2000*

Die drei Kreuze, die ich nach dem letzten »Tatort« machen will, werden in meiner Phantasie immer größer. Im Moment träume ich von einem Exerzierplatz, über den ich so ein Kalk-Wägelchen rolle, mit dem man Fußballfelder markiert. Damit will ich die Kreuze machen, so daß sie von jedem Flugzeug aus zu sehen sind.

Sie haben ein Loch in die »Kursk« geschnitten und die ersten drei Leichen rausgeholt. In der Uniform des 27jährigen verheirateten Kapitänleutnants Dimitrij (Kolesnikow) fand sich ein Brief, den er im Dunkeln geschrieben hat. 23 Mann haben sich ins Heck des Schiffes gerettet und sind dort elend erstickt. Der Tellermützenträger Konteradmiral Michail Motzak, ein Riesenarschloch, weicht frech den bescheidenen Fragen der Journalisten aus. Wowka Putin ist eben leider auch nicht besser als die Thatcher und ihr Nachfolger, die den Rinderwahn heruntergewiegelt haben, an dem inzwischen 80 Menschen gestorben sind. Überall dieselben verlogenen Lumpen.

Die Machthaber in Rußland lügen nur noch dümmer: Zuerst hieß es, alle leben, Hilfe kommt; dann hieß es, alle seien sofort tot gewesen, sie hätten nicht gelitten; jetzt haben 23 Mann überlebt, und keiner war in der Lage, das Schiff zu heben. Ein Scheißhaufen.

### *Frei 27.10.2000*

13.03 Uhr mit dem total überfüllten Zug nach Berlin. Im Abteil ein junges Punk-Mädchen, Svenja, mit einem hübschen Gesichtchen und einem Ring durch die Unterlippe. Ich fragte sie, was sie beim Knutschen macht. Das ginge schon irgendwie, sagte sie. Ich bin sicher, sie hat noch nie geknutscht. Ob sie auch tätowiert sei. Ja, sagt sie. Ob sie mir das zeigen würde. Ja, sagte sie und zeigte es dem ganzen Abteil. Sie mußte dazu die mutwillig kaputtgemachten Jeans aufknöpfen und sie ein bißchen über die obere Pobacke streifen. War kein Problem. Ein süßes Ärschlein. Ach!

### *Sa 28.10.2000*

Volkswagen imponiert mir. Die zeigen auf Seite 2 von der »tv Hören und Sehen« das atemberaubende Portrait einer dunkelhäutigen Schönheit mit klugem Blick. Und darunter steht der Text

> »Ich habe keine Vorurteile gegenüber Menschen
> mit einer anderen Hautfarbe.
> Viele meiner Freunde sind Deutsche.«

Das pinne ich mir für ein paar Wochen an die Wand. Es ist genial.

### *So 29.10.2000*

Abends ein langes Telefonat mit Jörg Stempel, der mich letztmalig überreden wollte, in der ZDF-Sendung »Wetten, dass..?« mitzumachen, die Plattenfirma würde meine Gage übernehmen. Das lehnte ich ab. »Ich bin Fernsehschauspieler. Wenn das ZDF etwas von mir will, muß es mit mir eine Gage aushandeln, ganz gleichgültig, ob ich eine Platte zu verkaufen habe oder nicht«, sagte ich. Es sind immerhin schon 25.000 Platten über die Ladentische gegangen, und ich bin sicher, daß wir das erste Ziel, mindestens 50.000 Stück zu verkaufen, auch ohne »Wetten, dass..?« schaffen werden. Ich würde demnächst noch einige Interviews machen, und das muß genügen.

### *Frei 3.11.2000*

Nur ein Bild in der Villa bei Hamburg gedreht und ein letztes Mal mit der zierlichen Anne Bennent, an die man sich sehr gewöhnen kann.

13.30 Uhr fuhr uns Felix dem Mercedes-Fahrer entgegen, der an der ehemaligen DDR-Grenze auf uns wartete. Wir stiegen bei widerlichem Wetter in die Limousine um und wurden nach Berlin gefahren.

Unterwegs die »Bild«-Zeitung durchgeblättert, darin ein wirklich drolliger Artikel: »BRANDSCHUTZVERSICHERUNG FÜR ZIGARREN – VERSICHERUNG MUSSTE ZAHLEN«. Es gibt so unglaubliche Geschichten, die nur in Amerika passieren können. Dort schloß ein Raucher aus Charlotte (US-Staat North Carolina) eine Brandschutzversicherung für eine Kiste Zigarren ab. Anschließend rauchte er die Zigarren auf, schrieb an die Versicherung: ›Leider gingen sie in einer Serie kleiner Brände verloren, bitte überweisen Sie mir die Versicherungssumme.‹ Die Firma weigerte sich, Prozeß. Der Richter: ›Der Mann ist im Recht.‹ Vergleich, die Versicherung bot 25.000 Mark an. Als der Kläger das Geld abholen wollte, verhaftete ihn die Polizei – als Brandstifter. Urteil: 24 Monate Gefängnis, 36.000 Mark Geldstrafe wegen ›vorsätzlichen Entzündens von versichertem Eigentum‹.

## *Di 7.11.2000*

Zwei Bilder im Polizeirevier gedreht. Dort trat Hans Peter Hallwachs auf. Magerer, gesund lebender, mit prächtiger Plastik-Kauleiste ausgestatteter Mann. Sehr nett. Prima Kollege. Er spielte getürkt Saxofon und hatte, wie wir, sichtlich Freude dran.

Ich hatte den Vorschlag gemacht, daß wir aus den Tischen durch Abschrauben der Füße ein kleines Podest zusammenschieben. Das sah originell aus. Es wurde so »Bye Bye Weckwört« aufgenommen.

## *Mi 8.11.2000*

7.00 Uhr aufgestanden, Bircher-Müsli gegessen und zum Drehort gefahren. Dort war um 9.00 Uhr Pressekonferenz: 18 Journalisten und Fotografen und drei Kamera-Teams. Ramcke und Heinze saßen mit im Präsidium, wurden jedoch nichts gefragt. Charly und ich haben eine Stunde lang brilliert, das Niveau der Fragen eher mittelmäßig. Unsere Laune war hervorragend; das hatten wir uns allerdings auch vorgenommen. Nach alter Sitte ein paar zarte Schüsse gegen die Presse selbst losgelassen. Im Allgemeinen aber einen guten Eindruck gemacht.

### *Frei 10.11.2000*

Vorletzter Tag aller »Tatorte«.

Die Amerikaner haben vorgestern gewählt. Offenbar sind sie dazu zu dämlich. Denn sie wissen noch immer nicht, wer der neue Präsident ist. Dieselben Amerikaner, die ihre Polizisten in alle Welt schicken, um zu prüfen, ob dort ordentlich gewählt wird, kriegen es selbst nicht hin. Wahrscheinlich sind sogar Gangstereien im Spiel.

Letzte Szene mit Anna Thalbach gedreht. Sie hatte ihre kleine Tochter mit am Drehort, die haargenau so aussah wie sie selbst aussah, als ich sie im Hause Thalbach/Brasch vor 23 Jahren kennenlernte. Nun habe ich in meinem Leben 4 Thalbachs gesehen, die mir allesamt geklont vorkommen: Sabine, Katharina, Anna und die Kleine.

Dann beim Drehen nach langen Jahren den inzwischen 78jährigen Ivan Desny wiedergesehen, der in dem von mir erfundenen neuen Film-Ende den Reeder spielt. Ich hatte mit ihm vor Jahren »Traumschiff« und einen Krimi gedreht. Ich hatte das Gefühl, daß er mich nicht wiedererkannte. Wir haben uns ein bißchen unterhalten. Ich dankte ihm, daß er bereit war, diese kleinere Rolle zu spielen.

»Was soll ich zu Hause? Mein Haus in Ascona am Lago Maggiore steht unter Wasser. Meine Bücher, Platten, Anzüge – alles weg. Da bin ich doch lieber hier. Wenigstens haben mir die ›Tatort‹-Leute einen Anzug und ein Hemd gekauft.«

### *Sa 11.11.2000*

Letzter Drehtag im letzten »Tatort«.

Kameramann Hartmut E. Lange, Regisseur Jürgen Bretzinger, Regieassistent Thomas Hezel, Architekt Hans Zillmann – sie alle und viele andere waren bestens vorbereitet. Der Prachtsaal im »Hotel Atlantic« war illuminiert, die Boogie-Woogie-Tänzer waren da, die Cheerleader-Girls, die Musiker, alles war perfekt vorbereitet. Die Produktion hatte sehr gut gearbeitet.

Klaus Gloede setzte uns die Perücken auf, Rautgundis zog uns die Fracks an, das Playback wurde abgefahren, und wir machten die Sache in zwei Teilen je dreimal durch. Fertig. Glas Sekt, ein paar Tränen, ein paar Küßchen auf die Wangen von Schöps, Ramcke, Heinze, Desny hatte mich endgültig wiedererkannt, Küßchen auch für ihn, die »Tagesthemen« filmten noch was mit – und um 13.00 Uhr lag ich im Bett und ruhte mich aus.

Am Abend gab es die Abschiedsfeier in einer Kneipe an den Landungsbrücken. Viel Fisch, viel Bier, viel Musik, ein lustiger Abschiedsfilm, den die Schnittmeisterin gemacht hatte, eine anrührende Abschiedsrede von Charly Schöps, letzte Worte von Brauer, letzte Worte von mir, für jeden von uns ein Album mit »Tatort«-Fotos, und als der Discjockey die Boxen aufdrehte, sprangen wir ins Taxi und fuhren ins Hotel.

Kurz vorher hatte mich Charly Schöps zur Seite genommen: »Die Springer-Leute, die die ›Goldene Kamera‹ verleihen, haben mich angerufen …«

»… Und wollten wissen, ob ich sie annehme?«

»Ja, weil sie doch wissen, daß du viel Zoff mit der ›Bild‹-Zeitung hattest usw. …«

»Das macht nichts. Dafür haben sie ja jedes Mal von mir eins auf die Nase gekriegt. Vergessen. Ich nehme die ›Goldene Kamera‹ an.«

»Danke, mein Lieber.«

So muß es sein.

### *Mo 13.11.2000*

Pünktlich zum »Nucleus«-Studio gefahren. Dort waren Charly Brauer und Klaus Doldinger schon zugange. Doldinger hatte schon vor einer Woche das fertige Band ins »Nucleus«-Studio geschickt. Dort war es liegengeblieben. Jetzt mußte erst alles zusammengesucht werden. Nach einer Stunde fingen wir mit »Ich brauche keine Millionen« an, was ziemlich glatt ging. Dann kam »Ave Maria«, Charlys Angstnummer. Charly kämpfte um jeden Ton. Da er sich um 14.00 Uhr zu einer Fernsehsendung (»Beckmann«) aufmachen mußte, wurde er zusätzlich nervös. Schließlich entschlossen wir uns, ähnlich wie bei der Film-Version, daß ich den ganzen Chor allein machte. Ich nahm also die erste Stimme rasch auf, dann aber mußte ich zeilenweise weiterarbeiten, weil ich mir durch die eigene Phrasierung Fußangeln gelegt hatte.

Zu Gast waren die Herren Schenk und Ingwersen, die extra aus Hamburg angereist waren. Sie blieben bis zum Schluß und brachten mich dann nach Hause.

Als wir in das Taxi einstiegen, sagte der Taxifahrer in freundlichem, aber sehr bestimmtem Ton: »Schnallen Sie sich bitte an.«

»Das möchte ich nicht«, sagte ich ebenso freundlich und bestimmt.

Als hätte er das nicht gehört, wiederholte der Taxifahrer: »Schnallen Sie sich bitte an.«

Ich stieg wortlos aus, und die beiden Herren mit mir.

Wir winkten uns ein neues Taxi heran.

Zu Hause legte mich ziemlich erschöpft ins Bett.

Als ich um 22.00 Uhr aufstand, lag ein Fax im Kasten: Frau Ina Eigner vom Redaktionsbüro Gottschalk bittet mich, wegen der Gagenverhandlung den Geschäftsführer und Manager von Gottschalk, den Herrn Geissler, anzurufen. Man sieht: Es geht doch.

## *Di 14.11.2000*

Als erstes Herrn Geissler angerufen. Der eierte herum, er wisse nicht, wie er einen Liedgesang in der Sendung unterbringen solle, es seien Pavarotti da und der berühmte Tenor Sowieso.

»Bremsen Sie sich«, sagte ich, »ich bin schon beeindruckt genug. Sie machen mir Angst. Wenn Sie noch mehr Granaten aufzählen, komme ich gar nicht.«

Dann hat er sich gebremst. Man könne ein paar Takte von einem Lied singen, Thomas Gottschalk könne ja auch ein bißchen Klavier spielen, vielleicht er und ich. Da habe ich gesagt, das kommt nicht in die Tüte. Wenn er mal ein Lied braucht, kann er mir immer noch Bescheid sagen, muß ja nicht alles auf einmal sein. Ich komme jetzt erst mal nur auf die Bank. Fertig.

Anschließend Stempel angerufen und ihm alles berichtet. Aber dem war das schon bekannt. Er hatte das Ganze ja eingefädelt.

### *Do 16.11.2000*

Strahlender Sonnentag, wolkenloser Himmel.

Viel Post erledigt, das heißt Absagen geschrieben. Heute kam, von Rautgundis Beutel verschnürt, ein großes Paket mit vielen Stoever-Kleidungsstücken aus dem »Tatort«, die das Studio Hamburg mir geschenkt hat, darunter ein Dutzend Maßhemden, ein »Burberry«-Mantel, ein Paar neue Lackschuhe und etliche Hosen. Wann soll ich das noch abtragen?

### *Sa 18.11.2000*

Um 14.30 Uhr ging ich mit Marlene rüber zu Tante Otti und holte mit ihr noch etwas Gulasch vom Balkon. Die Begegnung zwischen Otti und Marlene war fast herzlich zu nennen.

### *Mo 20.11.2000*

Um 13.00 Uhr war Herr Hübenthal mit seinem Wagen zur Stelle. Wir fuhren zum Schlachthof in Dresden.

Der Veranstalter soll dem Herrn Hübenthal gesagt haben, er hätte den 1.200-Personen-Saal hier im Schlachthof fünfmal ausverkaufen können. Und es sei das erste Mal in seinem Leben gewesen, daß er vollkommen ohne Werbung den Saal zweimal verkauft habe. Schön.

Die Leute riefen aus dem Parkett: »Singen, singen …« Und mir war klar, daß ich an der Ansage etwas ändern mußte.

Uschi Brüning, die mir letztes Mal das Mikro ausgeschaltet hatte, ohne daß ich es wußte, hat sich diesmal was Neues einfallen lassen: Sie hat meine Texte vom Notenständer mit in ihre Garderobe genommen, so daß ich ohne einen einzigen Text auf der Bühne stand.

Insgesamt muß ich sagen: Die Musiker haben nicht so viel drauf, wie sie glauben, daß sie draufhaben. Ausnahme: Zicke, der gleichmäßig gut ist.

Da die Leute mich singen und nicht lesen hören wollten, hatte ich Probleme. Ich habe darauf bestanden, daß die Ankündigung »Jazznight« so nicht stehen bleibt, daß vielmehr klargemacht wird: Krug liest und singt nicht. Darauf wurden für den nächsten Tag Zettel gedruckt und auf den Sitzen verteilt. Zusätzlich habe ich gleich nach der Begrüßung gesagt, daß ich ein paar Lieder singen würde, da waren die Leute etwas beruhigt.

***Di 21.11.2000***

Ab heute gibt es drei Lieder bei dieser kleinen Tour, auf der es eigentlich von mir gar keinen Gesang geben sollte. So hat mich das Publikum selbst zum Konzert getrieben. Die Kopplung »Jazzmusik und Lesung« ist, zumindest im Osten, wo man sich an den Sänger Krug bestens erinnert, problematisch. Das Trio spielt 4 Stücke, die meisten mit Uschi, ich lese dann ½ Stunde »Abgehauen« und singe in Deutsch »One Note Samba«; dann kommen wieder 4 Stücke Trio. Danach lese ich aus »Jurek Beckers Neuigkeiten«; es folgt der dritte Block Trio, und wenn Uschi abgegangen ist, singe ich »Frosches Lied« und am Ende »All of Me«. Das hören die Leute am liebsten (sie klatschen auf 1 und 3 mit ☹).

***Mi 22.11.2000***

Schöne Fahrt in Hübenthals Auto von Dresden nach Halle. Dort Unterkunft im »Dorint«-Hotel. Sehr schön.

Dort Probe in dem berühmten Steintor-Varieté. Auf dieser Probe zeigte sich Luten ein weiteres Mal außerstande, die paar Töne des simplen Kinderliedes (»Frosches Lied«) zu spielen. Ich sprach etwas entnervt mit Uschi. Sie war es, die darauf bestanden hatte, die Konzerte mit Luten gemeinsam zu machen. Das Konzert mitsamt der Lesung war dennoch das bisher beste.

Zu Besuch war der Ost-Moderator Wolfgang Lippert, der im Hinterzimmer des »Dorint«-Hotels mit uns allen noch etwas geplaudert hat. Er erzählte die Geschichte, wie er in Berlin-Friedrichshagen ein Kino gekauft hat, dabei über die Rolle gezogen wurde, und wie schwer es war, das Kino endlich mit Verlust wieder zu verkaufen.

### *Do 23.11.2000*

Sehr schön und lange geschlafen. So etwas gab es in einem DDR-Hotel niemals. Da knallte die Putzbrigade mit den Staubsaugern so lange gegen die Tür, bis du gegen 9.00 Uhr draußen warst.

12.00 Uhr fuhren die Hübenthals und ich auf schöner Landstraße bei schönem Wetter nach Weimar.

In der Weimarhalle geprobt. Merkwürdig konzipierte Halle, Toiletten und Garderoben von der Bühne aus nur mit dem Fahrstuhl zu erreichen usw. Riesensaal. Ausverkauft.

Hinter der Bühne taucht ein Frauenzimmer auf, sie wolle nachher mit mir reden, wir würden uns kennen. Davon weiß ich nichts.

Sie steckt mir einen Brief mit vielen Fotos zu, darunter auch was mit halb verdeckter Brustwarze.

»Lieber Manfred, wir haben uns mal vor 20 Jahren im ›Theater des Friedens‹ geküßt. Ich weiß nicht mehr, wie das war! Können wir das noch mal machen? Kuß.

P.S. Ich möchte, daß Du Gedichte von mir rezitierst. Danke.«

Morgen wird das letzte Konzert sein, an dem Luten und Uschi jedoch nicht teilnehmen können.

### *Frei 24.11.2000*

Der Stadtrat des kleinen Städtchens Schneeberg in Sachsen hat seinem dort geborenen Sohn Egon Günther heute morgen mit 17 gegen 5 Stimmen die Ehrenbürgerschaft der Stadt verwehrt. Paßt alles zu unserem schönen Deutschen Kack-Volk.

Die »Neue Welt« in Zwickau, eine altbekannte Spielstätte, war ausverkauft. Man hatte sogar Stühle zusätzlich hineingestellt.

Das Personal, vom wichtigtuerischen Pförtner bis zum hilflosen und lustlosen Beleuchter, ist das alte aus der DDR. Unbrauchbare Leute, die noch immer nicht wissen, zu welchem Zweck sie an dem Haus engagiert sind.

Uschi und Petrowsky können heute nicht dabei sein. Es wird gesagt, sie müßten sich bei einer Musikschule vorstellen, die vielleicht einen Job für Uschi hat. Sie kann als Jazz-Gesangslehrerin anfangen. Oder so ähnlich.[10]

Die Band hat mit der Sängerin Leta Davis ein paar Stücke eingeübt. Nicht schlecht. Obwohl man sagen muß: Sie trifft ein paar Töne weniger als Uschi Brüning. Dafür ist sie bühnenwirksamer und anstelliger.

Für Luten haben wir ebenfalls Ersatz gefunden: den Saxofonisten Andreas Bicking, der sonst in der Band von Veronika Fischer spielt, die aber nicht genug Mucken zusammenkriegt. Er hat seine Sache sehr gut gemacht. Er hat auf Anhieb alles das richtig gespielt.

Der Grieche Costa Cordalis mit seinem Sohn war in einer Nachbarstadt zu einem Konzert und mußte sich in einem tausender Saal mit 300 Zuhörern begnügen. Das hatte ebenfalls Hübenthal arrangiert.

### *Sa 25.11.2000*

Abends fahre ich zur Feier von Regines 65. Geburtstag nach Weißensee in eine kleine Kneipe, die »Kunstpause«. Alle Verwandten bis auf Werner Bender sind da. Otti, Leonore, Katleen,

---

10 Siehe Uschi Brüning, die den Vorfall in ihrer Autobiographie »So wie ich«, Ullstein Verlag, Berlin 2019, auf S. 224 f. anders schildert.

Marlene, Josephine und Fanny singen ganz entzückend »Frosches Lied« mit einem auf Regine zugeschnittenen Text von der ältesten und der jüngsten Schwester. Von Anfang an sitzt ein Pianist am Klavier, der aber zu laut ist. Ich kann nicht verstehen, was die Leute zu mir sagen. Die Kneipe wird immer voller und lauter und wärmer. Meinhard Lüning bläst ein Ständchen auf der Trompete, »I Can't Give You Anything …«. Um 22.00 Uhr kann ich nur noch fliehen. Daniel, der mit der ganzen Familie da ist, fährt mich in seinem sehr hübschen, alt gekauften Mercedes von 1984 nach Hause.

Dort ein Fax von einem Herrn Kuno Schmid, Pianist, Komponist, Arrangeur. Er habe Mittwoch den Film »Wenn ich singe …« gesehen. Daraufhin habe er von Herbolzheimer meine Telefonnummer ertrotzt (!). Tatsächlich ist er drüben auf der Maschine zu hören. Unglaublich. Er tut so, als wolle er keinen Tag mehr ohne mich leben. Nachdem er anderthalb Seiten Referenzen aufgezählt hat, kommt er mit seiner Idee raus: »Lieber Herr Krug, könnten Sie sich vorstellen, sich mir musikalisch anzuvertrauen und eine Produktion mit großer Streicherbesetzung/Hölzer/Blech und Rhythmusgruppe zu machen? Und jetzt kommt das Wichtigste: Das Repertoire können Sie komplett selbst bestimmen!« usw.

Na, das wäre ja noch was, daß ich das nicht könnte.

### So 26.11.2000

Peinliche Sache:

Christel und Martin Gabriel aus Hannover, er pensionierter Pastor, haben mich darauf aufmerksam gemacht, daß es auf der CD »Deutsche Schlager« in dem Lied »Bel Ami« heißen muß »dediziert« und nicht, wie ich gesungen habe, »dezidiert«. Ich habe den Mitmenschen gedankt und versprochen, den Fehler zu korrigieren, falls die Platte neu aufgelegt werden sollte. (Ich glaube aber, das ist teuer.) Habe dennoch vorsorglich dem Ingwersen geschrieben, daß ich mich freuen würde, wenn er das ermöglichen könnte.

**Di 28.11.2000**

Seit heute ist es in Holland Gesetz, daß Sieche, die nicht mehr leben wollen, mit ärztlicher Hilfe sterben dürfen. Vielleicht wäre ein Antrag auf niederländische Staatsbürgerschaft nicht das Falscheste.

**Frei 1.12.2000**

9 Stunden geschlafen. Schließlich von einem Traum aufgewacht, in dem ausgerechnet Rüdiger Kirschstein die Hauptrolle spielte. Ich hatte ihn neulich in einer Einstellung des berühmten »Tatorts« »Reifezeugnis« gesehen. In dem Traum sah ich ihn nach Jahren wieder. Er zeigte mir seinen rechten Arm, der ihm amputiert worden war. Die moderne Prothetik hat es aber möglich gemacht, ihm einen Skelett-Arm anzubauen, der sich vollkommen natürlich bewegen konnte. Jeder Finger funktionierte. Das war erstaunlich, schon wegen der nicht vorhandenen Mechanik. Reine Zauberei. Trotzdem tat er mir sehr leid. Ich umarmte ihn und sagte: »Komm, Rüdi, wir sollten uns vertragen. So viele Jahre haben wir zusammengearbeitet …« Er nahm meine Zärtlichkeit mit säuerlichem Gesicht entgegen. Dann zeigte er mir den Arm, dessen Schulterknochen direkt in dem Originalgelenk verankert war, ohne daß es zu einer Entzündung gekommen war. Er sagte: »Gott sei Dank, daß ich so viel Yoga gemacht habe. Dadurch bin ich fit. Rita und ich fahren wieder regelmäßig nach Amerika. Dort helfen wir den Indianern bei der Arbeit. Wir schaufeln Latrinen in ihren Dörfern, und wir graben ihre Kultur aus.«

Da war es Zeit aufzuwachen und pinkeln zu gehen.

**So 3.12.2000**

Abends in das Haus von Erika Schamoni gefahren, dort hatte Herr Detlef, der mit seiner Frau Barbara dort war, eine Gans und zusätzliche vier Keulen gebraten. Die Esserrunde waren der Koch, seine Frau, der ehemalige Wirtschaftsminister Günter Rexrodt und dessen Frau Ingrid, Regina Ziegler und ihr Mann Wolf Gremm, Erika Schamoni selbst, Otti und ich. Otti hat die ganze

Runde eingeladen, bei uns demnächst einmal Kohlrouladen zu essen. Der Frau Ziegler habe ich das Buch von Dr. med. Friedrich Wolf, »Die Natur als Arzt und Helfer«, als Geschenk versprochen.

Auf der Toilette bei Schamonis hängt ein gerahmtes kleines Portrait aus Seide, den Reichskanzler Bismarck darstellend. Gleich eingewebt der Satz: »Wir Deutschen fürchten Gott und sonst nichts auf der Welt.«

24.00 Uhr zu Hause.

### *Mo 4.12.2000*

Hübenthal nebst Frau Katja Bickel hatte einen großen Präsentkorb mit Wurstwaren vom Schweineschlachten dabei. Viele Nachrichten. Zum Beispiel, daß Uschi Brüning sich weigert, ohne Petrowsky weiter an der Tournee teilzunehmen. Luten gäbe ihr auf der Bühne den Halt, den sie brauche. Sie spielt am liebsten in kleinen Free-Jazz-Klubs und hat Schiß vor großen, vollen Häusern. Kann ich verstehen. Ich habe auch Schiß.

Nachts habe ich ihr einen kurzen Brief geschickt, daß sie mir per Fax einen Wink geben soll, wenn sie ein Gespräch mit mir noch für sinnvoll hielte.

### *Di 5.12.2000*

Doldinger hat die drei zusätzlichen Titel für die »Tatort«-Platte auf CD geschickt. Die Mischung ist schön, aber nicht ganz schön. Doldinger sagt, sie hätten fünf Tage an den drei Titeln arbeiten und das Ganze durch den Intonator jagen müssen und ähnliche Jammerlappigkeiten. Fest steht für mich, daß »Blackbird« zu laute Bläsereinwürfe hat und daß die Sänger unpräsent klingen, wie hinterm Sack gesungen. Aber der Blasebalg hat mir mit beschwörenden Worten zu verstehen gegeben, daß sie alles, aber auch wirklich alles getan hätten. Also: Bloß nicht noch mal an die Mischung gehen. Na gut.

Habe mit Jens Kuphal gesprochen, wie wir das falsche Wort »dezidiert« in das richtige »dediziert« umtauschen können. Das wäre mindestens ein ganzer Tag Arbeit, sagt er. Trotzdem, sage ich. Na gut, sagt er. Ich kann mir die Kosten ja mit Ingwersen teilen. Es ist mir zu peinlich.

Anruf von Klaus Priebe – SEA: Die Telekom will ein weiteres Jahr verlängern, Charly und ich werden also weiterhin Werbung machen. Allerdings klang das Angebot so, daß sich wahrscheinlich an der Gage etwas ändern wird. Und sicher wird sie schlechter werden. Will ich das? Nein.

Mit Frau Ina Eigner vom Redaktionsbüro Gottschalk endgültig geeinigt, daß ich am Telefon mit Charles Brauer einen »Tatort«-Song singen werde, falls ich die Wette in »Wetten, dass..?« verliere. Ist o. k.

### *Sa 9.12.2000*

Jörg Stempel wollte es sich nicht nehmen lassen, mich nach Basel zu der Sendung »Wetten, dass..?« zu begleiten.

Er holte mich um 13.15 Uhr zu Hause ab, um uns beide zum Flughafen Tempelhof zu fahren, wo wir in einer sonst leeren Halle nur einen Schalter geöffnet fanden. Dort stand ein hochgewachsener junger Herr mit einer Marilyn-Monroe-mäßigen Dame. Der Herr sagte, er sei der Schweizer Botschafter in Deutschland, die Dame, die kaum Deutsch sprach, seine texanische Ehefrau, und er habe mit einigen Spießern in seiner Heimat Presse-Ärger bekommen, weil er das Leben, auch das Eheleben, etwas leichter angehe als der politische Durchschnitts-Schweizer sich das wünsche. Er repräsentiere eben den anderen, den jungen Schweizer. (Das gibt es gar nicht.)

Anderthalb Stunden Flug mit »Crossair« im Mini-Turboprop nach Basel.

Dort im »Hilton«-Hotel nur den Schlüssel geholt und in die St.-Jakobshalle gefahren. Ein Beton-Bau für Sportveranstaltungen. Guter schweizerischer Bunker.

Thomas Gottschalk erwies sich mir gegenüber als sehr aufmerksamer und freundlicher Mann. Er wies mich professionell in die Show ein, ich soll der erste der sogenannten Promigäste und während der gesamten Show auf der Bühne anwesend sein.

Ich hatte mir heiteres Betragen vorgenommen, nachdem ich mir bei früheren Begegnungen mit Gottschalk (z. B. Linz) öfter mal schlechte Laune geleistet habe. Entsprechend meinen Einsichten ging es prima mit der Maske, Garderobe und mit den Gästen, die ich teils schon in den Gängen begrüßte, darunter den Bruder von Gottschalk. Sie beide hatten für den Erwerb der Postaktie im Fernsehen geworben. Auch er ein netter, intelligenter Typ. Ich konnte zu 80 % sicher sein, die Wette zu gewinnen. Es beruhigte mich, daß mir wahrscheinlich ein Telefon-Gesang mit Charly, der in Augsburg am Telefon parat saß, erspart bleiben würde.

Man hätte mir am liebsten wieder einen moderneren Schlips umgebunden, das konnte ich abwehren.

Kurz vor Beginn der Show begegnete ich meinen Wettpartnern, fünf netten Jungs aus Ulm, die, jeder mit einem Hammer ausgerüstet, eine Reihe von Nägeln in ein Brett schlagen wollen, und zwar hatte jeder Schlag in der Luft, während eines vollen Saltos zu erfolgen. Tolle, lang trainierte Nummer.

Ich strengte mich mehr als zwei Stunden lang an, gab alles, was ich an geheucheltem Interesse geben konnte, beteiligte mich deutlich, aber nicht aufdringlich am Gespräch, versuchte, einigermaßen witzige Antworten zu geben, wenn Gottschalk mich ins Gespräch zog, und stand die gut zwei Stunden in Würde durch.

Auf der Bühne lernte ich Lagerfeld (mit Fächer und schrecklichem Toupet) kennen, der sich über meinen Schlips mokierte, während er selbst auf schwarzem Hemd einen schwarzen Schlips trug. Trostlos. Außer einem Parfüm hatte er diesmal nicht viel zu verkaufen. Entzückend spontan und herzlich war Hella von Sinnen, die mit ihrer Süßen da war. Ein eher schlappes Lied sang Marius Müller-Westernhagen, ein Weihnachtslied die drei Tenöre, und das Mädel mit dem wunderbar prallen Arsch (Jennifer Lopez) sang auch etwas, das mich nicht besonders entzückte.

Das Publikum, wie überhaupt die Menschen in der Schweiz, war freundlich und angenehm.

Dann war die Show zu Ende, wir feierten im »Hilton Basel« die ganze Nacht bis 5.00 Uhr. Ich küßte unentwegt die von Sinnen, und sie küßte wieder, es war herzig und nett, und ihre Freundin, die kleine Scheel, Tochter des früheren Bundespräsidenten, war auch sehr angenehm. Die Hella agitierte ich in die Pensionskasse für freie Mitarbeiter.

Auf dem Fest traf ich den Komiker Olli Dittrich, den ich aus ehrlichem Herzen lobte und bewunderte. Er konnte nicht genug davon hören.

### So 10.12.2000

Nach nur drei Stunden Schlaf stand ich, noch halb besoffen, auf und packte Tasche und Koffer.

Beim Frühstück traf ich Olli Dittrich noch mal und reichte ein paar Elogen nach.

Mit Stempel und dem Botschafter Borer zum Flugplatz, wo wir zu früh ankamen. In der Wartezeit stand das Mundwerk von Stempel nicht stille, so daß wir prompt um ein Haar die Maschine nach Berlin verpaßt hätten. Botschafter Borer sorgte dafür, daß sie ohne uns nicht abflog. Mit einem Extra-Wagen wurden wir von der Halle abgeholt. Als ich in das Flugzeug gestiegen war, hatte ich Gott sei Dank den Mut, mich bei den wartenden Passagieren laut und herzlich zu entschuldigen. Ich war schweißnaß und wütend auf mich. Warum war ich nicht einfach aufgestanden und zum Gate gegangen? Aber auch: Warum wird im Baseler Flughafenrestaurant nichts ausgerufen?

### Di 12.12.2000

Götz Friedrich, der mich 1970 in die Komische Oper einlud, dort den Sportin' Life in Gershwins Oper »Porgy and Bess« zu singen, ist im Alter von 70 Jahren gestorben. Ich habe das damals etwa 6 Jahre lang gespielt. Nachdem Friedrich im Westen geblieben war, war Schluß mit dem Stück. Bald ging auch ich in den Westen.

So alt, wie er geworden ist, werde ich nicht werden.

Marlene fängt an, stolz auf ihren Vater zu sein. Sie hat einer Freundin erklärt, daß sie zwei Wohnungen habe. Da hat die Freundin gesagt: »Na und? Wir haben drei. Zwei in Deutschland und eine in Italien.«

### *Mi 13.12.2000*

Mit Charly Schöps telefoniert. Er sagt, es sei noch nicht gewiß, daß ich die »Goldene Kamera« bekomme. Ob das unangenehm für mich sei. »Das ist es nicht. Nur: Wenn ich am 6. Februar 2001 kommen soll, dann müßte es klar sein. ›Nominierung‹ mache ich nicht mit.«

### *Di 19.12.2000*

Abends holt Frank Beyer Otti und mich in seinem Mercedes ab und zuckelt uns in fürchterlichem Fahrstil zur Weißenseer Spitze ins dortige »Toni«-Kino, das dem Münchner Regisseur Michael Verhoeven gehört, der wiederum mit der Schauspielerin Senta Berger verheiratet ist. Dort läuft die Reihe »Verbotene Filme«. Der Saal war voll. Eine Gesprächsrunde von 4 Personen machte den Anfang: Adolf Dresen, den ich zum ersten Mal sah, Verhoeven, Egon Günther (den ich später herzlich begrüßte) und ein Moderator. Die saßen auf der Bühne und redeten eine gute Stunde. Dann Wochenschau von 1965 mit einem interessanten Ausschnitt von den Proben zu »Der Drache« mit Rolf Ludwig und Eberhard Esche, dann der Film »Spur der Steine«, sehr lang, aber sehr gut, dann Frank Beyer und ich zum Gespräch auf die Bühne. Gegen Mitternacht waren wir mit allem fertig. Seltsame Leute sprachen mich an, gaben sich aber nicht zu erkennen, zum Beispiel die Frau Gerstner, eine kleine Person mit schwarz gefärbten Haaren. Sie lobte noch einmal den Film und sagte: »Sie waren wunderbar!« Als wollte sie etwas gutmachen.

### *Do 21.12.2000*

Fax von Ingwersen: Wir liegen mit der »Tatort«-Platte bei 150.000 verkauften Exemplaren. Er hofft, daß nach dem letzten »Tatort«

diese Zahl noch einmal ansteigen wird. »›Tatort – Die Songs‹ wird mit Veröffentlichung der neuen Edition den Goldstatus erlangen«, schreibt er. Na bitte.

Heute war der kürzeste Tag des Jahres. Es geht aufwärts.

### *Frei 22.12.2000*

Der Chefredakteur der »Hörzu«, Michael Lohmann, hat mir berichtet, daß Charly und ich, zusammen mit Götz George, für unsere »Tatort«-Jahre die »Goldene Kamera« errungen hätten. Die Frage, ob ich zum Empfang am 6. Februar 2001 unbedingt in einen Smoking gekleidet sein müsse, beantwortete er auffallend heftig, beinahe beschwörend mit: »Ja, bitte. Alle Gäste im Saal werden Smokings anhaben.«

»Ich habe so 'n Ding gar nicht. Reicht nicht ein schöner, schlichter, dunkler Anzug?«

»Herr Krug, wir werden uns darum kümmern. Sie bekommen auf unsere Kosten einen Smoking.«

»Nee, nee, lassense man, ick kann mir een' koofen«, sagte ich mit müder, angestrengter Stimme.

Abends war Daniel mit Frau und Töchtern hier. Otti wollte vorab die kleinen Mädchen bescheren, weil die Daniel-Familie morgen in den Norden fährt, um dort die Schwiegereltern über Weihnachten zu besuchen.

### *So 24.12.2000*

Abends großes Entenessen im Kreise der Familie. Alles sehr fröhlich, die Enten wie immer sehr gut.

### *Mo 25.12.2000 1. Weihnachtstag*

Abends sind wir eingeladen zum Pufferessen bei Gabi Katwan.

Dort nur noch die Probrocks.

Das Gespräch befaßte sich u. a. mit dem Elend nutz- und geschmackloser Weihnachtsgeschenke, über die man sich angestrengt freuen muß.

Um halb eins waren wir zu Hause, wo wir eine große Portion Rest-Ente mit feinster Gallert-Soße und Butterbrot aßen. Ein Genuß!

### *Di 26.12.2000 2. Weihnachtstag*

Das Tolle an Stanley Kubricks »2001: Odyssee im Weltraum« ist, daß das Werk schon 1965 bis 1968 gemacht worden ist. Das kann man kaum glauben. Überall hat deshalb der Film sechs Punkte, sogar im »Gong«, alle sind sich einig, daß das ein grandioses Ding ist. Viel Symbollick, ein vier Millionen Jahre alter, polierter Steinquader, eine Horde Affen usw. – bloß ich versteh mal wieder nix und schäme mich gefälligst. Da, wo ich den Film verstehe, wo er eine Handlung hat und spannend ist, da gefällt er sogar mir. Aber wenn der Computer sein »Hänschen klein« zu Ende gesungen und sein Leben ausgehaucht hat, also ab da, wo die endlose Farbreise beginnt, um in einem Rokoko-Schloß-Zimmer aus Pappmaschee zu enden, wird es doch ganz schön langatmig. Noch mal kuck ich ihn mir nicht an.

### *Mi 27.12.2000*

»Der Herr Karl« von und mit Helmut Qualtinger auf 3sat gesehen. Ein Genie, der Mann. Aber das weiß ja jeder.

Danach auf 3sat Bruno Ganz als Faust gesehen. Bedeutender Schauspieler. Den habe ich unterschätzt, weil ich ein paar langweiligere Sachen mit ihm gesehen hatte, zum Beispiel einen Film, in dem er einen Schachgroßmeister spielt. Da wäre ich beinahe eingeschlafen. Aber hier zeigt sich Persönlichkeit, Sprache, Temperament und Witz. Das ist ungemein viel. Den Rest macht Goethe, und man spürt dankbar, daß Bruno Ganz darauf vertraut.

### *Frei 29.12.2000*

Wer sich die Musik erkiest,
hat ein himmlisch Gut gewonnen,
denn ihr erster Ursprung ist
von dem Himmel hergekommen,

weil die lieben Engelein
selber Musikanten sein.
(Inschrift auf einem alten Orgelgehäuse.)

### *So 31.12.2000*

Nachmittags mit Mühe ein Stück Konzert von 1992 in Bern gesehen. Mit dem schwarzen Pianisten Ramsey Lewis. Er und seine Musiker gehören zum Feinsten, was es in der Jazzwelt gibt.

Abends zu Moeses gefahren. Dort Beyers, Annekathrin Bürger und Gabi Katwan allein, Pröbrocks und Lünings paarweise getroffen.

Moeses haben noch immer diesen Langhaar-Hund, der im Wege liegt, an den Berliner Ballen herumschnuppert und sich jede Viertelstunde einmal gründlich schüttelt. Ich sehe dann immer als einziger eine große Wolke von Hausstaub und Gestank auffliegen, der dann Augenblicke später tatsächlich bei meiner Nase ankommt.

Bis 3.00 Uhr geblieben, dann Gabi nach Hause gefahren. An ein Taxi war natürlich nicht zu denken.

# 2001

### Mo 1.1.2001

Ich habe den schwedischen Film »Das Gesicht einer Frau« von 1938 gesehen. Ich hab's mir überlegt: Ingrid Bergman war die wunderbarste Frau in meinem Leben. Sie war mir die Schönste, die Geheimnisvollste. Wie herrlich, daß man sie noch heute in ihrer Jugend sehen kann. Filmkunst! Danke! Was für ein Gesicht, was für eine Körperhaltung. Es ist glatt möglich, daß sie die einzige Frau ist, die ich je geliebt habe. Ein Schatten bloß.

Wenn ich die neuen geliebten Kinder nicht hätte, würde ich mir überlegen, ob ich nicht auswandere. Die Nazis haben in der Neujahrsnacht vor den Augen von vier Kindern deren Mutter und zwei Besucher erschossen. Die Tote und ihre Kinder sind Asylsuchende aus Afghanistan. So viel weiß man.

### Di 2.1.2001

Punkt 13.00 Uhr ins »Nucleus«-Studio gefahren und den peinlichen Fehler ausgemerzt: »dezidiert« – »dediziert«. Noch diese Woche kommt »Bel Ami« in neuer Form auf die CD »Deutsche Schlager«. Ohnehin sind die ersten 30.000 verkauft. Wenigstens in Zukunft wird diese Stelle also richtig klingen. Sehr peinlich. Und keiner hat's gehört, ich leider auch nicht. Lateinlehrer Menge würde sich im Grabe umdrehen.

### Mi 3.1.2001

Unter »Personalien« steht im letzten »Spiegel« eine Notiz, die man komplett abschreiben sollte:

»Gore Vidal, 75, amerikanischer Autor und Kritiker (›The Golden Age‹), gratulierte dem ›president-elect‹ George Bush mit harschen Worten zur Wahl. Unter der Überschrift ›Washington, We Have A Problem‹ zählt Vidal in dem Gesellschaftsblatt ›Vanity Fair‹ die Sünden der Vereinigten Staaten auf. ›Obwohl wir regelmäßig andere Staaten als Schurkenstaaten stigmatisieren, sind wir inzwischen der größte Schurkenstaat überhaupt.‹ Begründung Vidals: ›Wir halten keine Verträge. Wir verachten Internationale

Gerichte. Wir schlagen los, wo immer wir wollen. Wir geben den Vereinten Nationen Anweisungen, ohne unsere Beiträge zu bezahlen. Wir beklagen den Terrorismus, doch unser Land ist der allergrößte Terrorist. Wir bomben, überfallen und untergraben andere Staaten.‹ Vorschlag Vidals an Bush: Amerika sollte seine Rolle als Weltpolizist aufgeben. Dazu müßte die Herrschaft der Militärs, des Pentagons, gebrochen werden, ›bevor es Amerika zerstört‹: ›Reduzieren Sie die Militärausgaben, dann können Sie legitimerweise unsere Steuern senken, statt das zu tun, wofür Sie finanziert worden sind – das Amerika des Big Business von seiner kleinen Steuerlast zu befreien.‹«

### *Do 4.1.2001*

Nachts auf Vox einen Film von 1976 (»Nea – ein Mädchen entdeckt die Liebe«, D/F, Regie: Nelly Kaplan) gesehen. In der Einstellung, in der Bennent zum ersten Mal auftaucht, was macht er da? Er nimmt seine Brille ab, um irgendwelchen Worten mehr Bedeutung zu geben, und dann? Was macht er dann? Er setzt die Brille wieder auf. Bennent. Pfui.

### *Frei 5.1.2001*

Ich habe Ottilie klargemacht, daß ich nicht immer um mitgebrachte Einkaufsware betteln möchte, sondern daß ich darauf bestehe, täglich nach meinen Wünschen gefragt zu werden. Ich möchte, daß sie in meinen Kühlschrank kuckt und notfalls selbst herausfindet, was mir fehlt.

Jetzt, da ich krank bin und nicht mehr lange zu leben habe, muß sich erweisen, daß ich mir nach einem Leben fleißigen Geldablieferns an die Familie ein Mindestmaß an Aufmerksamkeit verdient habe.

### *Sa 6.1.2001*

Es ist kurz vor 5.00 Uhr morgens, das große Otti-Fest ist gelaufen, die letzten Gäste sind gerade gegangen. Es waren die beiden von Wiechmanns, die Pröbrocks, die Moeses (von Maria eine schöne Quarktorte) und die sehr laute und intensive Erika Schamoni. Gabi Katwan hatte wunderbare geschmorte und eingelegte Auberginen mitgebracht. Von Leonore und Schiller kamen zwei riesige Schweinebraten, die vollkommen verzehrt wurden, und Josephine hatte ihren neuen Freund und einen selbstgebackenen Kuchen mitgebracht. Daniel mit ganzer Familie, und Fanny mit Daisy.

Jochen Bott wird eine neue Kneipe aufmachen. Frank Beyer gestand ich erstmals, daß ich vor 24 Jahren die Esche-Passage per Tonband mitgeschnitten[11] hatte. Karin Kiwus schenkte mir eine alte Vinyl-Platte mit ihren Gedichten. Es ist eine Lesung vom 5. Oktober 1979, die sie zusammen mit Oskar Pastior, Friederike Mayröcker und Ernst Jandl bestritten hat. Annekathrin Bürger zeigte einmal mehr, daß sie mich – sicher wegen einer Bemerkung in »Abgehauen« – nicht so gut leiden kann. Jutta und Peter Voigt trinken momentan nicht. Sohela war mit ihrem Mann da, sie sah in einem langen, grünen Atlas-Kleid entzückend aus. Von irgendwoher hatte sie ein Foto, das mich bei der Vereidigung 1968 in Finsterwalde zeigt. Roland Dahms mit neuer Freundin Marianne. Die Seebachs, die Thonkes, die Moeses, die Lünings, Marlene Bender mit Mann, Regine Bender – insgesamt etwa 37 Personen.

Jemand brachte einen Artikel von Frank Junghänel aus der »Berliner Zeitung« mit. Dort verabschiedet man sich übergründlich von mir.

### So 7.1.2001

Ein stiller Sonntag. Ich habe bis 15.00 Uhr (!) geschlafen.

Am Abend mit Otti den letzten »Tatort«, »Tod vor Scharhörn«, gesehen. Er war genau so langweilig, wie ich nach dem Drehbuch erwartet hatte, und ich muß sagen: Was nicht langweilig

---

[11] Bei einem Besuch von Eberhard Esche 1977 in Ostberlin hatte Manfred Krug das Tonband laufen lassen und den Wortlaut in seinem Buch »Abgehauen« (1996) veröffentlicht.

war, das haben wir bei der Arbeit erst hineingeschrieben. Da biß die Maus noch nie einen Faden ab.

Der Schluß (»Bye bye Blackbird«) war rührend, wie geplant. Ich bin gespannt auf die nächsten »Tatorte« aus Hamburg.

Ein Fax von Ulli von Wiechmann. Sie sendet ein Interview, das Jürgen Roland im »Berliner Tagespiegel« gegeben hat und das eine Liebeserklärung an Charles und mich und an unsere »Tatorte« ist. Das Härteste, was ich je Gutes über mich gelesen habe.

### *Di 9.1.2001*

Einige recht doofe Abschiedsartikel sind von Freunden ausgeschnitten worden, darunter einer vom 7. 1. aus der »B.Z.«, deren neuer Chefredakteur Herr Gafron ist: »DANKE, MANNE. SCHADE, DASS DU GEHST« – und dann kommt dies und jenes.

Den Vogel schießt die Blödzeitung ab mit der Überschrift »MANFRED KRUG: MEIN LEBEN IST EIN EINZIGER GESUNDHEITLICHER ZERFALL«. In Wahrheit hatte ich auf die Frage, wie ich mich gesundheitlich fühle, in einer Pressekonferenz vor einem Jahr gesagt: »Ach wissen Sie, das ganze Leben ist nichts anderes als ein gesundheitlicher Verfall …« – was eine etwas intelligentere Bemerkung ist.

### *Do 11.1.2001*

Am Nachmittag Besuch von Helge Braune, der sich zur Zeit nach einem der Lenin-Freunde »Bontsch-Brujewitsch« nennt. Ich habe ihn sehr gern. Er hat sich, als Otti und ich rüberkamen, als hilfsbereiter Mensch erwiesen, der uns mit den Kindern monatelang seine Wohnung zur Verfügung stellte und sie selbst verließ. Unten an seiner Haustür stand ein falscher Name, nämlich »Eupin Schnabel«. Vor wem er sich damit verstecken wollte, haben wir nie herausgefunden. Ich werde ihn nicht zu meinem Geburtstag einladen, damit ich nicht allen Leuten erklären muß, daß der Genosse Bontsch-Brujewitsch ungefährlich ist.

Nachts beim Zappen auf Vox eine schreckliche Filmgurke von 1984 gesehen. Titel: »Tausend Augen«. Regie und Buch:

Hans-Christoph Blumenberg. Sogenannte Spitzenbesetzung: Barbara Rudnik, die war wenigstens schön; Armin Mueller-Stahl, der hat in der Brillenrolle glatt die Brille abgenommen; Karin Baal; Gudrun Landgrebe; Hannelore Hoger; Vera Tschechowa; und als Schmankerl, und der war mit Abstand der Beste: Peter Kraus. Ansonsten: Versuch eines Kunst-Thrillers, bestehend aus Pausen, die sie alle nicht füllen konnten, und Minchen hat sie sogar verlängert.

***Frei 12.1.2001***

Hübenthal war hier und hat mir viele Konzert-Termine gebracht. Er freut sich. Alle Veranstalter berichten über reißenden Absatz der Karten. Er sagt: »Ich könnte leicht 100 Konzerte pro Jahr abschließen!«

***Sa 13.1.2001***

Vor meiner Oma hatte ich Ehrfurcht, vor meinem Vater hatte ich eher Furcht.

***Di 16.1.2001***

Fax von KüsterCom. Die Agentur soll in der 2. Februarhälfte im Auftrag von Schenk die Überreichung der »Goldenen Schallplatte« in Hamburg organisieren. Sehr schön, daß zwei Herren im Rentenalter sich dieser immer seltener werdenden Trophäe erfreuen können. Denn im Zeitalter des »Runterladens« werden kaum noch Platten verkauft. Damit könnten wir die ältesten Typen sein, die als Interpreten in Deutschland je die »Goldene Schallplatte« errungen haben.

***Do 18.1.2001***

Gegen 14.00 Uhr mit der üblichen Verspätung in Berlin losgeflogen. Die Entschuldigung für die Verspätung wird stereotyp: Die aus »X« gekommene Maschine hatte Verspätung, deshalb wird der Rückflug jetzt auch Verspätung haben.

In Frankfurt ein langer Fußmarsch über den riesigen Flugplatz, um den manchmal schlecht ausgeschilderten Meeting Point zu finden. Nach einer Viertelstunde fand ich ihn und dort auch den Herrn, der mich in seinem »FAZ«-Dienstauto eine knappe Stunde lang nach Nidda fuhr und mir unterwegs allerlei Geschichten erzählte.

In Nidda wohnte ich im »Hotel Jäger« in der Kurstraße. Nette Leute dort. Abends in der größten Halle am Ort die Veranstaltung, der Saal rammelvoll, ca. 800 Menschen.

20 Minuten eine Mini-Talk-Show auf der Bühne, was sehr zweckmäßig ist. Dann die 2-stündige Lesung, die so heiter verlief wie noch nie. Ein wunderbares, rasch auffassendes Publikum, das sich auch über meine Gedichte köstlich amüsiert hat. Deutlich zu merken, daß dieser Lesung 51 andere vorausgegangen waren, was eine erzieherische Wirkung hinterlassen haben muß.

Das neben dem Lesesaal liegende Restaurant war schrecklich. Die Speisekarte erinnerte mich an die DDR der sechziger Jahre. Ich nahm in der Verzweiflung ein Käsebrot, welches auch beschissen war.

## *Sa 20.1.2001*

Es gibt im BR3 eine Sendung, die heißt »Telekolleg Deutsch«. Dort habe ich den großen Meister Dr. Reinhold Neven DuMont im Interview nach 15 Jahren wiedergesehen, mit vergrößerter Glatze und gräulicherem Resthaar. Das ist der Mann, der damals den genialen Schriftsteller ☺ in mir nicht erkannt hat.

Auf die Frage, wie er selbst herausfinde, was ein lesens- oder druckenswertes Buch sei, sagte er, er sei da auf Freunde und ihre Tips angewiesen, aber er lasse sich auch von den Feuilletons anregen, die er eifrig beobachte. Das habe ich mir gedacht.

## *So 21.1.2001*

Die Enkelin von Sigmund, Sophie Freud, auf die Frage, ob sie optimistisch in die Zukunft blicke: »Nein. Das tue ich nicht. Und das wird mir beim Sterben helfen. Was auf die Kinder zukommt: Die Ozeane werden steigen, die Erde wird sich erwärmen.«

Gespräch Günter Gaus mit Inge Keller. Sie stammelt, sie grübelt, sie weiß nicht mehr so recht. Ihr Leben sei kaum wert, sich daran zu erinnern. Es habe nie ein Paradies von Erinnerungen gegeben, also könne sie auch nicht daraus vertrieben werden. Er fragt sie nach der politischen Grundhaltung ihres Lebens, nach dem Front-Theater, das sie einst in Paris gespielt hat, nach Schnitzler ... Ein politischer Mensch sei sie nicht gewesen, alles aus'm Bauch usw.

Sie war immer und ist noch von unglaublicher Naivität, sie hatte immer Schiß, sie war immer geil auf junge Typen, sie war immer harmlos, sie hat immer die Grande Dame gegeben, und damit hatte sie genug zu tun.

Gaus: »Wenn Sie zu Hause allein sind, können Sie sich selbst ertragen?«

Keller: »Manchmal ist es eine Qual.«

Solche Interviews werde ich mir nicht antun.

Abends beim Zappen versehentlich auf MDR »Minna von Barnhelm« (1962) gesehen, darin spielte ich unter dem geliebten Martin Hellberg den Wachtmeister Werner. War erstaunt, daß es sich doch um ein richtiges Röllchen handelte. Es war der erste Film, in dem ich während einer Schienenfahrt[12] ein größeres Päckchen Text abgelesen habe, und den hat kein geringerer auf eine Pappe geschrieben als der Leninfriedens- und Weltfriedenspreisträger Martin Hellberg. Dafür liebe ich ihn bis zu meinem letzten Tag, denn seither habe ich nie mehr im Text gehangen.

### Mo 22.1.2001

Wissenschaftler rechnen damit, daß in den nächsten 100 Jahren die Erde sich um 5,8° erwärmt, das bedeutet, daß der Meeresspiegel um 90 cm steigt. Millionen und aber Millionen Menschen werden umsiedeln müssen.

---

12 Die auf einem Dolly montierte Filmkamera fährt parallel zum gehenden Schauspieler.

Und ich werde in 2 Jahren nicht mehr laufen können.

### Mi 24.1.2001

Man hat erforscht, daß in deutschen Familien die Artikulationsfähigkeit und der Wortschatz der Kinder immer schlechter werden. Man nimmt an, daß die Eltern immer weniger mit den Kindern reden und die Kinder so immer sprachloser werden. Das ist bei Marlene ganz und gar nicht der Fall. Sie ist sprachlich brillant.

Hübenthal hat mich zur Probe abgeholt, die im Wohnhaus von Henning Protzmann stattfand. Dieses Haus liegt am Ende der Welt.

Unter anderem mit Leta Davis »Mach's gut, ich muß gehn ...« einstudiert. Auf der Rückfahrt mit Hübenthal über die Möglichkeit gesprochen, Fanny mal als Sängerin – zusammen mit ihrem Vater – einzusetzen. Kann sein, daß das die Leute ein bißchen rührt.

### Do 25.1.2001

Fanny hat heute Geburtstag, deshalb hat sie ihr süßes Kind Daisy hier abgeliefert. Otti und ich lieben das Kind, ich habe mit der Kleinen ein halbes Dutzend Kinderlieder gesungen. Aber Fanny gibt die Kleine auch öfter bei Petra ab, so daß Nichte (Daisy, 3 Jahre) und die Tante (Marlene, 5 Jahre) einander bestens kennen.

Um 1.00 Uhr kam Otti noch mal rüber, und wir erinnerten uns an den Tag, an dem Fanny geboren wurde. Ich habe es auf Band aufgenommen.

### Frei 26.1.2001

Heute einen entzückenden Absage-Brief von Ebi Esche bekommen, der am 10.2.2001 in Meiningen den »Hasen« lesen muß und deshalb nicht zum Geburtstag kommen kann. Er hat sich über die 3 Schallplatten gefreut, aber auch über die Ankündigung, daß ich ihm noch was zu verraten hätte, was er schon wisse. Er hat eine neue, seine letzte, Adresse.

**So 28.1.2001**
Schweres Erdbeben in Indien: 7,9 Richter. Man rechnet mit bis zu 20.000 Toten nach dem Erdbeben. Die Bauindustrie in Indien ist ebenso korrupt wie die in der Türkei und in Griechenland. Alte, solide gebaute Häuser sind auch hier erhalten geblieben.

Anruf von Hübenthal: Er will ab September mit Fanny als Sängerin auf Tournee gehen.

Von Frau Beate Wedekind habe ich 6 Seiten Anweisungen erhalten, was alles bei der Verleihung der »Goldenen Kamera« zu bedenken sei. Zum Beispiel wünscht sie sich am 5.2., also einen Tag vor der Verleihung, von 20.00 bis 23.00 Uhr ein Zusammentreffen aller Ausgezeichneten im 19. Stockwerk des Springer-Hochhauses, damit sie sich schon mal ein bißchen aneinanderkuscheln können. Ich werde den Teufel tun.

Nach der Wende, aber auch schon nach meinem Weggang aus der DDR, bin ich nur ein einziges Mal in eines der ehemals sozialistischen Länder gereist, und das auch nur, weil ich dort drehen mußte. Nicht mehr in mein geliebtes Bulgarien, nicht in das schon immer elende Rumänien, nicht nach Prag, nicht nach Polen, nicht nach Budapest und schon gar nicht in das schon immer mürrische und unfreundliche Rußland. Keine Sehnsucht dorthin. Immer muß ich an die Zeiten denken, da wir als DDR-Bürger, als sozialistische Menschen aus den Bruderländern, von den Kellnern wie die letzten Penner behandelt wurden, weil unser Geld nichts wert war. Wir waren ungeliebt in Hotels, in Restaurants, in Taxis, in Cafés. Was ist aus Bulgarien geworden? Es ist von der Welt vergessen. Die Westdeutschen kamen nur dorthin, weil sie selbst arm waren oder weil sie dort Verwandte aus der DDR treffen wollten. Ich will alle diese Länder nicht mehr sehen, weil sie mich damals so beschissen behandelt haben. Zur Strafe und wegen der schlechten Erinnerungen will ich nicht dorthin. Schon wenn ich Teile der alten DDR sehe, kann mir heute noch übel werden.

***Mo 29.1.2001***

Gestern sah ich im Fernsehen einen Film über Leuchttürme und Leuchtturmwärter. Ist ja ein Völkchen für sich. In Leuchtturmwärterkreisen gab es ein Wort über die 3 verschiedenen Standorte von Leuchttürmen: »Leuchtturm auf dem Festland – Paradies. Leuchtturm auf einer Insel – Fegefeuer. Leuchtturm auf See – Hölle.«

***Do 1.2.2001***

Ich habe einen Brief an Fanny geschickt, sie soll mit Üben anfangen und sich bei Protzmann melden. Abends kam sie vorbei, um Daisy abzuholen. Bei der Gelegenheit habe ich sie gefragt, wer auf ihrer Schauspielschule die Älteste sei. »Ich …«, sagte sie kleinlaut. Und ich sagte großlaut: »Na, siehst du? Dann ruh dich nicht zu lange auf dieser Schule aus. Du bist ein altes Mädchen. Kuck, daß du auf die Bühne kommst. Erst kommt die Bühne, dann die Schule. Die Schule ist nur ein Steckenpferd.« Das war alles, was ich an Briefing losgelassen habe. Jetzt soll sie es sich überlegen.

***So 4.2.2001***

Bei Otti gab's eine wunderbare Ente. Trotzdem mußte ich erst den leichten Ekel überwinden; denn man hört, daß auch Geflügel mit dem gleichen Tiermehl gefüttert wird wie die BSE-kranken Kühe. Der Meensch is a Ssau. Und dann war ich satt und müde.

***Di 6.2.2001***

Abends wurde ich von einer Journalistin des Springer-Verlages (»Hörzu«) abgeholt. Otti hatte ihr großes Schwarzes angezogen. Ich im Frack mit Fliege und Lackschuhen. Vor dem Schauspielhaus am Gendarmenmarkt ein paar Kinder, die ihre Autogrammbücher schwenkten. Treppe hoch, rein in das Foyer, gleich ein RTL-Team mit Mikro und Kamera und der Frage: »Auf welchen der Gäste freuen Sie sich am meisten?« Ich sagte: »Auf den Bundeskanzler. Oder hat der etwa abgesagt?« Kurzes betretenes Grinsen. »Ich weiß ja nicht, wer kommt! Erst wenn ich weiß, wer kommt, kann ich mich richtig freuen«, sagte ich. Dann sagten die: »Na, es kommt zum Beispiel Sasha.« Ich sagte begeistert: »Sascha Hehn? Das wußte ich gar nicht, daß der kommt.« – »Nein, Sasha, der Sänger!«, sagten die. »Den kenne ich leider nicht«, sagte ich wahrheitsgemäß. »Und Ricky Martin?« – »Ich bin aus ’ner anderen Generation«, sagte ich, »tut mir leid …« Später stellte sich heraus, daß diese beiden je ein Lied sangen und jeder eine »Goldene Kamera« mitnahm.

Ansonsten war von der Organisation her alles sehr dünn. Sie wollten mich aus dem Zuschauerraum in eine Maskenbildnerei zum Schminken holen. Nichts davon. Ich mußte mit meiner lila Nase vor die Kamera. Ich spürte, daß die ganze große Arschbande der Schauspieler und Schleimer mich kühl behandelte. Sie tanzten um die Bosse des Springer-Imperiums herum, und niemand hatte Lust, sich mit dem Schauspieler zu zeigen, der in fast jedem »Tatort« die Hauptzeitung, nämlich »Bild«, madig machte und auch sonst despektierlich mit der gesamten Hecheljournaille und teils sogar mit den Wichtigtuern der eigenen Branche umspringt.

Es ist alles in Ordnung. Ich habe mich selbst im Laufe der Jahre ins Abseits gestellt, den Haufen verlassen. Und nun werde ich entsprechend wie ein Aussätziger behandelt. Es ist alles in Ordnung. Ich wollte es nicht anders.

Es wurde versucht, mit einer auf einem Riesenbildschirm in den Saal übertragenen Schwellbalken-Grafik den Leuten klarzumachen, daß sich das Publikum bis auf die Kommastelle genau für Götz Georges »Tatorte« mit gleicher Stimmenzahl entschieden habe wie für unsere. Ich bezweifle das. Das ist unter Ausschluß des Rechtsweges gezählt worden, und für mich ist klar: Es ging darum, Charly und mir sozusagen nur die halbe Auszeichnung zu geben. O.k. Das haben viele Leute bemerkt, und viele haben es mir gesagt.

Der Abend war lang und zäh. RTL-Künstler und Privat-TV-Künstler aller Art, Leo-Kirch-Künstler aller Art, Hella von Sinnen, Jauch und Konsorten, lauter Leute, die immer alles richtig machen, zogerten und schleppten den Abend heiter dahin.

Ein weiterer Affront: Ottilie und ich waren durch Platzkärtchen ausgesucht häßlich plaziert worden, und zwar so, daß wir an der engsten Stelle zwischen zwei Tischen saßen. Dort quetschten sich alle hindurch. Wir saßen so, daß wir nicht in den Saal sehen konnten. Wir glotzten an eine Wand. Der ovale Tisch hatte 24 Stühle. An der miesesten Stelle saßen wir, links von uns ein ehemaliger amerikanischer Botschafter namens Kornblum mit Frau, rechts Charly Schöps mit Frau und am anderen Ende ein Jungdynamiker aus der Springer-Führungsetage, der schien zu beobachten, wie unwohl wir uns fühlten. Einmal sprach er mich an: »Finden Sie es nicht erstaunlich, Herr Krug, daß der Zufall haargenau die gleiche Abstimmungsquote zwischen Ihnen und George hervorgebracht hat?« Ich bügelte ihn kurz ab: »Lassen Sie uns da nicht länger drüber reden.« Und dann fand ich einen Spontan-Reim:

»›Zufall kommt oft<br>
ganz unverhofft‹,<br>
sagt der Volksmund.<br>
Und Euripides sagt:<br>
›Des Zufalls Wege sind uns unbekannt.<br>
Sie zu berechnen, lehrt uns keine Kunst.‹«

Der Springer-Yuppie lächelte ein bißchen dümmlich, und der Dialog war beendet.

Alle anderen Stühle um den Tisch herum waren unbesetzt, und sie blieben unbesetzt. Alle anderen Tische im Saal waren besetzt.

Nach 40 Minuten verließen wir den Laden als erste und gingen 100 Meter weiter zu »Lutter & Wegner«, wo ich auf Hubertus Meyer-Burckhardt (mit Gemahlin) aus der »NDR Talk Show« stieß. Dann waren da noch Schöps und Ehefrau Heidi, Dr. Willich mit Gemahlin und Herr Schöndienst mit Gemahlin.

Ich soff mir mit einem gefährlichen Zeug, das ich schon 30 Jahre nicht getrunken habe, einen an: mit Gin & Tonic.

### *Mi 7.2.2001*

In der Sendung »Brisant« zeigten sie die Verleihung der »Goldenen Kamera«. Von mir keinen Mucks. Das ist die Strafe für jahrelange »Brisant«-Verweigerung. Ich hab's nicht besser verdient.

### *Do 8.2.2001*

Von Plauen in das Hübenthal-Dorf gefahren, dort hat Bickel den Hund gefüttert, dann weiter nach Bad Muskau, direkt an der polnischen Grenze.

Kurz vor der Vorstellung kommt Waltraud (Walle) Belicke im Hotel an. Sie sei (mit ihrem 3. Mann) meinetwegen von Berlin gekommen. Ob ich mich erinnern könne, wir hätten vor 35 Jahren einmal über Ganghofer gesprochen. Sie reicht mir ein eingepacktes Buch: »Hier, für dich.«

Der kleine Saal voll (250 Menschen), das Publikum ist das einzige in Deutschland, welches auf 2 & 4 mitklatschen kann, statt auf 1 & 3. Die Veranstalterin sagte, es habe 40 Minuten gedauert, dann seien die Karten ausverkauft gewesen.

Ich plauderte mit den Leuten über den Park, über Hermann von Pückler-Muskau, über die dunkle Machbuba, die er auf einem Sklavenmarkt gekauft habe usw.

Die Leute waren von Konzert und Lesung sehr angetan, auch von Leta Davis.

Viele Damen brachten Geburtstagsblumen, ein Herr reichte einen schönen Kugelkaktus auf die Bühne. Herzliche Atmosphäre.

### *Frei 9.2.2001*

Bis 11.00 Uhr geschlafen. Dann nach Chemnitz aufgebrochen.

In der Stadthalle sollen 1.400 Karten verkauft sein, später stellte sich raus: es waren 1.650 Karten, total ausverkauft.

Zimmer im 22. Stock des Hotels »Mercure«, nur zum Ausruhen. Schrecklichen Fraß zu Mittag gegessen: Rostbrätel mit einem Flatschen vorgefertigter gebratener Zwiebelringe über dem aufgetauten Fleisch. Gräßlich, aber heute in Hotels normal.

Ein Brief von Hans Ziegler, mit dem ich 1968 in Doberlug-Kirchhain auf einer 16-Mann-Stube gedient hatte. Viele schöne Blumen, Briefe, Pralinen usw.

Nachts nach Berlin gefahren worden.

Zu Hause habe ich das Geschenk ausgepackt, das mir Waltraud Belicke in Bad Muskau überreicht hatte. Es war ein gräßlich parfümierter Band von Ludwig Ganghofer, »Die Trutze von Trutzberg«. Weiß der Teufel, wieso sie denkt, ich hätte Freude daran. Hab ich gleich weggeschmissen. Frauen verlieren im Alter jegliches Gefühl für Parfümdosierung.

### *Sa 10.2.2001*

Das Fest war sehr schön.

Stefan Heym hat mir eine Meißener Tasse und eine vom Dekor nicht passende Untertasse, beide Ende 18tes, mitgebracht. »Du warst vor 30 Jahren mal bei uns zu Hause. Da setztest du dich vor die kleine Vitrine und fragtest, ob du dir die Tasse einmal anschauen dürftest. Du nahmst sie dann sehr zärtlich in deine großen Pfoten und erzähltest, wie alt und selten und schön diese Tasse sei. Daran habe ich mich heute erinnert. Bitte nimm sie als Geschenk. Ich kann sie ja nicht mit ins Grab nehmen.«

Ich war zutiefst gerührt. Ich schenkte den beiden ein Exemplar »Schweinegezadder«.

Und Klaus Poche brachte ein altes Foto mit, auf dem er und ich in einer Leipziger Buchhandlung im Jahr 1965 zu sehen sind. Ich stellte damals für 500,- Mark Ost sein Buch »Der Zug hält nicht im Wartesaal« vor, indem ich etwa die Hälfte davon vorlas.

Später erzählte Frank Beyer ein Beispiel, wie Ottilie Witze erzählt.

Der Witz:

Ein Mann kommt zum Arzt und sagt, er habe Potenzprobleme. Der Arzt gibt ihm ein Pülverchen, das der Mann im Deckel seiner Taschenuhr aufbewahrt. Als er nach Hause kommt, stell er fest: Die Uhr steht.

Ottis Version:

Als er nach Hause kommt, stellt er fest: Die Uhr geht nicht.

Ich gebe zum besten, daß auch der große Schauspieler Ekkehard Schall ein schrecklicher Witzerzähler sei.

Der Witz: Zwei Flöhe kommen aus dem Kino, und es regnet. Sagt der eine Floh: »Gehen wir zu Fuß oder nehmen wir einen Hund?«

Schalls Version: »Gehen wir zu Fuß, oder nehmen wir ein Taxi?«

### So 11. 2. 2001

Heute habe ich die »Goldene Kamera«, die sich nach wenigen Berührungen selbst zerlegt hatte, eingepackt und, mit einem leicht grantigen Briefchen versehen, an die »Hörzu«-Redaktion nach Hamburg geschickt. Sie sollen das Ding von der Firma reparieren lassen, die den Ausschuß produziert hat.

### Mo 12. 2. 2001

Auf einen Brief von Jürgen Kindervater vom 7.2.2001 geantwortet. Er fragt darin, ob ich im Juli bei der Tour de France einen Tag für das Radfahrerteam der Telekom frei hätte. Ich habe zugestimmt und warte auf den Termin und auf die Reiseunterlagen.

Neueste Forschungen haben ergeben, daß Bettnässerei bei Knaben keineswegs psychische Ursachen hat, wie bisher vermutet. Vielmehr produziert die Hirnanhangdrüse ein bestimmtes Hormon in falscher Menge. Man behandelt inzwischen mit schmerzfreier Laser-Akupunktur, deren Erfolg sich schon nach etwa 5 Behandlungen einstellt.

### Di 13. 2. 2001

Mit Fanny gründlich telefoniert: Sie soll mit Hübenthal reden, ob alles klargeht, damit sie nicht die Schauspielschule umsonst verläßt.

Die »Reichswasserleiche« Kristina Söderbaum, eine Schwedin, die mit Veit Harlan verheiratet war, ist heute mit 88 Jahren gestorben.

### *Do 15.2.2001*

Einladung von Stefan Raab in seine Sendung »TV total« bekommen. Obwohl ich den Mann sehr lustig und originell finde, werde ich ganz lieb absagen, denn ich finde den Raab einen musikalischen und zur Komik begabten Menschen. Nun macht er statt einer Sendung deren vier pro Woche, da wird's natürlich eng. Man muß sagen: Die kriegen alle den Hals nicht voll.

Kirk Douglas (Issur Danielowitsch) dreht trotz eines Schlaganfalls und des stolzen Alters von 84 Jahren noch immer Filme. Der hat Lebenskraft!

### *Frei 16.2.2001*

Heute kommen – nach einem Zoobesuch – die Kinder. Alle Geburtstagsgeschenke stehen noch drüben auf dem Klavier. Ich habe sie rübergeholt, um sie zusammen mit Marlene auszupacken.

Marlene badet mit ihrer Mama. Als die Kleine im Bett ist, erzählt Petra: »Marlene weiß jetzt, wie du heißt. Woher, weiß ich nicht. Sie haben im Kindergarten über Stief- und Halbgeschwister gesprochen. Marlene befaßt sich sehr mit diesen Themen. Sie will wissen, ob Daniel, Josephine und Fanny ihre Halbgeschwister seien. Es wird wohl bald so weit sein, daß alles ›rauskommt‹.«

»Dann kann ich's auch nicht ändern«, sage ich. Ich bin jetzt Rentner, alle können mich mal ...«

### *Sa 17.2.2001*

Der neue amerikanische Präsident hat offenbar seinen Papa gefragt, was er mit Saddam Hussein machen soll, und Papa hat gesagt: »Hau drauf«. Da hat er draufgehauen. Die Amis haben jedenfalls mal wieder den Irak bombardiert.

Anruf von Protzmann, der plötzlich empfiehlt, Hübenthals Bäume nicht in den Himmel wachsen zu lassen. »Die Veranstalter«, sagt er, »stopfen sich die Taschen gar zu voll. Wir sollten aufpassen, daß wir nicht zu viel machen und nicht zu große Säle akzeptieren. Pro Stadt und Jahr ein Konzert, das muß genügen.« Gute Einsicht. Sonst sind wir bald am Ende.

Helen Vita, die sehr witzige Sängerin und Schauspielerin, ist gestern im Alter von 72 Jahren nach einem Krebsleiden gestorben.

### *So 18.2.2001*

13.30 Uhr Abholung durch Hübenthal & Bickel und Fahrt nach Schwerin.

Die Stadt wird schöner. Pfaffenteich und die umgebenden Häuser – wunderbar. Erinnert an Hamburg, ist aber zierlicher und heimeliger. Das Schloß ist fast ganz restauriert, es sieht jetzt wunderbar aus. Wie ein Märchenschloß.

Im Hotel auf Fanny getroffen.

Abends begehrte ein Kamerateam vom NDR Einlaß ins Theater; sie wollten das Konzert abfilmen und aufzeichnen. Diese Leute glauben, alle Künstler wünschen sich nichts sehnlicher, als daß ihre Arbeit aufgezeichnet und dann vom Fernsehen beliebig abgenudelt würde. Ich habe mir verbeten, daß die Burschen mit einer Kamera ins Theater kommen.

### *Montag 19.2.2001*

Heute ist in Wien der mit 7 Millionen Mark Schulden behaftete traditionsreiche Zirkus Louis Knie versteigert worden.

Mit Hübenthal verabredet, daß Fanny demnächst mit der Band 5 Titel probiert. Dann soll eine Art Probekonzert, zu welchem Leta nicht gebeten werden wird, mit Fanny stattfinden. Das wird für sie nicht leicht sein, weil es eine Bewährungssituation für sie sein wird.

Es gibt ein feines Zusammenspiel zwischen Protzmann und Hubenthal. Sie lenken mich ein bißchen, horchen mich ein bißchen aus. Hübenthal erzählt mir im Auto: »Der Henning hat sich ja nun von allen Bands, in denen er nebenbei noch spielte, abgenabelt. Deshalb ist er natürlich interessiert, möglichst viel über die Zukunft zu erfahren. Was meinen Sie, Herr Krug, was im nächsten Jahr sein wird?«

»Wenn ich mich gut fühle, kann ich weitermachen. Das entscheidet Gott allein.«

### *Sa 24.2.2001*

Heute habe ich Otti vorgeschlagen, daß ich Daisy auch gern mal nehmen würde und daß es sich anbietet, Marlene gleich dazu zu nehmen. Die Kinder kennen sich ohnehin. Das fand sie gut, sie würde darauf gegebenenfalls zurückkommen.

### *So 25.2.2001*

Mit Otti in den großen Sendesaal des Funkhauses in der Masurenallee zum letzten Rias-Big-Band-Konzert unter der Stabführung von Peter Herbolzheimer gefahren. Ausverkauft. Etwa 1000 steinalte Menschen. Auch die 90jährige Witwe von Walter Dobschinski (»Dob's Boogie«), die mich nett ansprach und der ich den Boogie sogleich runtersingen konnte. Interessant, wie viele Leute doch ihre Liebe zum Swing durch die Nazizeit gerettet haben. Ebenso wie ich.

Wenn man so wunderbar und so schön ist wie Audrey Hepburn in der letzten Einstellung des Melodrams »Infam«, dann kann man ins Off jedes noch so traurigen Filmes gehen, in ein hoffnungsvolles, neues Leben.

### *Di 27.2.2001*

Nachdem ich in Chemnitz auf der Bühne die Geschichte von dem Strumpfkoffer erzählt hatte, meldete sich eine Frau vom Strumpfmuseum Gelenau in Thüringen und fragte, ob ich mir vorstellen könnte, daß meine Frau einige Paar Strümpfe an das Museum spendet. Heute kam ein Erinnerungsbrief, aber Otti wollte nicht einen Strumpf hergeben. Unfaßbar. Ich habe dem Museum geschrieben, daß ich, falls ich nach ihr sterben sollte, die Sache erledigen würde. Mit Otti bekam ich ein bißchen Krach. Was will sie im Grab mit all den Strümpfen?

***Do 1.3.2001***

In Bayern 3 (20.15–21.00 Uhr) habe ich in der Sendung »quer … durch die Woche« von dem Kabarettisten Christoph Süß mal richtig eins auf die Labbe gekricht. Es geht um die süßen kleinen Kleinanlegerchen, die allesamt mit der T-Aktie abgestürzt sind. Der Mann hat recht. Man soll nie was kaufen, das mit der Silbe »Volks…« anfängt. Und Volksaktien schon gar nicht. Ich selbst habe sie gekauft und halte sie, zur Strafe wie auch zum Dank sozusagen, bis zum Tod.

***Frei 2.3.2001***

Klaus Doldinger hat mich angerufen und gefragt, ob ich in der Kölner Philharmonie ein paar Lieder von unserer »Tatort«-Platte singen würde. Ich rief an und sagte, daß ich dazu zu feige bin.

Ich habe im Fernsehen noch einmal »Thelma und Louise« gesehen. Da lernen wir Männer auf die heiterste Weise, was für Arschlöcher wir sind. Und dabei denke ich nur an die anderen Männer. Klar. Warum ist es mir nie geglückt, auch nur ein einziges Mal in einem so schönen Film besetzt zu werden? Den Film noch mal zu sehen, war wie ein Abschied von zwei geliebten Frauen, mit denen es nicht geklappt hat. Geena Davis ist die schönste und anrührendste unter den häßlicheren Frauen. Und von den langen Frauen ist sie die mit dem schönsten Hintern. Der Hintern in den Jeans – kuckt euch den Film an! Und wie sie sich bewegt! Wie sie geht! Dabei hat sie trotzdem so 'ne irgendwie eingeschnappte, hilflose Gusche. Ich habe mir den Film reingezogen, bis das Cabrio endlich über den gottverdammten Grand Canyon fliegt.

***So 4.3.2001***

Klaus Poche hat angerufen. In der »Blöd am Sonntag« stehe ein Artikel, an dem ich beteiligt sei. Ein Leser, der mir einen privaten Klage-Brief über den traurigen Stand der T-Aktie geschrieben hatte, veröffentlicht meinen Antwort Brief an ihn heute in

»Blöd«: »Aktien stehen manchmal hoch, und manchmal stehn sie niedrich …«[13] Vielleicht war dieser Leser von vornherein nichts anderes als ein Agent der »Blödzeitung«. Der Mann heißt Jan Schiebold.

Gott sei Dank lag der Brief an den Herrn noch drüben bei Otti. Inzwischen ist folgendes passiert: Nicolas Becker ruft mich an, er habe den Artikel in »Bild am Sonntag« heute gelesen. Es sei der Aufmacher der »BamS«, über dem Bruch[14], also müßten sie auch über dem Bruch und in entsprechender Aufmachung zurücknehmen, das werde ihnen wehtun.

3 Minuten später ruft Klaus Priebe an, ebenfalls wegen des Artikels. Herr Kindervater hätte in meinem Brief einen feineren Ton bevorzugt, sagte Priebe. »Das ist nun mal mein Originalton«,

---

[13] Hier der vollständige Wortlaut des Briefes von Manfred Krug:

Sehr geehrter Herr Schiebold,
es liegt im Wesen der Aktien, daß sie unentwegt schwanken. Deshalb muss man sie gut beobachten. Mann sollte den bekannten Leitspruch beherzigen:
»Manchmal stehn die Aktien hoch,
und manchmal stehn sie niedrich,
ein Auf und Ab, grad wie beim Arsch
vom alten Kaiser Friedrich.«
Als die T-Aktie bei 100 Mark stand, hätten Sie sie verkaufen können. Das wäre ein schöner Reibach gewesen, und sicher hätten Sie mir keinen Dankesbrief geschrieben. Und haben Sie reagiert, als sie bei 90 Mark stand? Und bei 80? Und bei 70?
Wahrscheinlich konnten Sie den Hals nicht voll kriegen und haben darauf gewartet, dass die Aktie steigt und steigt. Jetzt muß ich mir Ihr Gejammer anhören.
Ich habe von Banken schon Profi-Tips erhalten und bei Aktien Geld verloren. Aber gejammert habe ich nicht.
Es tut mit leid, daß ich Ihnen nicht anderes sagen kann, als das, was jeder vernünftige Mensch sagen würde. Ich habe in der Werbung nie versprochen, daß Sie – mit welcher Aktie auch immer – einen Gewinn machen werden.
Mit freundlichen Grüßen
Manfred Krug
PS: Wieviel haben Sie denn verloren?

[14] Der Aufmacher hatte die Überschrift »Manfred Krug verhöhnt Telekom-Aktionäre«.

sagte ich. »Wenn ich gewußt hätte, daß der Brief in die Zeitung kommt, hätte ich einen feineren Ton angeschlagen.« Die Anwälte der Telekom würden morgen ein gemeinsames Vorgehen mit mir verabreden.

Man muß sehen, ob der Brief in die Zeitung durfte. Man muß sehen, ob ich die Anleger »verhöhnt« habe.

Nachts um Viertel eins sendet Charly Brauer mir ein Fax aus dem Marriott in Frankfurt: »Lieber Manfred, heute kurz vor der Vorstellung sah ich Dein Konterfei in der Bild-Pinkel-Zeitung. Wenn es irgendwas gibt, wo ich mittun kann, laß es mich bitte wissen. Sei umarmt Dein Charles.«

Ich rief ihn an und erzählte ihm, was los ist, und daß ich den Brief okay finde. Das fand er auch.

### *Mo 5.3.2001*

Pünktlich um 14.00 Uhr mit Herrn Hübenthal losgefahren nach Jena. Vorher die Hölle. Faxe und Anrufe hin und her zwischen mir, Klaus Priebe, Herrn Kindervater und dem Telekom-Justiziar. Dazwischen noch mit meinem RA, der mir von Nicolas Becker empfohlen worden war. Die Telekom-Leute rieten mir von jeder Gegenwehr ab. Das habe ihnen der berühmte Presse-Anwalt Prinz so empfohlen. Nach langem Hin und Her habe ich mich bereiterklärt, mich bei den Telekomaktionären, wenn sie denn meine Zeilen mißverstanden hätten, zu entschuldigen. Bin aber bezüglich der Gegenwehr hart geblieben und habe den Rechtsanwalt beauftragt, alles zu tun, um die »Bild«-Zeitung zu ärgern. Murrend stimmten sie endlich zu.

Eigentlich ist es ja ganz praktisch, daß ich einer der Hauptschuldigen am Niedergang der Telekomaktien bin. Aber daraus wird nichts.

Kindervater wollte mir meinen Anwalt ausreden und totalen Kuschelkurs fahren. Daraus wird auch nichts.

Ich schüttle alles von mir ab, denn ich bin Künstler und muß jetzt vor Tausenden von Menschen Kunst machen. Ein neues Zauberwort: Huckepack, Ruckesack, Muckefuck und Schnuckenack.

### *Di 6.3.2001*

Anruf vom RA: Das Gericht meint, die »Bild«-Zeitung durfte die Schlagzeile so drucken, weil es sich dabei um die Ansicht der Zeitung handele. Ob er die zweite und letzte Instanz anrufen soll. Ja, habe ich gesagt. Die Unterlassungsklage, nach der mein Brief nicht wieder abgedruckt werden darf, hat er noch nicht eingereicht. Ich habe ihm Beine gemacht. Er könne auch nicht alles auf einmal machen. Er will sich die gestrige »Bild«-Zeitung, in der der Brief wiederum abgedruckt ist, beschaffen.

### *Mi 7.3.2001*

Pünktlich mit Hübenthal und Bickel nach Leipzig gefahren, dort in dem hallig klingenden Gewandhaus Tonprobe gemacht. Die Leute, wie immer in Leipzig, sehr freundlich. Zur gleichen Zeit hat Herman van Veen in der Oper ein gleichfalls ausverkauftes Konzert. Das Gewandhaus ist für unsere nächste Veranstaltung schon wieder ausverkauft.

Ich fühlte mich heute etwas schlapp auf der Bühne, stimmlich nicht auf der Höhe, hatte manchmal das Gefühl, nicht gut genug zu intonieren.

Schließlich hat aber das Publikum, nachdem wir alles gespielt hatten, was wir derzeit können, eine doppelte Zugabe ertrotzt, nämlich »All of Me«. Einer aus dem Publikum wollte »Es steht ein Haus in New Orleans« hören. Da habsch nisch dergleischen getan.

### *Do 8.3.2001*

Fahrt nach Magdeburg. Dort im »Treff«-Hotel um 15.00 Uhr.

Im gestrigen Hotel habe ich meinen neuen Rasierer vergessen. Angerufen – das Ding ist weg.

Der Verbrecher Drach hat 14 Jahre bekommen.

Der RA rief an. Ein Teilerfolg ist errungen: Der Brief darf nicht weiter abgedruckt werden. Naja, das wird er wohl eh nicht.

Das Magdeburger Publikum hervorragend. Aufmerksame, intelligente Menschen, die auch an der Lesung große Freude hatten.

Alle Lacher an den richtigen Stellen. Das Haus hätten wir noch einmal vollgekriegt, wollen vielleicht im nächsten Jahr wiederkommen. Großer Zuspruch vom Publikum auch nach dem Konzert. Endlose Autogramm-Schlange. Es sind etwa 100 Bücher verkauft worden und sehr viele Platten. Noch in keiner Stadt wurden so viele Exemplare von »Schlafstörung« verkauft, was darauf hindeutet, daß die Magdeburger etwas von Musik verstehen, obwohl sie kein Gewandhaus haben. Eine Stunde lang Autogramme gegeben, dann nach Hause, wo ich nach 1.00 Uhr ankam.

Ein Berg von Post.

Rudolf Augstein hat mir geschrieben, er habe über meinen Brief in der »Bild«-Zeitung gelacht. »... grad wie beim Arsch vom Kaiser Friedrich ...« – an wen ich denn da gedacht hätte, etwa an den preußischen König, der es mit seinen Hunden getrieben habe? Ich antwortete ihm, es sei viel einfacher gewesen: ich hätte einfach einen Reim auf »niedrig« gesucht.

### *Frei 9.3.2001*

Einen Abschiedsbrief an den Verlag ECON List nach München entworfen. Ich hab die Nase vom Springer-Verlag und seiner »Bild«-Zeitung voll. Kann ich mir Gott sei Dank leisten:

»Ich muß Ihnen allen einen traurigen Brief schicken.

Ein Konzern ist ein Ding, das man nicht leicht überblicken kann. Das versteht jeder. Und der Springer-Konzern ist ein extra großer und besonders schwer zu überblickender Konzern. Der eine Teil weiß nicht, was der andere tut; besonders die Zeitungsabteilung weiß nicht, was die Bücherabteilung tut usw.

Meine Eingeschnapptheit mag Ihnen naiv vorkommen, sei's drum:

Ich habe die Nase voll.

Daß ich bei Springer gelandet bin, war eigentlich nicht von mir gewollt. Als ich im ECON Verlag mein Buch ›Abgehauen‹ veröffentlich habe, da war ECON ein Verlag für sich. Das Buch habe ich der damals dort angestellten Lektorin Krista Maria Schädlich gegeben, weil sie es für wert hielt und ich ihr vertraute. Dann wurde der ECON Verlag an den Springer-Konzern verkauft. Ich zögerte, blieb dann aber trotzdem als Autor dort, weil ich Krista Maria Schädlich zu schätzen gelernt hatte. Es wurden ›Jurek Beckers Neuigkeiten‹ und ein Gedichtband von mir veröffentlicht. Frau Schädlich machte mich auf Mitarbeiter des ebenfalls in das Springer-Imperium einverleibten Ullstein-Verlages aufmerksam. Dort wurde gerade eine Sprechplattenabteilung gegründet, und ich habe meine Kurzgeschichten auf 2 CDs veröffentlicht.

Am 4. März hat nun die ›Bild am Sonntag‹ sich auf der ersten Seite eine üppige Schlagzeile gegönnt: ›Manfred Krug verhöhnt Telekom-Aktionäre‹. Und die ›Bild‹-Zeitung hat eine ähnliche Gemeinheit am nächsten Tag noch mal gedruckt. Dabei ist ein privater Brief von mir an einen mir unbekannten Menschen (einen Ingenieur-Ökonom) ohne meine Erlaubnis abgedruckt worden, und den Lesern ist auf eine fiese Weise dabei ›geholfen‹ worden, den Brief ›richtig‹ zu lesen, d. h. so falsch wie möglich zu verstehen.

Ich möchte auch in Zukunft nach Belieben auf Zuschriften reagieren, ohne daß ich gewärtig sein muß, meine Antworten ausgerechnet in der ›Bild‹-Zeitung wiederzufinden. Darauf haben alle meine Briefpartner einen Anspruch, denn nur selten dient jemand meine Antwort-Briefe ohne Zustimmung Zeitungen an. Ich erhalte manchmal auch flapsige und kesse Briefe, die ich weiterhin arglos beantworten möchte. Es stört nicht, wenn die ›Bild‹-Zeitung durch die Hilfe aufmerksamer Bürger mitliest. Das kenne ich alles von Zeitungen in der DDR. Aber dort ging es etwas dezenter zu.

Kurz und gut: Ich bin von den ›Bild‹-Leuten selten in Ruhe gelassen, aber viel geschmäht worden. Sie tragen mir nach, daß ich von Anfang an nicht gekuschelt und ihnen keine Stories geliefert habe, daß ich ohne Billigung der ›Bild‹-Zeitung, einfach so, eine passable Karriere gemacht habe; daß sie davon zur Verwertung kaum etwas abgekriegt haben und daß ich mich von Zeit zu Zeit sogar gewehrt und ihnen mit Schmackes eins rübergezogen habe.

Ich wollte immer Frieden. Die ›Bild‹-Leute wollen weiter auf den Spatzen schießen.

Gut denn, liebe Freunde, jetzt mache ich mit dem ganzen Laden Schluß, sonst fange ich an, mich zu grämen. Und das wäre doch schade, wo ich all die Jahre so brav für die Rente geklebt habe.

Ihnen allen persönlich
die liebsten Abschiedsgrüße

Manfred Krug

PS: Dieser Brief darf nur ungekürzt veröffentlicht werden. ☺«

### *Sa 10. 3. 2001*

In der Post ein langer Brief von einem Redakteur der Zeitschrift »markt intern«. Er will wissen,

1.) inwieweit ich mich über die Qualität der von mir beworbenen Produkte informiere, z. B. über die T-Aktie;

2.) ob ich meine Werbung für die T-Aktie überdenken werde; ob ich wegen des negativen Ansehens der T-Aktie Folgen für mein Image erwarte; ob ich fürchte, mein Ansehen zu ruinieren; und

3.) ob ich mich vor Kindervaters Groll fürchte und meine Äußerungen gegenüber »Bild« ebenfalls als Entgleisung ansehe, und wie ich reagiere, wenn Kindervater mir einen Maulkorb verpaßt.

Ich habe den Brief sofort beantwortet, schicke ihn aber erst dann, wenn der Mann mir zusagt, den Brief in voller Länge zu drucken. Hier ist der Brief:

»Berlin 10.3.01

Sehr geehrter Herr Dipl. Ing. Dipl. Oek.,

Sie kommen mir vor wie ein Kranker, der sich bei Professor Brinkmann aus der ›Schwarzwaldklinik‹ erkundigt, welche

Medizin er gegen seine Enzephalomalazie nehmen soll. Als ich den Zimmermann in dem Film ›Spur der Steine‹ spielte, haben mich Leute gefragt, wie sie ihren Beton einschalen sollen. Ein solch kindliches Ansinnen hätte ich von einem Doppel-Dippel nicht erwartet.

Ich bin Schauspieler, der genug herhalten muß, wenn die Drehbücher schlecht sind. Nun soll ich Ihnen den Niedergang der Telekom-Aktien erläutern. Damit verhalten Sie sich kaum pfiffiger als jener Mitbürger, ein Ing. Oek., welcher der ›Bild‹-Zeitung einen meiner Privatbriefe angedient hat.

Warum halten Sie es erst jetzt für Ihre Pflicht, mich als ›prominenten Werbebotschafter‹ über die ›Fehlleistungen der Konzernspitze‹ zu informieren? Warum nicht damals, als die Aktie stieg? Da hätten Sie mich warnen können. Waren Ihnen diese ›Fehlleistungen‹ damals unbekannt? Oder wußten Sie nicht, wo ich wohne?

Nun zu Ihren Fragen.

1.
Ich informiere mich über die Qualität der von mir beworbenen Produkte, indem ich mich, so gut es geht, bei Leuten erkundige, die etwas von dem jeweiligen Produkt verstehen. Denn ich selbst verstehe nichts davon, was mein gutes Recht ist. Dabei habe ich es im Falle von Aktien schwerer, als wenn ich z. B. Klopapier bewerbe. Die Zeit für ein Ökonomie-Studium kann ich nicht aufbringen.

2.
Für mich ist die T-Aktie gut. Da ich sie zum Ausgabekurs erworben habe, bringt sie mir noch immer mehr als 100 % Gewinn. Ich werde sie halten bis zum Tod.

Für das ›Ob‹ und ›Wie‹ meiner Werbeauftritte werde ich mich nicht schämen, weil ich sie schauspielerisch allesamt gut bewältigt habe. Und das ist meine erste Aufgabe.

Ich habe schon schlechtere Folgen für mein Image getragen, bei jedem mißlungenen Film aufs Neue, machen Sie sich darüber keine scheinheiligen Sorgen. Ich trage alle Imagefolgen, und basta. Ein Charaktermime ist ein Mime mit Charakter, der sollte vor allem die Treue hochhalten, gerade in schlechten Zeiten. Ich werde als Werbebotschafter für die Telekom mein Bestes geben, solange man mich behalten kann. Wenn die Telekom mich rausschmeißt, so nehme ich das hin. Allein, daß ich ohne Absprache einem ganz Klugen von einer klugen Markt-Zeitung einen Brief schreibe, kann zu diesem Rausschmiß führen. Aber das ist Journalisten eh Wurscht. Übrigens: Solange ich für den Kauf der T-Aktie geworben habe, ist sie nur gestiegen. Vielleicht war es ein Fehler, mich aus dem Team zu nehmen. Und Sie, Herr Diplomökonom? Haben Sie Ihre Leser gut genug beraten und ihnen nach dem Steigen und Weitersteigen auch pünktlich das Aussteigen empfohlen?

3.
Was gegenüber der ›Bild‹-Zeitung angekündigt wird, von wem auch immer, glaube ich erst dann, wenn der Ankündiger es mir selbst sagt. Soweit tatsächlich 3 Millionen Anleger sich durch meinen Brief in der ›Bild‹-Zeitung verhöhnt fühlten, entschuldige ich mich gern.

Wenn Erich Honecker mir keinen Maulkorb verpassen konnte, so wird ihn mir Herr Kindervater sicher nicht verpassen, denn er ist ein liberaler, freundlicher Mann.

Mit freundlichen Grüßen

Manfred Krug«[15]

---

15 Diesen Brief hat Manfred Krug erst einmal nicht abgeschickt. Stattdessen stellt er Bedingungen, die er im nachfolgenden Brief gleichen Datums formuliert.

»10.3.2001

Sehr geehrter Herr Dipl. Ing. Dipl. Oek.,

leider haben Sie mir keine Handynummer gegeben, sonst hätten wir schon heute mit allem fertig werden können.

Ich bin bereit, auf Ihre Fragen am Montag zu antworten, jedoch nur dann, wenn Sie meinen Brief ganz abdrucken, sonst nicht.

Er ist 428 Worte lang und hat bei Schriftgröße 12 auf anderthalb Schreibmasch.-Seiten Platz.

Bitte denken Sie darüber nach, ob Sie sich darauf einlassen wollen, und geben Sie mir am Montag Gelegenheit zu einem Telefonat. Ein ›Ja‹ oder ›Nein‹ von der Sekretärin genügt mir. Bei Zustimmung bekommen Sie eine Faxnummer und faxen mir diese Zustimmung unterschrieben zu.

Also, haben Sie ein bißchen Mut, es ist ein geringes Wagnis. Versprochen.

Beste Grüße

Manfred Krug«

Ich kann mir vorstellen, daß der Doppel-Dippel nicht die Eier hat, mir das zuzusagen, habe aber keine Lust zuzulassen, daß die Herren sich nur einzelne Stellen aus dem Brief heraussuchen, um sie dann herunterzumachen. Bin selber gespannt.

### So 11.3.2001

Am Abend eingeladen bei Irene und Nicolas Becker.

Dort saßen schon Zadek und seine sehr interessante Frau. Small Talk. Etwa Zadek: »Was machen Sie?«

Ich: »Nach meinem letzten ›Tatort‹ nichts mehr. Und ich weiß nicht, ob ich überhaupt noch was machen werde.«

Zadek: »Wie das?«

Ich: »Ich spiele mit den Enkeln usw.«

Zadek: »Das ist alles?«

Ich: »Vorerst ja. Ich kann mir ein Leben nach der Schauspielerei sehr gut vorstellen.«

Zadek: »Das kann ich mir überhaupt nicht vorstellen.«

Ich dachte: Das kann ich ihm nachfühlen. Dann kann er keine Schauspieler mehr scheuchen.

Nicolas hatte wunderbar gekocht. Wir aßen einen guten Lammbraten mit Spätzlen und den verschiedensten Gemüsen. Sehr gut. Schon beim Essen zeigte sich, daß Zadek auf ein Thema hibbelig war, über das er sich streiten konnte. Das war dann das Thema Werbung. Er ließ sich die »Bild«-Zeitungsgeschichte erzählen und fand, daß der arme Herr aus Norderstedt völlig recht hatte, er sei schließlich durch die Wucht meiner Persönlichkeit verführt worden. Alle Argumente, die der Rechtsanwalt oder ich brachten, wurden mit dem von Klugscheißern viel verwendeten »Aber darum geht es doch gar nicht!« abgebürstet. Und immer mit der Attitüde: »Ach, ihr Würstchen, was soll's? Ihr versteht mich gar nicht.« Da blitzte der Theaterimperator auf, der es nicht gewohnt ist, sich auch nur ein einziges Mal übers Maul fahren zu lassen.

Ich fragte ihn noch: »Interessieren Sie sich denn für das Thema?«

Zadek: »Sogar sehr, sogar sehr!«

Ich: »Wir werben ja alle um etwas, auch auf der Bühne. Demnach halten Sie also grundsätzlich etwas von Werbung?«

Zadek: »Nein.«

Um was es dem Meister ging, war nicht rauszukriegen. Becker sagte dann in Zadeks Abwesenheit: »Erstens geht es darum, dir zu widersprechen, und dann …«, dann nannte er noch 3 andere eher belanglose Punkte. Zadek war inzwischen verärgert in ein anderes Zimmer gegangen.

Ich sagte freundlich in die Runde: »Das Essen war wunderbar. Danke.« Ich tat, als wollte ich auf die Toilette, ging aber die Treppe hinunter und nach Hause, wo ich um 20.30 Uhr ankam.

Nach genau einer halben Stunde rief Otti an. Irene hatte mich vermißt. Ich erklärte Otti das, was ich hier hingeschrieben habe, und gut war's. Ich bin zu alt geworden, als daß ich einen Giganten dieser Art noch lange ertragen wollte.

Schon um 22.00 Uhr war Otti zu Hause. Wir sprachen noch kurz über den eitlen Mann mit der gewaltigen Aleppobeule im Nacken, die mich an die Beule von Kim Il-sung erinnerte, und tranken dann ein Glas Rotwein.

### *Mo 12.3.2001*

14.35 Uhr habe ich den Dipl. Ing. Dipl. Oek. telefonisch erreicht. Sein Wirtschafts-Blatt sei ja nur 4 Seiten lang, wie solle er denn darin den Brief unterbringen. »Dann heften Sie eine Seite an, das kann doch kein Problem sein«, sagte ich. Das gab er zu. Ich habe ihm Mut gemacht, aber gleichzeitig angedeutet, daß er nicht ganz ungeschoren wegkommen werde. Er will sich jetzt mit dem Chefredakteur unterhalten, ob auf meine Bedingung eingegangen werden kann. Um 16.00 Uhr soll ich ihn anrufen. Ich tippe auf NEIN.

Inzwischen auf meine Kosten eine halbe Stunde mit dem Doppel-Dippel telefoniert. Er wills haben, aber nix auf den Deckel kriegen. Eine Zusicherung, wie ich sie wünsche, verstoße gegen die »journalistischen Grundsätze«, sagt er. Eine Welt von Feiglingen.

Wir haben uns geeinigt, daß er wenigstens ein »modifiziertes« JA sagen soll, welches er mir morgen zufaxt. »Aber modfizieren Sie nicht zu viel«, sage ich, »sonst sage ich NEIN.«

### *Di 13.3.2001*

11.00 Uhr. Die Stunde der Wahrheit. Ing. Dipl. Oek. von »markt intern« faxt, daß er meinen Brief ganz abdrucken wird, außer es stehen Unflätigkeiten drin oder eine verkapppte Telekom-Werbung.

Damit hatte ich nicht gerechnet.

5 Minuten später faxte ich ihm meinen Brief, und um 15.00 Uhr einen weiteren Brief, wenn er Fragen habe, solle er faxen.

Damit ist die Sache erledigt.

Krista Maria Schädlich faxt mir, wahrscheinlich weil sie von meiner düsteren Andeutung gehört hat, daß ein trauriger Brief von mir bevorstehe. Ich habe Krista gesagt, daß ich nicht mehr für Springer arbeiten will, und meinen im Computer schon fertigen Abschiedsbrief habe ich gleich hinterhergefaxt, vorab, für sie. Mal richtig aufräumen macht Spaß.

Dann mit dem Redakteur von der Zeitschrift »max« telefoniert und ihm gesagt, daß »markt intern« ihm meinen Brief über Aktien sofort abkaufen werde. Alles sehr komisch.

Der nämliche hatte mir vor ein paar Tagen angeboten, Leute von seiner Zeitung abzustellen, die zu mir ins Haus kommen, um meine Briefe durchzusehen und sie für die Zeitschrift »max« aufzubereiten. Schlauberger.

Am Abend noch einmal ein Fax von K. M. Schädlich, etwas händeringend, ob man nicht Herrn Strasser zum Einsatz bringen sollte, der mir dann gegenüber der »Bild«-Zeitung Genugtuung verschafft. Etwa durch eine Entschuldigung der »Bild«-Zeitung usw. Die hat Vorstellungen.

### *Mi 14.3.2001*

Heute habe ich den Abschiedsbrief an ECON mit unguten Gefühlen abgeschickt; denn ich verlasse nicht gern ein funktionierendes Team.

Der Selbstkomiker Rüdiger Hoffmann ist irgendwie saubegabt. So'n junger Kerl und weiß schon so gut, was der Mensch für 'ne Sau ist.

Das denke ich gerade, während ich im WDR die Sendung »Mitternachtsspitzen« von und mit dem köllschen Komiker Jürgen Becker sehe. Ich denk an nichts Böses, da zitiert Becker plötzlich voller Häme meinen Brief an den »Kleinanleger« und macht sich richtig nett und parteilich lustig und ergreift keine andere Partei als meine. Wunderbar. Und zitiert auswendig meinen Vierzeiler mit dem Kaiser Friedrich. Sehr gut. Immer druff.

**Do 15. 3. 2001**
Dem Redakteur von »markt intern«, der mir gestern noch mal wegen einiger Nachfragen geschrieben hatte, habe ich geantwortet. Ich hoffe, er gibt endlich Ruhe.

Dem RA habe ich eine Kopie meines ECON-Abschiedsbriefes geschickt, damit er in dieser Sache alles weiß, und ihn von der Heiligkeit meines Zornes überzeugt.

Nachmittags ein Fax von Priebe (Werbeagentur). Er fragt, ob ich damit einverstanden bin, daß im neuen Film »Mondscheintarif«, der von der Telekom gesponsert werde, irgendwo im Hintergrund unser Werbe-Spot »Die Wette« auf einem Fernsehbildschirm laufen wird. Ich habe sofort Zustimmung gefaxt. Und bei der Gelegenheit habe ich an Priebe gleich noch meinen Springer-Abschiedsbrief hinterhergesendet, damit auch die SEA-Leute die Heiligkeit meines Zorns erahnen können. Priebe ist also informiert und zeigte keinerlei Erschrecken. Vielleicht machen die SEA-Leute einen Vorschlag, wie ich den Brief in möglichst viele Zeitungen reinkriege.

Am Nachmittag kam Hübenthal und berichtete, daß er in einer Flut von Muckenangeboten nachgerade ertrinke. Er werde die Firma künftig mit Frau Bickel führen. Wir fuhren dann in die Villa »Elisabeth«, in der Invalidenstraße gelegen, die mir bisher nicht bekannt war. Dort 35 Minuten aufgetreten. Leta Davis in einem silbernen Extrem-Mini, sehr süß. Fröhliches, an Tischen plaziertes Publikum, etwa 250 Menschen. Die Illustrierte »Stern« zeichnet alljährlich per Jury die besten Leute der Print-Werbung aus, die in einem »Art Directors Club« organisiert sind. Nach der Mucke setzte ich mich ein bißchen an den Tisch der »Stern«-Herrn, lauter intelligente, hübsche Leute.

**Frei 16. 3. 2001**
Es kommt ein Fax von dem Redakteur von der »max«, der früher einmal selbst bei »Bild« gearbeitet hat. Er bittet, meinen Springer-Abschiedsbrief kürzen zu dürfen, dafür habe er eine schöne

Überraschung. Der Ing. Oek. Herr Schiebold, der arme Kleinanleger aus Norderstedt, spielt im selben Altherren-Verein Fußball wie der Vize-»Bild«-Chef. EIN KNALLER!

Ich habe sofort den RA angerufen. Der will mit dem Redakteur reden und zum kommenden Mittwoch, einen Tag vor Erscheinen der »max«, eine Pressenotiz veröffentlichen, was wiederum der Auflage von »max« sehr dienlich ist.

Abends ruft K. M. Schädlich an, der Brief sei heute im Verlag angekommen, dort sei man angeblich total sauer, selbst Herr Strasser schäume, es sei gut möglich, daß er sich an Friede Springer persönlich wende, um mal richtig auf den Putz usw.

Ich sage: »Liebe Krista, sobald ich auf der ersten Seite der ›Bild‹-Zeitung eine Entschuldigung lese oder lese, daß der Chefredakteur entlassen worden ist, ziehe ich meinen Abschiedsbrief zurück.« Das war natürlich nicht ernst gemeint. Aber ich würde mich schon über einen Anschiß freuen; denn die »Bild«-Zeitung hat vier Flops zu verbuchen: erstens gehe ich mit etwas Lärm weg von Springer, zweitens fand eine große Mehrheit der Menschen meinen Brief ganz in Ordnung; drittens haben sicher eine Million Menschen sich beim Anschauen der Harald-Schmidt-Sendung[16] mit Schadenfreude über die »Bild«-Zeitung amüsiert; viertens kommt die eigentliche Sauerei am Donnerstag auf den Markt. Vielleicht reicht das, um wenigstens einen der Pflaumenköppe zu exen.

## Sa 17.3.2001

Heute kam von der »Bild«-Chefredaktion, unterschrieben von Kai Diekmann (Chefredakteur »Bild«) und Dr. Nicolaus Fest (Ressort Kultur), ein Brief mit einer Einladung zu der Veranstaltung

---

16 Es geht um die »Harald Schmidt Show« Nr. 888 vom 6.3.2001, in der Harald Schmidt nicht nur die »Bild«-Zeitung mit dem Aufmacher »Manfred Krug verhöhnt Telekom-Aktionäre« in die Kamera hält, sondern auch die Seite bespöttelt, auf der Jan Schiebold abgebildet ist.

»›Bild‹ Kunstwerke« am 10. Mai im Tränenpalast Berlin. Ich habe sofort geantwortet:

»Sehr geehrte Damen und Herren,

manchmal – wie gerade neulich – bekomme ich Einladungen und Terminhinweise zu Veranstaltungen, welche von der ›Bild‹-Zeitung arrangiert worden sind. Ich nehme deshalb an, daß Sie in Ihrer Adressensammlung für solche Gelegenheiten auch meine Adresse bewahrt haben.

Bitte seien Sie so freundlich, sie zu streichen.

Ich habe Ihren letzten Brief geöffnet, weil ich mit einem Entschuldigungsschreiben gerechnet hatte. In Zukunft wird die Annahme Ihrer Post verweigert.

Vielen Dank

Manfred Krug«

Otti hat seit heute eine Krankheit, die sie den ganzen Tag über mit Schlafen und Nicht-Essen auskuriert hat. Dann kam Erika Schamoni, und wir fuhren zu Karins Geburtstag Pröbrocks besuchen. Dort waren die üblichen netten Leute, und als um 23.00 Uhr die doofen Schlager losbrüllten, war Otti ganz gesund und hüpfte auf der Tanzfläche herum. Ich konnte mich weder mit Gabi noch mit Willy Moese unterhalten, die es beide versuchten. Willy schlug vor, daß wir beide mal zu Eberhard Esche hinausfahren. Er wisse, daß Esche sich darüber freuen würde. Ich habe zugesagt. Denn ich muß dem Eberhard noch ein Geständnis machen. Um halb zwei war ich zu Hause, wohin ich Erika Schamoni mitgenommen hatte. Sie stieg in ihren Wagen um, der vor der Tür stand. Die kranke Otti blieb noch auf der Fete und fuhr später mit Gabi nach Hause.

**Di 20.3.2001**

Der amerikanische Autor Robert Greene hat in seinem Buch »Power – die 48 Gesetze der Macht« aus 3000 Jahren Menschheitsgeschichte Beispiele erfolgreichen Machtstrebens zusammengetragen und daraus handliche Regeln destilliert, die jeder auf dem Weg nach oben beherzigen sollte.

Hier die wichtigsten von Greenes »Gesetzen der Macht«:

- Stelle nie den Meister in den Schatten.
- Vertraue deinen Freunden nie zu sehr – bediene dich deiner Feinde.
- Halte deine Absichten stets geheim.
- Scheue Bindungen, wo immer es geht.
- Mache Menschen von dir abhängig.
- Laß andere für dich arbeiten, doch streiche immer die Anerkennung dafür ein.
- Ansteckungsgefahr: Meide Unglückliche und Glücklose.
- Spiele den Deppen, um Deppen zu überlisten: Gib dich dümmer als dein Opfer.
- Gib dich wie ein Freund, aber handle wie ein Spion.
- Versetze andere in ständige Angst: Kultiviere die Aura der Unberechenbarkeit.
- Vernichte deine Feinde vollständig.
- Befriedige das menschliche Bedürfnis, an etwas zu glauben, und fördere einen Kult um deine Person.
- Laß andere mit den Karten spielen, die du austeilst.
- Spiele mit den Träumen der Menschen.
- Erschlage den Hirten, und die Schafe zerstreuen sich.

Christian Strasser, der Käufer des ECON Verlages, der den Verlag dann sehr schnell an Springer verkauft hat und dort jetzt Chef von ECON ULLSTEIN LIST ist, hat mir heute gefaxt, er wolle nach Leipzig kommen und in einem Gespräch mit mir meinen Ausritt abwenden. Da wird nichts draus. Habe ihn in einem Fax gebeten, auf dieses Treffen zu verzichten, weil ich endgultig fortgehe.

***Do 22.3.2001***

Schon früh um acht lag vom RA ein Fax im Kasten: der Beitrag in der Zeitschrift »max« über meinen Ausritt bei Springer.

14.00 Uhr Abfahrt nach Bischofswerda, dort um 17.15 Uhr bei einem häßlichen Hotel am Markt angekommen. Immer dasselbe: eiskaltes Zimmer, in dem man 2 Stunden herumsitzt, und dann durchgefroren zur Mucke.

Während der Fahrt Anruf von Otti: Der RA will aufdecken, daß es eine Verabredung zwischen Schiebold und dem »Bild«-Redakteur gegeben hat.

In Bischofswerda gibt es ein in der Gegend beliebtes, 1976 eröffnetes DDR-Kulturhaus. Die Leute reisten zum Teil aus Dresden an. Das Haus war voll (800 Plätze), das Publikum unglaublich aufmerksam und wach. Es gab einen Zwischenfall: Wir hatten das Lied »Alles geht einmal zu Ende« wiedereinstudiert, das ich mit Andreas Bicking zusammen sang, wie ich es einst, vor 25 Jahren, mit Günther Fischer gesungen hatte. Nach dem ersten Takt machten die Leute »Ah!«. Da hat's mich weggesemmelt. Ich alter Heulheini krichte den totalen Kloß in' Hals und konnte kaum noch singen. Habe mich – schluchz – mit Mühe über die 24 Takte gezittert. Hübenthal dachte, ich hätte das Lied quasi vergessen. Er sagte: »Das ist nun mal live. Wir werden es morgen noch mal üben.«

***Frei 23.3.2001***

Bei 63.000 Einwohnern, die Görlitz hat, sind zum 1. Mal in der Stadthalle nur 750 von 1.400 Plätzen verkauft. Die Hausmeisterin sagt mir, das sei ein außergewöhnlich guter Besuch.

Tröstlich. Das niederschlesische schaumgebremste Publikum dennoch aufmerksam und zugetan. Alle haben etwas gemäkelt, ich nicht. Das Abschiedslied ohne Kloß gesungen. Sehr schön. Stimmung beim Autogramme-Geben sehr gut.

Anschließend Fahrt (200 km) nach Leipzig. Dort traf ich im »Marriot« Krista Schädlich. Gedätschte Stimmung, denn alle wußten, daß ich von Springer weggehe.

***Sa 24.3.2001***

Lange geschlafen, dann mit Krista Schädlich gefrühstückt. Sie sagte, daß Strasser noch heute mit mir reden würde. Wir waren uns einig, daß, was immer geschehe, wir beide auch künftig zusammenarbeiten würden. Auch dann, wenn ich zu einem anderen Verlag gehen würde. Wir sprachen über das Schreiben, über die Mühen des Schreibens.

Dann wieder ins Bett, wo ich mal schlafend, mal glotzend bis zum Duschen geblieben bin.

Um 16.00 Uhr ruft Strasser an. Ich schlüpfe in die Klamotten und gehe zu ihm runter. Er hat ein blasses, friedliches Gesicht. Er sieht eher wie ein Priester aus als wie ein Geschäftsmann. Kluge, ehrliche Augen. Mich wundert, daß ich offenbar den guten Eindruck, den dieser Mann schon bei unserer ersten Begegnung auf mich gemacht haben muß, vergessen habe. Wir setzen uns. Er kommt sofort zur Sache. Er erklärt mir seinen offenen Charakter, daß er ohne Schutz und ohne Visier komme und daß dies seine grundsätzliche Haltung sei, mit Menschen zu reden und zu verkehren. Alle hätten Vertrauen zu ihm. Alle wären gekommen und hätten ihm ihre Verlage buchstäblich angeboten, sie hätten ihn regelrecht gebeten, die Betriebe zu übernehmen, auch der alte Herr, der der Besitzer des ECON Verlages war, und auch der alte Heyne, der ihn gerade jetzt gebeten habe, seinen Verlag zu übernehmen. Er, Strasser, sei überzeugt, daß die Menschen seine grundsätzlich ehrliche Haltung spürten und daß sie eben deshalb Vertrauen zu ihm fassen und sich an ihn wenden würden.

Strasser erklärt mir seine Herkunft von ganz unten. Er treibt Yoga; bald werde er den Grad eines Yogalehrers erreicht haben. Er treibe außerdem Meditation.

Er sei an all den Verlagen, die er an Springer verkauft habe, nur noch mit 5% beteiligt. Seine Hauptaussage aber ist: Er verstehe mich vollkommen und er habe größtes Verständnis für meine Reaktion. Vor einigen Tagen erst habe er mit Leuten aus dem Vorstand gesprochen und ihnen meinen Abschiedsbrief gezeigt. Sie seien entsetzt gewesen, hätten eine Stunde lang darüber geredet, was zu machen sei. Er habe ihnen gesagt, daß er mich für seinen besten Autor halte. Was immer auch nun geschehe, er wolle mein Freund bleiben. Er sei damals, als ich ihm die ersten Teile von »Schöne Kindheit« vorgelesen habe, begeistert gewesen; er habe nie eine bewegendere Textstelle gehört als die Passage, wo Johanna ihr erstes Kind empfängt usw.

Ich sage, daß ich mich freue und geehrt fühle. Viel wichtiger sei, daß die »Bild«-Leute eine anständige und faire Zurücknahme hinkriegen müßten, auf Seite eins in »Bild am Sonntag«. Ja, ich würde in den nächsten Tagen einen Brief mit entsprechenden Vorschlägen bekommen. Man sei dazu bereit, und das sei einmalig in der Geschichte von »Bild« und »BamS«. Wie es zu bewerkstelligen sei, das könne ich entscheidend mitbestimmen usw. Und wenn es dazu nicht kommen kann, dann müsse es in Gottes Namen so bleiben, wie es jetzt sei. Er würde immer mein Freund und Verehrer bleiben usw.

Und ich habe ihm gesagt: Da ich jetzt mein Zerwürfnis mit und mein geplantes Scheiden von Springer schon öffentlich ausgeplaudert hätte, müßte die Zurücknahme so gestaltet sein, daß jedermann im Lande weiß, der Krug ist nicht bestochen worden, sondern sie haben wirklich bereut, und sie haben sich entschuldigt. Einmal hat sich die »Bild«-Zeitung entschuldigt. Wenn diese Wirkung nicht entstehe, dann sei ich auch nicht befriedigt.

Dann Fahrt in die größte Kirche Leipzigs, die Peterskirche, die gerammelt voll war (ca. 1600 Menschen). Leute standen und saßen in den Gängen und auf den Emporen.

Anderthalb Stunden gelesen und eine Stunde geschrieben. Sehr viele Bücher signiert, vielleicht 300 Stück. Eher mehr.

Nachts nach Hause gefahren worden, wo ich um 24 Uhr ankam.

### Mo 26.3.2001

9.00 Uhr kommt Liza und berichtet, daß jemand bei den Briefkästen in den Hausflur geschissen hat und daß es stinkt. Die Menschen kommen mir immer ekelhafter vor.

***Di 27.3.2001***

An den Redakteur Thenhaus, der mir eine Video-Kassette von Harald Schmidt vom 6.3.2001 geschickt hat, einen Dankesbrief geschrieben. Es ist der Schmidt-Beitrag über Herrn Schiebold und die »Bild«-Zeitung. Habe sehr gelacht.

Mittags kommt ein Fax von Christian Strasser, mit der Bitte um meine Telefonnummer, damit die »Bild«-Leute das Interview machen können.

Die Telefonnummer gab ich ihm natürlich nicht, ich sei aber bereit, dort anzurufen. Er wird mir eine Hamburger Nummer und eine Uhrzeit geben. Zuständig sei dort ein Herr Strunz.

Gleich danach kam noch ein Fax von Joachim Wehnelt von »Die Woche«, ob das wahr wäre, was in der »max« stand, daß ich mit Springer breche, sie würden gern ein Kurz-Interview machen usw. Da habe ich nur druntergeschrieben: »Die Sache läuft noch. Später! Danke – Krug«

Um 13.30 Uhr rief ich den RA an, der mir einen kolossalen Vortrag hielt, was ich alles bedenken müsse. Ich bat ihn, dann doch lieber gleich juristisch korrekt Bedingungen zu formulieren. Ach, ich wollte alles leicht und unkompliziert machen, und jetzt geht der Mist wieder los.

Ohne die geringste Vorwarnung einer Krankheit, ohne je ein mißmutiges Wort von ihm gehört zu haben, ist Reiner Vogels gestorben.

Er hat gelebt vom 4.11.1937 bis 25.3.2001. Er war ein kühner Junge, ein Junge nach meinem Geschmack. Er ist der einzige Mensch, mit dem ich je Blutsbrüderschaft geschlossen habe. Er hatte blöde deutsche Eltern, die ihm dauernd verboten haben, mit mir armer Sau zu spielen. Sein Vater war Nazi, seine Mutter war überängstlich.

Er war verheiratet mit Herbie Vogels, geb. Brinkmeier. Er hatte zwei jüngere Schwestern, Heide und Petra. Er war Sozialdemokrat, Hockeyspieler, Lehrer fur Geschichte. Er will eingeäschert und später aufs Meer gestreut werden. Er hat von der Geburt bis zum Tod im Hause seiner Großmutter und Mutter gelebt. Er wird verbrannt am 29. März. Blumen will er keine, lieber Spenden für den Hockeyclub Raffelberg, dem er auch als alter Herr noch angehörte und zu dem ich als Knabe nicht einen einzigen Tag Zutritt hatte. Auf dem Kuvert seiner Todesnachricht steht zum letzten Mal unser Bruderzeichen »RVMK« aus zusammengezogenen Buchstaben.

Ich dachte, Reiner, der Nichtraucher, der Sportler, wird mich trotz seiner Leibesfülle überleben. Ich kann am 29. 3. nicht nach Duisburg fahren, weil ich mit Fanny Gesangsprobe habe. Gut so. Ich tauge nicht für Beerdigungen.

### *Mi 28.3.2001*

Um 10.00 Uhr die »Bild am Sonntag« angerufen und nur die Sekretärin erreicht. Strunz war noch nicht da. Sie fragt nach meiner Telefon-Nummer, die ich nicht habe. Sie fragt dann nach einem Stichwort, das ich ihr geben könnte. »Stichwort?« sagte ich, »haben Sie meinen Namen nicht verstanden?«

»Doch doch«, sagt sie.

»Das müßte Stichwort genug sein«, sage ich, »ich rufe morgen wieder an.« Sie legt verschnupft auf.

Ich fahre nach Kaulsdorf, den Willy Moese abholen; wir wollen beide zu Eberhard Esche nach Kraatz-Siedlung fahren. Ich gebe das winzige Dorf in den Autocomputer, und er nimmt es. Eberhard hat eine Latifundie, ähnlich wie Hacks damals. Viele dicke Mauern und lange Balken, alles ausgebaut und schöngemacht, und drumrum eine besonders dicke Mauer, die einen Garten einschließt. Lauter hübsche Bilder und Stiche an den Wänden, Möbel so lala, Teppiche – außer einem zerrissenen Kaukasus-Sumak nix. Doller Garten. Alles lecker. Seine Frau und sein 3jähriger Sohn nicht da.

Ebi hört sich die Geschichte an, die er längst wußte, nämlich daß ich ihn damals in »Abgehauen« per Tonband belauscht hatte.

Er macht die Schwamm-drüber-Geste, und die Sache ist erledigt. Ebi ist zart und freundlich. Er erzählt wunderbare Geschichten, und ich ärgere mich, daß ich nicht wieder ein Tonband laufen habe. Willy Moese hört, so gut er kann, zu. Im Dunkeln fahren wir nach Hause und gehen im »Terzo Mondo« noch essen und trinken, bis Maria kommt und ihn abholt.

***Do 29.3.2001***

Pünktlich 10.15 Uhr mit Strunz telefoniert und ihm gesagt, daß ich kein Interview möchte, sondern eine selbstgeschriebene und selbst verantwortete Erklärung. Ich wolle mich gütlich einigen.

Heute hat mich Fanny besucht, und Hübenthal hat uns beide zur Probe abgeholt. Fanny wirkt etwas ängstlich. Es ist die erste Probe mit dem Trio Gumpert, Protzmann und Schneider. Andreas Bicking arbeitet im Theater des Westens an seinem Musical, kann nicht kommen. Fanny singt gut. Sie swingt, das ist auch in ihrer Generation selten in Deutschland. Sie soll 3 Titel mit mir singen und, wenn es zu schaffen ist, 4–5 allein. Sie muß sich einen Korrepetitor suchen.

Ich habe etwas mit ihr an der Intonation und vor allem an der Phrasierung gearbeitet, wofür sie dankbar war.

***Frei 30.3.2001***

Bush junior sagt zu Schröder, er habe jetzt andere Sorgen, als das Klimaschutz-Abkommen von Kyoto zu verwirklichen. Der muß diejenigen zufriedenstellen, die seinen Wahlkampf und die anschließenden Mauscheleien bezahlt haben. Der denkt so weit, wie sein Schwanz lang ist. Den interessiert die Umwelt nicht die Bohne.

***Sa 31.3.2001***

Slobodan Milošević sitzt mit bewaffneten Getreuen in seiner Belgrader Villa und will sich nicht verhaften lassen. Die Amerikaner wollen ihn haben, sonst geben sie keine Dollars, um die Brücken wieder aufzubauen, die sie zerbombt haben. Und haben wollen sie ihn, um der Welt zu zeigen, daß der Krieg und das Brückenbomben sich gelohnt haben.

Ich nehme an, er wird sich erschießen.

### So 1.4.2001

Milošević hat sich nicht erschossen. Er ist heute verhaftet und dem Richter vorgeführt worden. Noch ist nicht klar, wo er vor Gericht kommt, ob in Den Haag oder in Belgrad.

### Mo 2.4.2001

Fanny teilt mir schlicht mit, daß sie nächste Woche der Schauspielschule kündigen wird. Genau das hatte ich ihr empfohlen, sonst verliert sie noch mehr Zeit.

### Mi 4.4.2001

Weiterer Tournee-Tag. 7.00 Uhr aufgewacht und Tierfilme gekuckt. Einen über Gänse. Graugänse sind sehr unterschiedliche Persönlichkeiten, die eine ist draufgängerisch, die andere scheu usw. Grad wie wir.

Die Reise geht nach Suhl, 180 km. In Suhl im ehemaligen Interhotel abgestiegen, das von der früheren staatlichen Leiterin glatt gekauft worden ist und jetzt privat betrieben wird. Die Dame schleimt, daß die Heide wackelt. Der Laden heißt jetzt »Hotel Thüringen«.

In der riesigen Stadthalle ein Drittel der Plätze abgehängt, 1100 sind übrig. Schöne Vorstellung. Der Klang in der Halle war hervorragend. Nachher kam auch Rainer Eckardt noch ins Hotel, und wir hatten alle zusammen einen schönen Abend voller Erinnerungen.

### Do 5.4.2001

Als Aufmacher lese ich in der »Süddeutschen Zeitung«, daß die Telekom künftig mit beiden »Bild«-Zeitungen von Springer zusammenarbeiten wird. T-Online wird zunächst 37 % an dem Internet-Portal von »Bild«, bild.de, übernehmen, die restlichen 63 % wird der Springer-Verlag halten. Springer-Vorsteher Döpfner bezeichnet das Projekt als Idealkonstellation. Die rund 14 Millionen Nutzer des größten Online-Dienstes, nämlich »T-Online«, und die 11 Millionen Leser des Boulevardblattes »Bild« seien eine gute Voraussetzung, um das Internet noch attraktiver hin zum Massenmarkt zu machen. Das bedeutet, daß ich bei Telekom als Werbemann aussteigen werde. Koste es, was es wolle.

### Sa 7.4.2001

Frank Beyer ruft mich an, er möchte, daß ich im Akademiesaal sein neues Buch vorstelle. Er hatte unterwegs nach Leipzig schon mal in Hübenthals Auto angerufen, da dachte ich, ich solle aus meinen Sachen was lesen. Heute kommt raus, daß ich für ihn PR machen soll. Alles aus Freundschaft usw. Aus Freundschaft war ich gerade neulich mit ihm ins »Toni«-Kino Weißensee gefahren. »Das war so einfach«, sagt er, »da dachte ich, du würdest es jetzt noch mal machen.« Falsch gedacht.

Heute habe ich an Christian Strasser den endgültigen Abschied formuliert. Ebenfalls heute habe ich als Werbemann bei der Telekom (Jürgen Kindervater) herzlich dankend gekündigt. Die Briefe habe ich Otti zu lesen gegeben und ihre volle Zustimmung gefunden.

Mein Körper ist müde. Ich muß sowieso aufräumen.

### So 8.4.2001

Zwei Faxe von K. M. Schädlich. Sie ist offenbar als Spionin unterwegs. Sie will wissen, was sie dem Strasser melden soll. Ich sagte ihr, daß ich morgen den endgültigen Abschied sende, an Strasser und an die Telekom.

Abends sah ich mit Otti eine Sendung, in der Frank Beyer üppig über sein neues Buch und anderes redete. Ich faxte ihm sofort:

»Lieber Frank,

ich habe soeben »titel, thesen, temperamente« im Ersten gesehen. Und habe Dich etwa sagen hören: »Ich wollte nicht das größte Privileg, das die DDR an wenige zu vergeben hatte, während Millionen dort ausharren mußten, in Anspruch nehmen.«

Aber, lieber Frank, gleich das zweitgrößte schon. Das schon, gell? Nämlich zum Drehen sonstwohin fahren und jederzeit wiederkehren zu können. Dieses zweitgrößte hätte ich auch lieber in Anspruch genommen, aber sie haben mich nicht lassen.

Na ja, das fiel mir nur gerade so ein.

Ganz liebe Grüße, auch an Karin,
Euer Freund Manfred«

Es fiel ihm keine Antwort ein.

### *Di 10.4.2001*

Ein Fahrer holte Fanny und mich zur Fahrt nach Hamburg ab, wo die Übergabe der »Goldenen Schallplatte« durch WEA gefeiert wurde. Es war eine wahre Gold-Inflation. Wer nur immer denkbar war, bekam eine Platte. Mindestens ein Dutzend Stück, darunter Schöps und Ramcke und weiß der Deibel wer noch. Der Abend war nett. Sehr nett war der NDR-Intendant Jobst Plog, der mir versicherte, daß er mich für den Sender noch gut brauchen könne, ich sei ja nun mal ein Mann des NDR, auch eine Musiksendung könne er sich vorstellen usw. Ich versprach, ihm eine »Schlafstörung« zukommen zu lassen.

Auch Frau Heinze war da, aber nur 10 Minuten, um dagewesen zu sein. Das Restaurant hatte eine gute Küche, es gab Lammbraten mit Kartoffeln und Sauerkraut. Frau Küster hielt eine nette Rede darüber, wie schwierig und seltsam der Sänger Manfred Krug sei. Wie dann aber doch alles gutgegangen ist.

Um 23.00 Uhr ab nach Hause. Auf der Hin- und Rückfahrt interessante Gespräche mit Fanny über Menschliches, Allzumenschliches. Ich habe über meine Tochter viel gelernt. Der junge Fahrer wohl auch.

### *Mi 11.4.2001*

Um 15.00 Uhr kam Krista Schädlich. Wir kauten noch mal den ganzen Scheiß mit Springer durch. Sie meint, die »BamS«-Leute drucken, was ich haben will, das hätte ihr der Strasser quasi versprochen, und dem Strasser hätten's quasi die Leute aus dem Springer-Vorstand versprochen usw.

Na gut, da habe ich sofort dem »BamS«-Strunz einen etwas schärferen Brief geschrieben. Er soll mir einen seiner Kollegen ins Haus schicken. Morgen soll er Ja oder Nein zu dem Vorschlag sagen. Bin gespannt.

### *Do 12.4.2001*

Heute vor 40 Jahren flog der erste Mensch in den Kosmos: Juri Gagarin. Er war auch der erste, der die Erde als »Blauen Planeten« bezeichnete.

11.25 Uhr mit der Sekretärin von »BamS« gesprochen und gefragt, ob es zu dem Treffen kommen kann. Sie hat »ja« gesagt und sich viele Terminmöglichkeiten, nämlich jeden Tag bis Mittwoch, den 18.4., nennen lassen. Wer von denen auch immer kommt: Ich werde ihn so quälen, daß er froh sein wird, wenn er wieder gehen darf.

Um 16.40 Uhr kam ein Fax mit dem Terminvorschlag Samstag, den 14.4.2001, 11 Uhr. Ich hab nur: »Ja, danke. M. K.« druntergeschrieben und zurückgefaxt.

Es kommt genau derjenige, der im Altherrenverein von Norderstedt mit Jan Schiebold gefußballert und den Deal ausgeheckt hat. Allein das bedeutet schon, daß die Jungs unter Druck geraten sind. Ich kann ziemlich scharf rangehen.

### *Sa 14.4.2001*

Der stellvertretende Chef von »Bild am Sonntag« war 5 Minuten vor 11.00 Uhr schon da. Ich habe ihn ausgesucht freundlich empfangen und Kaffee gekocht. Dann habe ich gefragt, ob er was dagegen hat, wenn ich den Recorder einschalte.

Dann habe ich ihm den vorbereiteten Zettel zugeschoben:

»Vereinbarung

1
Wenn es nicht zur Einigung zwischen »BamS« / »Bild« und Manfred Krug kommt, dürfen Inhalte des heute Gesprochenen und Besprochenen weder gerichtlich noch außergerichtlich verwendet werden, auch nicht im Rahmen der gerichtlichen Auseinandersetzungen.

2
Bei Einigung darf eine Veröffentlichung nur nach vorheriger und schriftlicher Autorisierung des zu Veröffentlichenden durch M. Krug erfolgen.

Berlin, 14.4.2001«

Das hat er sofort unterschrieben. Da wußte ich, daß die Sache prima laufen würde.

Ich sagte in etwa, daß ich den privaten Brief des Wirtschaftsingenieurs Jan Schiebold an mich in der »Bild« vollständig abgedruckt sehen möchte, mitsamt dem kleinen Männlein, das dort zu sehen ist und das zwei pralle Geldsäcke fortschleppt. Dann wüßte nämlich jeder, warum ich den Mann für einen Raffer gehalten und weshalb ich jenen Merksatz mit dem Kaiser Friedrich geschrieben habe. Und jedem würde klar, keinesfalls habe ich T-Aktionäre verhöhnt, sondern nur Schiebolds Unverschämtheit zurückgewiesen.

Nach einer Stunde waren wir mit allem fertig. Ich schaltete das Band ab und verabschiedete ihn, weil Olaf zur Massage kam.

Ich nahm die Kassette heraus, beschriftete und datierte sie sorgfältig und stellte dann fest, daß ich vergessen hatte, das Mikrofon einzuschalten.

Das Band in der Kassette war leer.

### *Mo 16.4.2001 Ostermontag*

Ein Fax vom »BamS«-Redakteur:

»Vorab per Fax – Hamburg, 16. April 2001

Sehr geehrter Herr Krug,

vielen Dank für das freundliche Gespräch am Samstag. Ich glaube, wir kommen zu einem guten Ergebnis. BILD am Sonntag wird Ihren Text in der Ausgabe vom 29. April in der vereinbarten Form (incl. Männlein und Geldsäcke) abdrucken. Unseren Entwurf erhalten Sie am 24. April. Es wäre schön, wenn Ihre Antwort bis zum 25. April eingeht.

Ich wünsche Ihnen und Ihrer Familie ein frohes Osterfest.

Mit freundlichen Grüßen«

### *Do 19.4.2001*

Fax von K. M. Schädlich: Sie will wissen, was nun mit der »Bild«-Zeitung geworden ist. Sie habe von Strasser gehört, daß jemand bei mir war und wir uns geeinigt hätten usw. Das habe ich auf Band bestätigt und durchgegeben, daß am 29. 4. eine sanfte Rücknahme in »BamS« erscheinen wird. Ich sei jetzt gespannt, wie fair oder wie kümmerlich diese Rücknahme ausfallen werde.

### *Mo 23.4.2001*

Im Jahre 2050 wird es in Deutschland, wenn alles wie bisher weitergeht, 22 Millionen Einwohner weniger geben. Das wäre quasi einmal die ganze DDR und Hessen dazu. Das ist ein Viertel der Deutschen. Wir sind also ein Einwanderungsland, und es geht um Gedeih oder Verderb. Mindestens 200.000 Menschen müssen jährlich einwandern, dann wird die Abwärtskurve sanft und steuerbar, aber abwärts geht sie dazwischen noch immer.

Fax vom »BamS«-Redakteur: Er will mir morgen nach Gera faxen, wie die Seite in »BamS« aussehen soll. Es wird irgendwo in der Nähe von Seite 22 sein. Na ja.

Ich habe ihm gesagt, daß die einstweilige Verfügung in eine endgültige Verpflichtung gewandelt werden müsse: Mein altes Sündenregister darf nicht mehr aufgekocht werden, es sei denn, ich würde einem Verkehrsteilnehmer erneut eine schmieren.

RA war nicht zu erreichen. Ich habe ihm meinen Brief, der am 29.4. in »BamS« erscheinen soll, zugefaxt. Damit ist diese Sache für mich erledigt.[17]

### *Di 24.4.2001*

15.00 Uhr Abfahrt mit Hübenthals nach Gera. Dort in der alten DDR-Stadthalle gibt es 1.400 verkaufte Plätze.

18.15 Probe, das Potpourri geübt. Ein eher schwaches Arrangement von Andreas Bicking mit einigen Mißverständnissen an der Harmonie-Front.

Der BamS Redakteur faxt mir ins Hotel die verkleinerte Seite mit meinem Beitrag »Manfred Krug antwortet«. Die Sache ist o.k.

Das Publikum in Gera ist aufmerksam und interessiert, dort ist gut zu arbeiten. Viele junge Leute. Nach der Vorstellung eine volle Stunde Autogramme usw. Hab mein Geld dort hart verdient.

Eine hübsche Kleine mit kurzen Haaren ist mir aufgefallen. Sie übergab mir ein Kuvert mit MC und Liebesbrief.

---

[17] Einige Jahre später äußerte Manfred Krug sich in einem Interview, das die Zeitschrift »stern« am 6.2.2007 anlässlich seines 70. Geburtstages druckte, auf die Frage »Was bereuen Sie? Gibt es jemanden, bei dem Sie sich entschuldigen möchten?«: »Ich entschuldige mich aus tiefstem Herzen bei allen Mitmenschen, die eine von mir empfohlene Aktie gekauft haben und enttäuscht worden sind. Keine Entschuldigung bei den Zockern, die das Spiel kennen. Nur bei denen, die nicht klüger waren als ich selbst.« Dass er Kleinanleger zum Kauf ermutigt hatte, bezeichnete er als seinen größten beruflichen Fehler, »weil er die Käufer zu Schaden gebracht hat. Das Mindeste, was man sagen muß: Er hat ihnen nicht den Gewinn gebracht, den sie nach ihrem Einsatz erwarten durften. Das gilt auch für mich, der ich aus Überzeugung ebenfalls diese Aktien kaufte.« Diese besitze er alle immer noch: »Ich betrachte es als eine Art Selbstbestrafung. Es sind bis heute die einzigen Aktien, die ich selbst gekauft habe.«

Abends lese ich noch zwei ganz zärtliche, entzückende Liebesbriefe, die zwei ältere Damen mir zugesteckt haben und die freilich immer noch 20 Jahre jünger sind als ich.

### *Mi 25.4.2001*

In Bitterfeld steht noch das Kulturhaus des Elektrochemischen Kombinats, in dem damals der »Bitterfelder Weg« erfunden worden ist. Das Haus könnte auch von den Nazis gebaut worden sein. Die Feuerwehrleute fühlen sich noch immer sehr wichtig, der Bühnenmeister zieht vor uns eine große Schau mit dem Eisernen Vorhang ab. Alle Bühnenmeister lieben ihren Eisernen Vorhang. Schon das Wort gibt ihnen Wucht. Ich mache mich prompt darüber lustig. So was kränkt die Vertreter der Arbeiterklasse immer sehr, vor allem, wenn es eher Vertreter der Wichtigtuerklasse sind, wie es die meisten Vertreter der Arbeiterklasse in der DDR waren, bis hoch in die Regierung.

### *Do 26.4.2001*

Freiberg war ein besonders schöner Abend. Sehr aufgeweckte Menschen, keine Pointe vergebens. Wunderbar. Mir fielen auch allerlei Späße aus dem Hut ein. Ich quatschte herum, schon immer sei ich gern nach Freienwalde, Freiburg und auch nach Freiberg gefahren, weil mir die Hauptsilbe »Frei« so gut gefallen habe. Schön, daß die Bürger dieser Städte sich aus freien Stücken diese Silbe gewählt hätten. Ich stellte mir vor, es habe einen freistehenden Berg gegeben, in dem ausgangs des Mittelalters jedermann hätte herumbuddeln dürfen, daraus sei dann die Bergakademie entstanden. Später wäre es dann mit dieser Silbe bergabgegangen, wie hätte es sonst solche unfreien Dinge geben können wie das »Freie Wort« Suhl, den »Freien Deutschen Gewerkschaftsbund« oder die »Freie Deutsche Jugend« usw. Die Leute wollten ihre Sitze nicht verlassen. Der Buch- und Plattenverkauf dagegen überraschend mager. Wie das? Weiß nicht.

Abends im Hotel gut und altsächsisch gegessen. Der Koch war ein Marokkaner, der sich über unsere Komplimente freute.

Danach genug getrunken und ein wichtiges Gespräch mit Gumpert und Protzmann geführt. Hauptpunkt: Ein Sänger muß sich in jeder Einzelheit, vor allem aber in harmonischen Fragen, absolut auf die Musiker verlassen können. Es wurde sehr genickt.

Evelyn Künneke ist im Alter von 79 Jahren an Krebs gestorben. Sie war eine warmherzige Frau, hilfsbereit und großzügig. Sie hat mir ihre Wohnung und das Steinway-Klavier ihres Vaters Eduard jederzeit geliehen, das letztere, um mit Ingfried Hoffmann zu komponieren, die erstere, weil ich mal eine Freundin hatte, die ich von Zeit zu Zeit unbedingt unter 4 Augen sprechen wollte. Evelyn Künneke war die erste deutsche Sängerin, die ein Feeling für Swing hatte. Auch in deutscher Sprache. Außerdem war sie einmal Europameisterin im Brustschwimmen.

### *Frei 27.4.2001*

Es wird in diesen Tagen 10 Jahre Tschernobyl »gefeiert«. Vor 10 Jahren saß ich mit nacktem Oberkörper in der Nähe der KZ-Stadt Dachau und drehte »Auf Achse« und ahnte nicht, daß gerade in Bayern die Strahlung sich sehr erhöht hatte und man davon sprach, Salat und Gemüse zu vernichten. Bis ich im Tal Meßtrupps entdeckte, die mit Geigerzählern über die Äcker liefen.

12.00 Uhr Abfahrt nach Hoyerswerda. Ich bin entzückt von den kleinen sächsischen Dörfern, die sich allmählich aus dem Mist der letzten 40 Jahre herausschälen. Sicher machen viele Leute Schulden, um endlich die Dächer neu einzudecken. Die Dächer sind das Wichtigste. Es gibt alle Arten und Farben von Schindeln, man sieht, wie die Leute schwelgen, hört, wie die Häuser schnurren unter den Wohltaten, die ihnen widerfahren.

Dann kommt der Schock von Hoyerswerda, die ekelhaften, abstoßenden Plattenbauten, schon halb verlassen, halb verfallen. Wer hier ein junger Kerl ist, muß sich tatsächlich wie ein Arschloch fühlen. Ich sehe in meiner Phantasie, wie so ein kleines Arschloch aus dem Haus tritt, den Haß noch in den Augen, weil sein Vater, seine Mutter, seine Oma, weil sie alle gesagt haben:

»Du kleines Arschloch!« Ich sehe, wie der dann rauskommt und sich sagt: Ich suche mir jetzt ein paar andere Arschlöcher, und dann werden wir denen mal zeigen, was los ist: Dann schmeißen wir die größte Schaufensterscheibe ein und suchen uns einen, den wir klatschen können.

### *Sa 28.4.2001*

Nachmittags nach Potsdam gefahren und im Nikolaisaal (ca. 750 Leute) geprobt. Otti und die heisere Fanny kamen mit.

Das Konzert und die Lesung waren sehr schön, der Saal übervoll, die Leute herzlich und gewitzt. Wir hätten die Mucke zweimal verkaufen können.

Nach dem Konzert wurden wir alle ins Filmmuseum gekarrt, das im ehemaligen Marstall untergebracht ist. Die Schlange der Autogrammsammler riß eine volle Stunde nicht ab. Ich war erschöpft. Hans Heinrich und der Schauspieler Finke waren da, aber ich wollte nach Hause.

Frau Bickel hatte in dem neuen Hübenthal-Mercedes den Schlüssel auf den Sitz gelegt und die Tür zugeknallt. Darauf mußte eine Scheibe zerschlagen werden, aber der Kofferraum ging immer noch nicht auf. Katastrophe. CDs konnten nicht verkauft werden usw.

### *Mo 30.4.2001*

Mit dem Lektor vom Verlag Kiepenheuer & Witsch telefoniert und ihm erklärt, daß ich nach dem Einsatz von Strasser gegenüber der »Bild am Sonntag« nun doch beim ECON Verlag bleibe. Dafür hatte er Verständnis.

Abends redet in 3sat der Regisseur Christoph Schlingensief gegenüber einer niedlichen Studentin sehr offenherzig über seine chaotischen Spermien. Die wüßten nicht, was sie zu tun hätten; sie hätten noch nie ein Ei gefunden, und sollte das aus Zufall doch passieren, so wüßten sie damit nichts anzufangen. Deshalb sei er leider kinderlos. So hat jeder sein Päckchen zu tragen.

### Frei 4.5.2001

Der in Stettin geborene, in der DDR erfolgreiche Rudi Strahl (»Ein irrer Duft von frischem Heu«), der auch mit Jurek gut bekannt war, ist mit 69 Jahren an Krebs gestorben. Ich hatte nach der Wende noch einmal Kontakt zu ihm aufgenommen, wollte ihn ermuntern, eine heitere TV-Krimi-Serie für mich zu schreiben. Er versuchte es tatsächlich. Aber schon der erste Entwurf war nicht das, was ich mir erhofft hatte. Schade. Ein sympathischer Mann.

Mein Vater hat mich, als ich Kind war, gern vor dem gewarnt, was später kommen würde, wenn ich erwachsen bin. Aber selbst er hat darüber geschwiegen, welche Gemeinheiten auf einen Greis lauern.

### Di 8.5.2001

Tag der Befreiung vom faschistischen Terror. Ein heiterer, heller Tag. In diesen Tagen vor 56 Jahren kamen die Russen nach Hennigsdorf. Ich durchlebe diese Zeit noch mal, weil ich an »Schöne Kindheit«[18] schreibe.

### Mi 9.5.2001

Da ich übermorgen zum ersten Mal im Leben in der kleinen sächsischen Stadt Schneeberg sein werde, habe ich im Meyers Taschenlexikon nachgeprüft, ob Egon Günther wirklich ein Sohn dieser Stadt sei. Dort hatten nämlich am 24.11.2000 die Stadträte dem Egon mit 17 gegen 5 Stimmen die Ehrenbürgerschaft verwehrt.

Kaum hatte ich das Buch zugeschlagen, ruft Frank Beyer an, er sei von Egon Günther angerufen und um meine Telefonnummer gebeten worden. Natürlich wurde sie nicht rausgerückt, also rief ich Egon an. Zufälle gibt's. Egon Günther hat Freunde beim Aufbau Verlag. Die haben erfahren, daß ich von ECON weggehe. Mit einem schönen Gruß vom Aufbau Verlag: Ob ich nicht dorthin überwechseln wolle, dort gäbe es gute Leute, und der Verlag

---

18 So lautete der Arbeitstitel für sein Buch »Mein schönes Leben«.

würde sich sehr freuen. Ich habe ihm die Geschichte von Strasser und der »BamS« erzählt, und daß ich Genugtuung erfahren hätte. Egon hat ein Filmdrehbuch über Friedrich Nietzsche geschrieben. Ob er es mir nicht schicken dürfe, er möchte, daß ich es lese. Das ehrt mich. Egon kann sehr schöne Drehbücher schreiben. Siehe »Rosamunde«. Da allerdings hat mich das Drehbuch mehr erschüttert als der Film.

### Do 10.5.2001

Man glaubt ein Leben lang nicht, in wie viele Sorten von Abhängigkeit man geraten kann, wenn man alt wird. Man ist abhängig vom guten Willen der Leute. Wann ist eine Behörde schon gutwillig, ein Arzt, ein Nachbar, den du bitten mußt, für dich lauter zu sprechen? Wüßte man schon in jungen Jahren, wie es einem dann ergehen wird, man würde vielleicht den Lebensweg gar nicht erst antreten.

Mühlhausen ist eine hübsche, alte, verwinkelte Stadt, 1707 zu großen Teilen abgebrannt und wieder aufgebaut. Etwas verloren, etwas am Rande. Viele Spießbürger, damals entsprechend viele Stasi- und Kampfgruppenleute, die versteinert in einem meiner letzten Konzerte saßen und die ich damals mit dem Spruch begrüßte: »Ich danke Ihnen, daß Sie so zahlreich gekommen sind, auch denen in den ersten 6 Reihen, die für ihre begehrten Eintrittskarten keinen Pfennig bezahlt haben.«

Wir schliefen in einem etwas trostlosen Privathotel. Die unterste Sorte Hotel erkenne ich daran, daß nicht einmal eine Flasche Wasser im Zimmer steht. So was gibt's nur in der ehemaligen Zone. Es muß noch gelernt werden.

### Frei 11.5.2001

Um 11.00 Uhr Abfahrt nach Schneeberg. Dreistündige Fahrt durch Behinderungen wie Staus und schmale Landstraßen. Im Stundenhotel etwas geschlafen. Dann das Konzert. Ich habe den Leuten einen leichten Einlauf gemacht, weil der Stadtrat von

Schneeberg dem Egon Günther, Sohn der Stadt, im Nov. 2000 die Ehrenbürgerschaft verwehrt hatte.

Die Akustik des Saales war trocken, aber gut, ganz im Gegensatz zu gestern, wo wir in der Kornmarktkirche gegen den »nassesten« Klang aller Zeiten ankämpfen mußten. Hier im Kulturhaus war es gut, das scheinbar hinterwäldlerische Publikum erwies sich als leicht erweckbar, und wir swingten vorzüglich.

Bei der Autogrammstunde, ich war noch schweißnaß, drückte und herzte mich eine ältere Dame, überreichte mir einen Strauß Rosen und konnte gar nicht ablassen. Die Leute in der Schlange waren gerührt, daß ich alles über mich ergehen ließ.

Dann tauchte plötzlich die Witwe Bretschneider auf, von deren Mann ich 1972 den alten BMW 328 gekauft hatte. Das war in dem idyllischen Ort Wolfsgrün. Die Familie hatte dort eine Kartonagenfabrik gehabt, die enteignet worden war. Der ehemalige Besitzer wollte etwas über 20.000 Mark für das Auto haben, damit er sich einen neuen russischen Shiguli kaufen konnte. Ich kam mit dem Bargeld nach Wolfsgrün. Otti und die kleine Fanny, fast noch ein Baby, waren dabei. Ich hatte das Traumauto und war glücklich. Die einzige Fahrt, die der Wagen spuckend und krachend bestehen mußte, war die Fahrt nach Hause, nach Berlin.

### Sa 12.5.2001

Die Schädlich faxte mir einen schönen Brief. Sie habe mit Vergnügen die 54 Seiten gelesen. Ich solle mich selbst nur ja nicht bremsen und alles aufschreiben, was mir einfiele, es sei nichts zu lang oder langweilig. Im Gegenteil, sie könne sich vorstellen, daß ich zwischen den Dialogen noch füllen könnte usw.

Ich ahne, es kommt eine furchtbare Arbeit auf mich zu. 400 Seiten? 500 Seiten?

Um 14.00 Uhr kommt Poche. Er meckert über die einschlafenden alten Leute und über die wichtigtuerischen Tussis von der Akademie. Wenn er nicht das Geld für den Flug und die Übernachtung bekommen würde, dann würde er nicht zu einer einzigen Sitzung der Akademie nach Berlin kommen. Außerdem sei die Übermacht der Ossis unübersehbar, gegen die Stimmen von Reisch und Kohlhaase sei noch heute so gut wie nichts zu machen. Usw.

Klaus Schlesinger, geb. 9.1.1937 in Berlin, sei in der Nacht vom 10. zum 11. Mai an Leukämie gestorben.

Lothar Warneke, dem Regisseur, soll wegen Durchblutungsstörungen ein Unterschenkel amputiert worden sein. Das ist doch alles sehr unangenehm.

### *Di 15.5.2001*

In Lübeck ist der Kartenvorverkauf so mäßig, daß wir die Vorstellung abgeblasen haben. Schade, nicht zu ändern. Die Halle dort faßt 1000 Menschen, bisher verkaufte Karten: 320 Stück. Einmalig. Aber das könnte im Westen demnächst öfter passieren.

### *Do 17.5.2001*

12.00 Uhr mit Hübenthal nach Halle gefahren, vorher Fanny zu Hause abgeholt. Ich fuhr in Halle zum »Dorint«-Hotel, um noch eine Stunde im Tageszimmer zu schlafen. Im Foyer traf ich den Hallenser Hans-Dietrich Genscher. Er war sehr nett, sprach mich an, so daß ich keine Chance hatte, ihn vornehm zu übersehen. Herzliche Begrüßung, dann zeigte er quer durch den Raum zu einem Tisch, an dem seine Frau und Verwandte saßen: »Bitte begrüßen Sie doch diese Menschen dort, sie würden sich sehr freuen.« Ich machte den Genscherangehörigen also kurz meine Aufwartung und ging dann schlafen.

Am Abend kam netterweise der begabte Hallenser Schauspieler Winkler in die Garderobe. Ich hatte mehrmals mit ihm gespielt und habe dann am Abend auf der Bühne etwas Namedropping gemacht.

Fanny hatte sich schön angezogen, frisiert, geschminkt und machte ihre Sache sehr gut. Alle waren von ihrem ersten Auftritt begeistert, und es waren viele gekommen: der Dresdner Aust, der begeistert war, Jörg Stempel, Lars Ingwersen, der sich einen Live-Mitschnitt vorstellen kann. Hübenthal & Bickel zeigten sich beeindruckt, aber auch die Musiker und vor allem ich selbst waren sehr zufrieden. Otti, Regine, Fine und Julius waren extra angereist und blieben zum Feiern in Halle. Ich bin nach 2 ½ Stunden und 40 Minuten Autogramm-Kukidata fix und fertig, küsse die ganze Verwandtschaft, vor allem Fanny, und fahre nach Berlin schlafen.

### *So 20.5.2001*

Letzte Nacht habe ich einen Dokumentarfilm über die DDR gesehen, der im Jahre 1990 zusammengestellt worden ist. Er heißt »Kinder, Kader, Kommandeure«; ein aufschlußreiches Werk. Extra für den Schluß-Song dieses Films war ich damals ins Studio gegangen und hatte den Song »When It's Sleepy Time Down South« mit neuem deutschem Text aufgenommen.

### *Mo 21.5.2001*

Abends mit Otti zum 3. Geburtstag von Daisy-Philine zum Heidehof gefahren und in den spießigen Schrebergärtchen mit vielen netten Kindern und ihren Müttern etwas Kukidata gemacht.

Eine verantwortliche Hausbewohnerin (Blockwartin) kam und forderte uns auf, den Spielplatz zum Zwecke des gemeinsamen Feierns zu verlassen, der sei nur für die Kinder da. ☺

### *Di 22.5.2001*

Hübenthal bittet dringend um Anruf. Er ist nervös, weil jetzt schon im Untergrunde der »Band« irgendwie gegrummelt werde. Er hat Muffensausen wegen Leta. Ich habe ihm gesagt, was ich gestern Protzmann gesagt hatte, daß ich nämlich an jeden Ort komme, um Leta Davis zu erklären, warum sie ausscheiden müsse.

Dann habe ich Uli Gumpert angerufen und ihm dasselbe gesagt.

Klipp und klar: Fanny sei die bessere Sängerin, mit der ich besser arbeiten könne. Und das habe nichts mit meiner Vaterschaft zu tun. Es komme öfter vor, daß eine Band sich für die bessere entscheide. Am liebsten hätten sie alle Ella Fitzgerald, aber die sei schon tot. Und wenn er, Gumpert, die Ehre hätte, Ray Charles auf einer Jahrestournee zu begleiten, dann würde er mich behandeln wie eine heiße Kartoffel in seinem Mund. Und das wäre o.k. so. Das ist der Lauf der Welt.

### *Frei 24.5.2001*

Ich bin erst früh um 6.00 Uhr eingeschlafen. Entsprechend müde war ich, als Marlene um 9.00 Uhr hereinkam und mich weckte. Petra ging zur Arbeit. Alles ging gut.

Kaum war Petra zurück von der Arbeit, da verwandelte sich das Kind wieder in die Herrscherin, die ihre Mutter umgehend zur Lakaiin macht. Am Tisch spricht nur sie, und zwar unterbricht sie, wen und wann immer sie will. Dabei geht es um Kotelettgröße, Anzahl der Spargelstangen usw. Sie greift über den Tisch, wann und was sie will. Dabei kleckert sie beliebig herum, mit knapper Not von ihrer Mutter assistiert, die, um die Tischdecke zu retten, kaum Zeit findet, selbst zu essen. Marlene ist laut, hustet jeden quer über den Tisch an, ohne die Hand vor den Mund zu nehmen, daß man den bakterienreichen Luftstrom spürt. »Taschentuch!« sagt sie, die Mutter bringt ihr ein Papiertaschentuch, das sie nach dem Naseputzen neben den Teller legt. Die Mutter bringt das Taschentuch in die Mülltüte und so weiter und so weiter.

Nicht über das Essen, sondern über Erziehung habe ich ein paar Worte gesprochen. Der Krach war da. Beide bildeten eine völlig einige Partei gegen mich.

### *Mo 28.5.2001*

Ein Bericht über Lavater im Fernsehen, den Erfinder der Physiognomik. Der heute eher verlachte Lavater, der wegen seines Glaubens an die Erkennbarkeit von Charaktereigenschaften aus den Gesichtszügen sich in aller Welt hänseln lassen muß, ist mir selbst eigentlich ganz verständlich. Man braucht nur das Volk zu fragen: Welchen Politiker haltet ihr für rechtschaffen und welchen für einen Ganoven? Man wird zu einem erstaunlichen Ergebnis kommen. Als hätte das Volk die Physiognomik von Lavater studiert. Jeder weiß doch Bescheid, wenn er das Gesicht von Koch aus Hessen studiert. Oder Walther Leisler Kiep. Man weiß Bescheid. Es gibt Einzelfälle. Manche Menschen können über ihr wahres Gesicht hinwegtäuschen. Wie zum Beispiel Manfred Kanther. Der hätte sogar Lavater getäuscht. Aber per Saldo ist alles in Ordnung: die Trefferquote mag höher sein als 80 %.

In Greifswald eine Beton-Halle, in die wir nicht hineinkamen. Mühsam mußten wir uns den Zugang erkämpfen. Alte DDR-Schule. Hausmeister und Leiter des Hauses und Pförtner – alles PDS-Wähler. Sie standen herum, keiner schloß auf, keiner grüßte, Hände in den Hosentaschen, abweisende Haltung.

Konzert in Ordnung, die Leute langsam aber zunehmend erwachend und freundlich.

Nach dem Konzert gab es die Aussprache mit Leta Davis in deren Garderobe. Ich erklärte noch mal, daß ich Fanny gern singen lassen würde, weil ich die Story »Vater und Tochter« sehr wirkungsvoll und rührend finden würde. Davon, daß Fanny erheblich besser singt als Leta, habe ich nicht gesprochen. Leta sagte, es gingen ihr Gelder verloren, wenn sie jetzt auf die weitere Tournee verzichte. Zu diesem Handel hatte sie kein Recht, denn alle ihr zugesagten 38 Konzerte wird sie absolvieren. Ich verließ verärgert die Sitzung. In meiner Abwesenheit hat Leta dann nachgegeben.

### *Di 29. 5. 2001*

Im »Elbhotel« in Rostock Brathering gegessen, danach setzten schlimme Zahnschmerzen ein. Unmöglich, auch nur eine Minute zu schlafen. Ich vermute, es ist unten der Backenzahn Nr. 6.

Das Konzert in der großen Stadthalle von Rostock, in der laut Absprache nur 1.400 Plätze verkauft werden durften, war sehr schön. Ich weiß aber nicht, was wirklich los ist mit dem Kartenverkauf. Man müßte sich die Zahlen genau nennen lassen. Die Hallen sind mir zu groß. So kann man die Konzertreihe schnell zu Tode tingeln.

***Do 31.5.2001***

13.00 Uhr Abfahrt mit Hübenthals. Fahrt durch gewaltige Regenschauer und auf oftmals halbseitig gesperrter Autobahn nach Hamburg in das Hotel »Radisson«, einen Riesenkasten. Frisches Hemd an und ab in die schöne alte Hamburger Musikhalle am Johannes-Brahms-Platz. Dort gibt es über 2.000 Plätze, davon etwa 1400 Sitzplätze, von denen aus man die Bühne sehen kann, und dazu ca. 800 sogenannte »Hörplätze«. Nur zum Hören. Denn Übertragungen per Radio oder Fernsehen waren damals nicht möglich. Man mußte sich ins Konzert bemühen, »nur« zu hören. Von den »Sichtplätzen« sind heute etwa 1.000 verkauft.

Ich habe das Konzert und die Lesung, aber auch die Moderation mit äußerster Leichtigkeit und mit Improvisationslust gemacht. Der Erfolg war nahezu überwältigend. Die für mich bisher größte Überraschung ist Hamburg. Die Leute waren vom ersten Augenblick an begeistert und hellwach. Schon bei der ersten Lesung, die ich heute mit heiterer Stimmung und neuem Ton gemacht habe, waren die Leute begeistert. Ich hatte nach meinen Erfahrungen mit dem »Zerbrochenen Krug« im St. Pauli Theater den Nordmenschen in seiner Sturheit erwartet. Es kam völlig anders. Ich fühlte mich wie in Italien.

Vielleicht waren 20% Alt-Ossis im Saal.

***Frei 1.6.2001***

Um 19.00 Uhr kommen wir in dem armseligen Theater von Wismar an, einer ehemaligen Reithalle. Das Theater von Wismar war wohl 1947 abgebrannt, das Provisorium hat überlebt. Ein großer Kontrast zu dem Hamburger Haus gestern. Hier sieht man, daß der Osten noch viel Geld braucht und daß der Westen es ohne Murren zahlen sollte. In den ehemaligen Ställen die Garderoben und Toiletten, die mit Haken verschlossen werden müssen. Aus den Dielenbrettern scheinen die Pferdeäppel der dreißiger Jahre noch hochzumüffeln. DDR-Wasserhähne aus Plastik, elektrische Wasserboiler, die vor sich hindampfen …

Klaus, der Techniker, hat in Hamburg versehentlich eine Kabelkiste stehenlassen, also mußte Zicke Schneider umkehren und sie holen. Er war deshalb 6 Stunden auf der Straße.

Das Konzert, das bis auf 30 Karten ausverkauft war, lief von Anfang an sehr gut. Ich revidiere das Vorurteil des mürrischen Mecklenburgers. Die Leute waren so herzlich und zugetan, daß die Veranstaltung nur gut werden konnte, und sie wurde sehr, sehr gut. Unter anderem auch deshalb, weil ich manche persönliche Geschichte eingeflochten habe, z. B. die Geschichte aus Güstrow, wo der Bürgermeister 1961 nach einem einzigen müden Lacher in »Auf der Sonnenseite« jene goldige Rede hielt: »… Wir hatten schon Hans Albers und Heinz Rühmann hier, und wir haben uns schon sehr amüsiert. Aber so kaputtgelacht wie heute …«

### *Sa 2.6.2001*

Drüben bei Otti hat Ernst-Ludwig Petrowsky (»Luten«) angerufen. Ich weiß noch heute nicht, welcher Teufel die Brüning und ihn geritten hat, damals auszusteigen. Dadurch wurde die Lösung Leta Davis überhaupt nur nötig. Sie hat uns tatsächlich fürs erste gerettet. Ich hätte damals schon Fanny aktivieren sollen, hatte aber keine Ahnung, was die wollte und konnte. Und ab Juli haben wir die bessere Lösung: eben Fanny. Das hat Ottilie dem Luten ungerührt gesagt.

### *So 3.6.2001 Pfingstsonntag*

Nachmittags um 17.05 Uhr zufällig in die Serie »Liebling Kreuzberg« auf WDR reingezappt. »Ausländersachen« hieß die Folge. Ich habe streckenweise herzhaft gelacht, und zwar nur über mich und da vor allem über die Witzchen, die ich mir zum Ärger Jureks selber reingeschrieben habe. Ich bin einfach ENT-ZÜK-KEND!

### *Mo 4.6.2001 Pfingstmontag*

Anthony Quinn im Alter von 86 Jahren gestern gestorben. Er hatte mit 3 Ehe- und ungezählten anderen Frauen 13 Kinder, das letzte mit 81 Jahren.

Heute hat Petra mir ein Gespräch mit Marlene erzählt. Die soll zu ihrer Mutter gesagt haben: »Wenn der Papa eine andere Frau hat, dann könntest du ja auch einen anderen Mann haben. Und mit dem könntest du ein anderes Kind haben, aber nicht so ein kleines, sondern genau so groß wie ich, und das könnte dann meine Zwillingsschwester sein …«

### *Mi 6. 6. 2001*

Fax von Pamela Biermann, sie will, daß ich sie anrufe.

Zwei Sachen: Sie wollen anläßlich des 25. Jahrestages der Biermann-Ausweisung aus der DDR ein Buch machen, da sollen von allerlei Leuten Beiträge eben über dieses Ereignis drin sein, ob ich nicht Lust hätte, auch einen Beitrag von 3–5 Seiten zu schreiben.

Ich sagte, daß ich schon alles, was ich darüber wüßte, in meinem Buch »Abgehauen« untergebracht hätte, daß ich aber nachsehen werde, ob mir was Neues dazu einfiele.

Dann möchte sie mich vorwarnen: Der Deutschlandfunk will ein Podiumsgespräch machen und hat gefragt, wen Biermann in der Runde dabeihaben wolle, da habe Biermann auch meinen Namen fallen lassen. Ich habe der Pamela umgehend gesagt, daß ich dazu keine Lust habe. Ich war einer der ersten (wenn nicht der erste), der gesagt hat, an dieser Biermannausweisung könnte die ganze DDR kaputtgehen. Was kann man heute Stärkeres dazu sagen?

### *Frei 8. 6. 2001*

11.00 Uhr, ich werde zur Synchronisation des amerikanischen Trickfilms »Cats and Dogs« abgeholt, wo ich einen alten russischen Kater spielen soll.

Ich habe den Kater synchronisiert, ein blöder Film, ein blöder Kater, eine veraltete James-Bond-Geschichte für Kinder. Ich hatte fast nur zu knurren, zu grunzen, zu fauchen. Und zwei Sätze auf Russisch, dessen korrekte Aussprache von einem Mann namens Waléra Kanischtscheff überwacht wurde. Der, so stellte sich heraus, ist russischer Schauspieler.

**Sa 9.6.2001**

17.30 Uhr holen mich die Hübenthals ab, wir fahren zur Museumsinsel. Soundcheck unmöglich, weil schon viele Leute da waren. Um 19.45 Uhr mit der Mucke angefangen. Etwa 1.400 Leute waren da. Alles ging normal, die Leute nicht überschwänglich, aber auch nicht unzufrieden. Nach der Vorstellung eine volle Stunde Autogramme. Viele Bücher unterschrieben, kaum CDs. Amiga kann nicht liefern. Bei den Autogrammfreunden viele blöde Sonderwünsche: »Bitte schreiben Sie: ›Liebe Mama, gib mir die Schallplatten zurück, die du dir von mir geliehen hast‹ …« und solches Zeugs. Die Berliner in ihrer fordernden Hauptstädtigkeit können Nervensägen sein. Pat Pohl war anwesend und Hannah Zinn, die mich auf dem Weg zur Autogrammstunde nur streifen konnte.

Eine Frau sagte: »Sie haben sehr nett über Eberhard Esche gesprochen. Er hatte neulich eine Lesung. Wissen Sie, daß er über Sie ebenso mit Achtung spricht?«

**So 10.6.2001**

Ich wollte ein paar Worte mit Hannah Zinn sprechen. Sie sagte, das Konzert sei sehr schön gewesen, sie freue sich, daß ich mich noch mal getraut hätte. Dann sagte sie, daß sie demnächst heiraten werde, und zwar den jungen Mann, mit dem sie vor einem Jahr hier war, den ich blond in Erinnerung hatte – wahrscheinlich deshalb, weil er ein »blondes Gemüt« hatte –, der aber dunkelhaarig war, wie Hannah sagt. Ich zählte im Scherz alle Gründe auf, warum ich ihr nie einen Heiratsantrag gemacht hätte, darunter die Hauptgründe, daß ich zu alt und daß Jurek mein Freund gewesen sei. Irgendwie kamen wir auf das Buch »Jurek Beckers Neuigkeiten an Manfred Krug & Otti«, da gäbe es zwei Stellen, über die sie mit mir mal reden wolle, da fühle sie sich »verletzt«. Grübel. Ja, an einer Stelle heiße es, sie sei seinetwegen extra aus Amerika nach Berlin gekommen, das klinge ja gerade, als wenn sie seinetwegen extra aus Amerika nach Berlin gekommen wäre usw.

Ich habe in dem Postkartenbuch die beiden einzig möglichen Stellen gesucht und danach noch einmal mit ihr telefoniert. Es kam heraus, daß sie sich in den Passagen allzu sehr am Rande behandelt gefühlt habe, »du hast mich verniedlicht«. Dabei seien es immerhin sechs Jahre ihres Lebens gewesen, die sie mit Jurek verbracht habe, es sei eine wichtige Zeit gewesen, von starken Eindrücken geprägt, sie sei ein Jahr mit ihm in Bergen-Enkheim gewesen und vieles andere mehr, das ich in den wenigen Worten im Buch nicht behandeln wollte, weil nicht behandeln konnte.

Alles in allem: Im Laufe von ca. 15 Jahren ist ihr klar geworden, daß sie eine interessante Zeit an Jureks Seite verlebt hat. Mehr und mehr wird ihr bewußt, daß dies eine Hauptstrecke in ihrem Leben war, und ich fürchte, der Eindruck wird sich in Zukunft noch verstärken.

### *Frei 15.6.2001*

Ich kann den Schwund meiner Beinmuskulatur nicht aufhalten, habe nicht die Kraft, energisch Sport zu treiben. Der Treppenaufgang in die 5. Etage ist nur mit Pausen in jedem Stockwerk zu bewältigen. Es ist dasselbe wie bei meinem Vater, nur 20 Jahre zu früh. Aber es ist immer zu früh zum Schwachwerden.

### *Sa 16.6.2001*

Heute wird Diepgen in Berlin per Mißtrauensvotum abgefrühstückt. Wird Zeit. Leider brauchen sie die PDS dazu. Bitter.

Ebi Esche hat aus reiner Freude angerufen. Wir haben geplaudert. Demnächst wird Fred Düren erwartet, dem das Deutsche Theater Tickets und Hotelbuchung nach Israel geschickt hat. Dürens Traum sei es noch immer, Rabbi zu werden. Das DT will mit einigen Altschauspielern des Hauses Abschied feiern.

Ich glaube, Ebi wird von der Berliner Lesung auf der Museumsinsel gehört haben, und sie werden ihm gesagt haben, daß ich achtbar und mit Liebe von ihm und über ihn spreche. Der Anruf war eine Art verdrucksteѕ Dankeschön.

***So 17.6.2001***

Erfolg: Trotz größerer Schlemmerei habe ich das Gewicht von 114,5 kg erreicht.

Der glatte CDU-Diepgen ist weg, Gysi wird von der PDS als Kandidat für das Bürgermeisteramt gekürt. SPD-Wowereit ist schwul, macht sonst keinen schlechten Eindruck. Schäuble ist kein Dummkopf. Er ist als Kandidat der CDU im Gespräch. Der wird sich hüten.

Fanny rief mich an. Der in Weimar lebende Pianist Matthias Bätzel rücke für Gumpert nach. Fanny fahre Dienstag früh nach Weimar, um mit dem neuen Pianisten zu proben. Der Einzige, der von all dem nichts weiß, bin ich.

***Mi 20.6.2001***

12.00 Uhr Fahrt mit Frau Bickel nach Freyburg an der Unstrut. Herrliche Landschaften, herrliches Wetter. Kirschalleen unweit von Naumburg/Apolda/Bad Kösen. In Freyburg war ich zuletzt während der Dreharbeiten an »Hauptmann Florian von der Mühle«.

Kleiner Aufenthalt im Hotel »Edelacker«. Nach dem Soundcheck Fototermin in der »Rotkäppchen«-Sektkellerei. Die Burg ist restauriert, die Weinberge reichen wieder bis in die Stadt herunter. Schön.

Der Saal, eine »Rotkäppchen«-Halle mit Charme von 1890, schrecklich hallig, für eine Lesung eigentlich unbrauchbar, dennoch zog ich durch. Der Direktor wollte den Fototermin für werbliche Zwecke außer Haus nutzen (Presse usw.), da habe ich den Termin kurzerhand verweigert. Abstauber. Geizige Leute.

***Do 21.6.2001***

16.00 Uhr Fahrt zum Soundcheck im Garten des noch immer heruntergekommenen Krystallpalastes in Leipzig. Nur geladene

Gäste (mit gedruckter Gästeliste) der »Leipziger Volkszeitung«, die von Springer gekauft worden ist.[19]

Die Veranstaltung war doof. Lauter quasselnde Leute, die sich für die Musik nicht sehr interessierten. Hartes Brot. Viele Wichtigtuer, Leute, die damit zu tun hatten, Spanferkel zu essen, sich zu zeigen und Geschäfte zu machen, viele Wessis. Augen zu und durch.

Nach der Mucke traf ich Fred Delmare, den kleinsten italienischen Schauspieler, der je in Leipzig Unterschlupf gefunden hat. Er verriet mir – fast auf dem Sterbebett – nach 40 Jahren meines vergeblichen Bemühens seinen bürgerlichen Namen: Werner Vorndran ☺.

### *Frei 22.6.2001*

Wir spielten im Hof des Schlosses Sonderhausen, ein imposanter Bau, der mit einer kleinen Bühne aus Planen und Bankreihen bestellt war. Wir fingen um sieben an. Eine halbe Stunde vorher klarte sich der Himmel auf, es blieb kalt, aber die Sonne schien zur letzten Vorstellung von Leta Davis.

Die Zuhörer waren hellwach und amüsierten sich sehr. Das ganze Konzert ging bei etwas Wind und Sonne über die Bühne. Der Chef des Rotary Clubs, sagte, daß er bei dem guten Kartenverkauf mit einigen Tausend Mark plus herauskäme. Prima.

Die Leute stellten sich dann zum Teil über eine Stunde lang nach Autogrammen an, die sie sich in Bücher und Plattenhüllen geben ließen. Allerdings: Sehr wenige Besucher gaben sich mit nur einem Autogramm zufrieden, der Durchschnitt lag bei drei. Nach 1 Stunde 10 Min. war ich fertig, dann fuhr ich den müden Herrn Hübenthal und Frau Bickel die etwa 250 km nach Berlin. Ankunft dort halb drei, und jetzt die Treppe hoch ☹.

---

19 Manfred Krug gastierte in Leipzig beim »Zoofest« der »Leipziger Volkszeitung«, die sich seit 1991 je zur Hälfte im Besitz der Verlage Axel Springer und Madsack befand. Bei dem heruntergekommenen Gebäude handelt es sich nicht um das (seit 1992 nicht mehr existierende) berühmte Krystallpalastgebäude, sondern um die damals noch unsanierte Kongresshalle

### *Mo 25.6.2001*

Die 79jährige Rosemarie Rehahn möchte für sich und ihren Enkel Karten für das Konzert in Köpenick am 15. Juli haben. Ich habe das sofort erledigt.

Ihr Gedächtnis ist hervorragend, sie erinnert sich an einen Besuch bei uns, weiß, wie die Möbel aussahen, alle Einzelheiten, erinnert sich, daß ich sie mal in ein Café eingeladen hatte. »Ach, Manfred, mein Jungchen«, sagt sie, »was werden damals die Menschen in dem Café gedacht haben. Ich weiß es. Sie haben gedacht: Toll, wie der Krug sich allerliebst um diese Oma kümmert. Und sie werden dich dafür noch mehr geliebt haben.« Süß.

### *Do 28.6.2000*

Die Fahrstuhl-Leute haben – wie vor 30 Jahren in der DDR – wieder den Handlauf des Treppengeländers als Amboß benutzt. Ein spezieller Vandalismus, das eine aufzubauen und dabei das andere, schon Gebaute, zu zerstören. Ich habe mit den Leuten scharf gemeckert. Sie kleckern Ölbatzen ins Treppenhaus, die wir täglich auflösen und aufwischen, sonst würden wir das Zeug in die Wohnung und auf die Teppiche schleppen. Die elektrische Dachluke haben sie aufgemacht und kriegen sie nicht wieder zu. Wenn ein Schauer kommt, klingeln sie bei mir und tun dumm. Auch die Handwerkerklasse ist durch die »Bild«-Zeitung noch doofer geworden.

Benjamin von Stuckrad-Barre war hier, ein netter, intelligenter Mann. War nur mit Schreibblock bewaffnet. Selten. Hat mit digitaler Kamera ein paar Fotos gemacht und sich aus »Schöne Kindheit« vorlesen lassen. Schien wohlgesonnen zu sein. Habe ihm »Tatort – Die Songs« und »Schlafstörung« geschenkt, worüber er sich freute. Er will 1 Seite im »Stern« machen.

Gestern ist Jack Lemmon mit 76 Jahren an Krebs gestorben. Ohne die große Klasse von Georg Thomalla hätte ich ihn auf Deutsch nicht hören wollen und nicht lieben können. Ein seltener Fall.

**Frei 29.6.2001**

Vergangene Nacht um 1.15 Uhr ist Slobodan Milošević in Den Haag angekommen. Henry Kissinger wird wohl an Altersschwäche sterben.

Benjamin von Stuckrad-Barre hat mir seinen Artikel durchgefaxt, ich hatte so gut wie keinen Änderungsvorschlag. Ein sehr netter und würdiger Einseiter für den »Stern«. Was'n intelligenter Mensch mit einer intelligenten Schreibe. Selten heutzutage. Habe mich zu ein paar Dankeszeilen hinreißen lassen.

**Sa 30.6.2001**

Livekonzert »Ray Charles 2001 in Basel« gesehen. Der Mann ist schlau. Er wird wohl der Bigband und den 4 Singedamen sagen: »Was wollt ihr? Wollt ihr euch auf der Bühne spreizen oder wollt ihr Geld verdienen? Na also, dann laßt mich zur Wirkung kommen und haltet euch zurück. Ich brauche euch nicht so dringend, wie ihr denkt. Ich brauche nur eure musikalische Präzision und eure strikte Zurückhaltung.« Und recht hat er. Das gibt es in Deutschland nicht. Hier muß man die paar brauchbaren Musiker, die es überhaupt gibt, mühsam zusammensuchen, und sie sind alle große Stars, die dem Sänger die Ehre geben oder auch nicht. Jeder muß ein Solo haben.

**So 1.7.2001**

11.00 Uhr Abfahrt mit Frau Bickel allein nach Mannheim; Zwischenstopp in Leipzig, wo wir Herrn Hübenthal zugeladen haben. Dann zu dritt über Eisenach, Frankfurt nach Mannheim gefahren. Kurz vor 17.00 Uhr angekommen und gleich zum Spielort Rosengarten in Mannheim, ein hübscher alter Saal, der 1.200 Menschen faßt. Etwa 850 Karten verkauft.

Vorstellung 20.00 Uhr bis 22.25 Uhr. Fanny sehr gut, nur auf der Probe noch besser, Publikum auch von ihr entzückt. Sicher waren viele Alt-Ossis da. Die Wessis haben von »Abgehauen« nicht allzu viel verstanden. Bücher- und Plattenverkauf recht gut. 40 Minuten lang die Finger wundgeschrieben. Am

Autogrammtisch ist Fanny vermißt worden; sie wird ab morgen mit dabei sein.

Das Hotel »Holiday Inn« nicht zu empfehlen. Spülbecken läuft nicht ab, Silikonfugen unappetitlich usw. Im Restaurant war es schwer, etwas zu essen zu bekommen. Die Verostung des Westens ist unaufhaltsam.

### *Mo 2.7.2001*

15.30 Uhr Ankunft in Baden-Baden, im dortigen »Queens«-Hotel, das vorher ein »Holiday Inn«-Hotel war. Das Zimmer von einer zwar unsichtbaren, aber höllischen Baustelle umgeben. Sofortiger Umzug nötig, sonst Lebensgefahr. Preßluftgeräte, Bohr- und Schreddermaschinen – unglaublich. Nebenan wird ein Badezimmer zermahlen. Unverschämtheit von dem Hotelpersonal, so was überhaupt zu versuchen. Umzug in den 1. Stock.

In der Stadt ein »Festspielhaus«, ein lächerlich großes Ding mit über 2.000 Plätzen, die natürlich nicht ausverkauft sind. Hinter der Bühne eine kleine, schmuddelige Küche mit einem Margarineeimer und ein paar Käsescheibletten, aus dem man sich eine Stulle schmieren kann. Ein Rastamann mit anderthalb Meter langen Haaren fummelt und stochert in dem Zeug herum, ich ekle mich. Alle ekeln sich. Ich mache dem West-Veranstalter einen gehörigen Einlauf. Alles trostlos. Und das in Baden-Baden. Erinnerungen an die Zeiten von 1957, als wir »Ich selbst und kein Engel« einstudierten, da hieß die Margarine nicht RAMA, sondern SANELLA. Und es gab noch keine Rastas zum Ekeln.

Plötzlich fängt Fanny in ihrer Garderobe ganz jämmerlich zu heulen und zu jaulen an. Wie ein kleines Wolfsrudel. Sie liegt auf dem Fußboden, und schreckliche Geräusche entringen sich ihrer Kehle. Das wird sie wohl in ihrem Logopädiestudium gelernt haben. Alle lachen. Und dazu reizt es wirklich. Fanny sagt, das sei ihr Einsingen, das brauche sie. Ich schlage vor, künftig, sooft es geht, eine Garderobe in einem anderen Stockwerk zu wählen, um den übrigen Phonoverkehr hinter der Bühne nicht zum Stillstand zu bringen.

Die überdimensionierte Halle scheint ein Thema in der Stadt zu sein, denn als ich eine Bemerkung darüber machte, ich sagte: »Man merkt der Stadt ihren Reichtum an. Baden-Baden ist die einzige Stadt, die sich leisten kann, in ihrer Kulturhalle für jeden Einwohner einen Sitzplatz bereitzuhalten« – da gab es einen großen Lacher.

»Nur« 700 Menschen waren da, die mit äußerstem Geschick gnädig verteilt worden waren. So voll sei die Halle selten gewesen, sagen alle. Na ja. Die Leute waren begeistert, auch von Fanny, die zum 1. Mal mit mir nach vorn gekommen ist und Autogramme verteilt hat.

### *Di 3.7.2001*

13.00 Uhr Abfahrt in Baden-Baden, Ankunft in Stuttgart nach einem großen Autobahnstau.

12 km außerhalb der Stadt in einem ekelhaften Betonviertel wieder ein »Holiday Inn«-Hotel, an dem alle 5 Minuten ein Zug vorbeifährt und dessen Zimmertüren allesamt mit einer speziellen amerikanischen Zuschlagvorrichtung ausgestattet sind, so daß man das Zimmer ohne Lärm nicht verlassen kann. Ab halb neun Uhr früh verwandelt es sich in eine aggressive Türenschmeißmaschinerie, und die Zimmermädchen wissen diese Türen zu nutzen. Schließlich können die Frauen nichts dafür, daß sich die Türen wie von selbst aus den Händen losreißen und zufliegen. So verschwinden die Gäste sehr früh aus dem Hotel. Prima. Ein Zimmermädchenterror, wie ich ihn nur aus der DDR und aus Rußland kenne.

### *Mi 4.7.2001*

12.00 Uhr bei entzückendem Wetter mit Sonne und weißen Wattewölkchen Abfahrt in das 200 km entfernte Nürnberg. Dort Zimmer im »Atrium«-Hotel. Dann Fahrt zum Serenadenhof, einem Freilicht-Geviert, einer hübschen Spielstätte direkt neben dem von den Nazis nicht vollendeten Größenwahnbau, der dem Kolosseum in Rom absichtsvoll ähnelt. Hier waren in diesem

Jahr schon Al Jarreau, Helge Schneider, José Feliciano usw. Und keiner von denen soll den Laden voller gekriegt haben als wir: ca. 800 Menschen.

Wieder viele Ossis und Wessis gemischt, die Franken nicht überschwänglich, aber nett.

***Do 5.7.2001***

Hannelore Kohl, die Frau des Altkanzlers Helmut, ist heute vormittag in ihrem Haus in Oggersheim tot aufgefunden worden. Selbstmord. Sie hinterließ mehrere Abschiedsbriefe. Sie soll schon über Jahre unter einer schweren und schmerzhaften Lichtallergie gelitten haben. (Vielleicht war sie aber auch nur eine anständige Frau und hat unter ganz anderen Sachen gelitten.)

***Frei 6.7.2001***

Brief von TELEKOM: Sie wollen mich vom 16.7. bis 18.7.2001 nach Frankreich zur Tour de France holen, was ich kaum abschlagen kann.

***Sa 7.7.2001***

Ich habe heute, in einer veränderten Version, doch in »Die Woche« ein paar Zeilen zum Stasiunterlagengesetz geschrieben, und zwar, daß wir Deutsche den Zugang zu den Akten brauchen, um etwas über uns zu lernen und uns zu bessern.

***Do 12.7.2001***

Auf dem Dach des alten »C&A«-Kaufhauses gehen die Montagearbeiten weiter. Offenbar wird der Bau »entkernt«, um ihn später abzureißen. Ein Leben lang Staub und Dreck und Krach, wenn man in der Stadt wohnt. Wie schön muß das früher in alten Fachwerk-Städten gewesen sein, wo ein ganzer Straßenzug bis zum nächsten Brand zwei-, dreihundert Jahre stand.

Fax von Pamela Biermann aus Frankreich, die mich erinnert, doch was zum 25. Jahrestag seiner Ausweisung zu schreiben. Ich setze mich hin und versuche es: Drei Schnurren aus alter Zeit.

### *Frei 13.7.2001*

Klaus Poche hat angerufen. Der Arzt habe die Halsschlagader untersucht und meint, die solle mit einem Stück Strick-Ader zuerst behandelt werden. Was ich davon hielte. Ich sagte, Rolf Römer hätte mit einer solchen Ader fast 30 Jahre gelebt, und dann sei er nicht daran gestorben, sondern an seiner Liebe zum Feuer. Ich hätte gerade meine innere Stimme gefragt: Bei ihm, Klaus Poche, würde alles gutgehen, hätte die Stimme gesagt.

### *Sa 14.7.2001*

Sehr schönes, heiteres Konzert bei dem dann doch warmen, trokkenen Wetter im Innenhof des alten Rathauses Köpenick, ebendes Rathauses, das den Hauptmann zum Plündern der Stadtkasse inspiriert hat.

Die Heyms waren anwesend, ich habe ihn gebührend als den »Altmeister des Aufrechten Ganges« begrüßt.

Der Rathausgastronom Herr Pinzl, der die ganze Sache mit den Jazzkonzerten seit Jahren organisiert, hat bei ca. 30 (!) Kellnern unglaubliche Mengen an Speisen und Bierhumpen aus der Küche zu den Gästen schleppen lassen, die gleichzeitig die Zuhörer waren. Alles in allem eine gemütliche und irgendwie herzliche Angelegenheit.

Morgen dasselbe noch einmal.

### *So 15.7.2001*

Stefan Heym ruft an, um zu sagen, wie schön der gestrige Abend für ihn war. Er sei wegen einer Magenverstimmung nicht dageblieben. Fanny sei ein großes Talent. Ich hätte wunderbar gelesen, und die Postkarten von Jurek seien Perlen, sie gehörten zum Besten, was Jurek geschrieben habe. (Das weiß ich schon lange, und ich sage es schon lange.) Das Gespräch endet mit folgenden Worten:

»Ich danke dir, lieber Stefan. Sei gegrüßt und, wie immer, geliebt.«

»Ich liebe dich auch«, sagt er.

Um 17.00 Uhr Abholung durch Hübenthals. Ottilie fährt mit, es ist wieder ein regnerischer Himmel. Daniel nebst Frau, Leonore, Schiller, Lüning nebst Frau sind anwesend. Letzteren begrüße ich freundlich als ersten Bandleader meiner Sängerkarriere.

Das Konzert und die Lesung in sehr heiterer Stimmung, ähnlich wie gestern. Das Wetter etwas kühler als gestern, und gegen Ende fing es ein wenig an zu regnen, das steckten die Berliner aber lässig weg und spannten die Regenschirme auf.

Ich war nach der nervigen Autogrammstunde fertig und fuhr sofort nach Hause. Abends kam Otti zu mir rüber und erzählte, daß Daniel die Tränen gekommen sein sollen.

»Warum?«

»Na, er hat sich an seine Kindheit erinnert, er war damals 13 Jahre alt, als sich das Gespräch mit Esche abspielte, das du schilderst. Jedenfalls brach er in Tränen aus, als das erste Lied ertönte.«

»Das wird wohl deshalb passiert sein«, sage ich, »weil er eine ganze Karriere weggeschmissen hat, als er 13 war. Das kommt ihm zu Bewußtsein, und deshalb heult er.«[20]

## *Mo 16.7.2001*

11.20 Uhr Taxifahrt zum Flugplatz Tegel. Es geht zunächst nonstop nach Lyon in Frankreich. Ich werde bis zum Abend des 18. Juli unterwegs sein für die Telekom, die mich als Winker und Zujubler an den Straßenrändern für ihr Radfahrer-Team auf der »Tour de France« gebrauchen kann.

In Tegel auf dem Flugplatz traf ich eine Sängerin, mit der ich während der siebziger Jahre »Porgy and Bess« in der Komischen Oper gesungen habe.

Im Flugzeug bei etwa 50 Plätzen nur 10 Passagiere. In Lyon Abholung per Auto und Fahrt zum etwa 50 km entfernten Hotel »Château de Faverges-de-la Tour«, einem ehemaligen Schlößchen,

---

[20] Anspielung auf Daniels Abbruch seiner Klavierstunden. Doch lag der Autor falsch: Es waren Tränen der Rührung, als er seinen Vater nach so langer Zeit wieder singen hörte.

nach Art der geschmacklosen »Romantik-Hotels« vollgemüllt. Bad schlimm, sonst ganz nett. Das ganze Haus riecht unangenehm nach Vanille, Lavendel und Zimt. Es ist in der Isère-Gegend. Bis 19.00 Uhr geschlafen, dann runter ins Hotel, essen usw., und auf den sehr netten Herrn Udo Hück getroffen, der lange Leiter der »Deutschen Telekom Frankreich« war und jetzt für mich zuständig. Dann Treffen mit den beiden ehemaligen Radrennfahrern Reimund Dietzen und dem in Südafrika lebenden Guido Eickelbeck. Sehr angenehme, unterhaltsame Menschen. Von Eickelbeck der Satz: »Seit sieben Jahren habe ich nur farbige Frauen!« Der Mann denkt nur an das eine. Und sein Spruch: »Wo sind die Berge am höchsten? Bei der Tour de France.«

Paar Cognacs und zwei gute Zigarren.

### *Di 17.7.2001*

7.00 Uhr bei schönster Sonne und Blick auf die Alpen im Wintergarten des Schloßhotels mit Hück gefrühstückt. Edles Gebäck, Käse, frische Himbeeren und Joghurt.

8.40 Uhr mit Hubschrauber – Pilot & 3 Personen – Flug durch herrlich grüne, teils bewaldete Landschaft mit Wattewölkchen und Gebirgsmassiven, über Dörfer und Städtchen. Nach 20 Min. gelandet in Chambéry in Aix-les-Bains, weiter mit Bus am Lac du Bourget vorbei zum Village, so nennt man das wandernde Restaurant, das jeweils in der Nähe des Startortes neu aufgebaut wird. Dort langes und herzliches Gespräch mit Kindervater, Ron Sommer und dem Chef (CDU) des Saarlandes, Herrn Peter Müller. Small Talk, vor allem mit der süßen, mädchenhaften Frau Kindervater, einer Fränkin mit rollendem »R«.

Ein bißchen Atmosphäre geschnuppert, Fahrräder, Fahrer, Plakate, Rummel usw. und zurück zum Flugplatz. 11.15 Uhr erneuter Start, diesmal mit 3 Helikoptern. Unvergeßlich. Berge, Wölkchen, Alm-Öhis, Burgen, Seen, Bäche. Über das Eis-Stadion von Albertville (Olympiade 1992). In der Nähe der Burgruine La Bâthie gelandet und auf die Fahrer gewartet. Für den Fotografen gewinkt. (Gähn!) 13.00 Uhr Abflug, den 2000 Meter hohen Berg

Col de la Madeleine entlang. Schnee auf den Gipfeln. 13.40 Uhr Landung in Allemond an der Talsperre und Fahrt mit dem Bus nach L'Alpe d'Huez – 1800 Meter hoch. Der ganze Berg hoch zum schweren Etappenziel voller heiterer Menschen vieler Nationalitäten, alle freundlich (keine Nazis oder Rüpel wie beim Fußball).

Die jungen Französinnen sind reizend und reizvoll. Sie sehen dich anders als die deutschen Frauen, sie sind entspannt, heiter, intelligent, ohne Krampf. Wie angenehm! Wäre ich jung und auf Brautschau, ich würde mich bemühen, eine Französin zu ergattern.

Von 14.15 bis 17.15 Uhr bei sich trübendem Wetter in 1500 Meter Höhe am Straßenrand gesessen und auf einem TV-Bildschirm den Rennverlauf des heutigen Tages gekuckt. Dann kam, kurz vor seinem Ziel, Lance Armstrong leibhaftig vorbei, und zwei Minuten später Jan Ullrich. Zweiter ist nichts, der Sieg ist alles. Jan Ullrich aus Rostock hat verloren. Was für ein hartes Bergrennen.

17.30 Uhr in die Busse und weg, 18.15 Uhr in die Hubschrauber und bei trübem Himmel, aber schönster Sicht Rückflug über die Walnußstadt Grenoble.

### *Mi 18.7.2001*

Trübe, Regen. 10.15 Uhr mit Bus zum Village für die nächste Etappe gefahren. 12.00 Uhr Ankunft.

Es ging ums Zeitfahren.

2 Stunden Gespräch mit Rudolf Scharping und Frau Kindervater in einem kleinen Caféhaus. Eine kleine Toilette für Männer und Frauen, die nur eine Kloschüssel hat und dauernd besetzt ist.

15.20 Uhr in dem engen Auto des Belgiers Godefroot, Chef des Telekom-Fahrerteams, eine Stunde lang hinter dem Fahrer Alexander Winokurow aus Kasachstan hergefahren. Tausende Menschen am Straßenrand. Sie schreien aggressiv und feuern an und machen schrecklich ernste Grimassen. Sie glauben an ihre Teilhabe. Warum sind die alle da? Sie wollen die Schmerzen der Fahrer sehen.

Armstrong wieder Erster, Ullrich wieder Zweiter. Armstrong nicht zu schlagen. Kein Gedanke.

17.35 Uhr erklimmen wir eine matschige Bergwiese und steigen zum letzten Mal in den Hubschrauber. 18.05 Uhr Ankunft auf dem Flughafen Grenoble und in einem kleinen, hochnoblen Düsenflugzeug mit 5 Ledersitzen über den Genfer See nach Köln geflogen.

Nach einer Stunde in Köln angekommen, von Hück herzlich verabschiedet und umgestiegen in das Flugzeug nach Tegel.

Zu Hause von Otti nett empfangen und zu der traditionellen Hühnersuppe eingeladen worden.

### *Frei 20.7.2001*

Seit heute arbeiten die Deutschen für dieses Jahr in die eigene Tasche. Nach Steuern und Sozialabgaben bleiben nur 45 % übrig.

Die Feier in Moeses Garten war sehr nett, Willy hat hervorragend gegrillt, was bei mir zu einem Rückfall in frühere Eßgewohnheiten führte: Ich habe drei Kammstücke, 2 Brötchen und ein Stück Kuchen gegessen.

### *So 22.7.2001*

An Frau Biermann habe ich die paar Erinnerungen geschickt, die sie haben wollte. Er selbst hat noch nicht einen Mucks gesagt. Vielleicht will sie ihm mit vielen gesammelten Beiträgen eine Überraschung bereiten? So kommt's mir fast vor.

### *Mi 25.7.2001*

Heute geht die Reise nach Düsseldorf und von dort aus 60 km nördlich nach Hamminkeln (27.000 Einwohner), Kreis Wesel, Stadt seit 1995. Dort soll ich eine Lesung halten. Noch selten war ich in einem derart kleinen Städtchen, und noch nie war ich in einem Ort, der erst seit 6 Jahren das Recht hat, sich Stadt zu nennen.

Die Lesung bei schönstem Wetter im Garten des Hotels vor etwa 550 Menschen. Ausverkauft. Gut 2 Stunden gelesen zuzüglich einer Pause von 20 Minuten. Gut angekommen, vor allem »Die Katze«. Hoher Bücherverkauf. Abends nach der Lesung draußen mit den Frauen des Kulturzirkels gegessen, geplaudert, Rotwein getrunken.

### Frei 27.7.2001

Biermann hat sich per Fax für meinen kleinen Beitrag bedankt und schlägt vor, daß wir uns einmal wiedersehen.

### Sa 28.7.2001

Eben sehe ich auf 3sat die schöne Barbara Dennerlein Hammond-Orgel spielen. Da hätte ich früher schon mal den Jurek angerufen und ihm geraten, für die Dauer des Konzerts die Pfoten vom Sportkanal zu lassen. Es ist die AVO Session 2000, die sie im Trio spielt. Sie hat eine wunderbar glucksende Hammond, und sie hat unglaubliche Fingerlein und Füßlein. Ein dunkler, süßer Engel. Gottesgeschenk.

Peter von Zahn (»Reporter der Windrose«) ist mit 88 Jahren gestorben. Wie schön seine frühen Berichte über Amerika, die Jurek und ich nie verpaßt haben.

### Mi 1.8.2001

Gewicht: 113,9 kg, erstmals unter 114 kg

Einar Schleef, der Stotterer, vor 11 Tagen im Alter von 57 an Herzkrankheit gestorben. Er wurde 1944 in Sangerhausen/Thür. geboren. Mit 16 Jahren stürzte er sich aus einem fahrenden Zug und war 1 Jahr im Krankenhaus. Das Stottern ist geblieben.

Ich esse wenig und karg. Und das tue ich mit äußerster Lustlosigkeit. Andererseits: Ich hungere nicht, ich sättige mich nur auf eine freudlose Art. Sehr langsam geht es vorwärts, wie man sieht. Die Hauptsache aber ist sichere Stagnation.

Heute nacht lief der Montgomery-Clift-Film »Das Leben ist Lüge«, den ich schon 1958 gesehen habe. Alle fanden den Film mitsamt Clift aufregend; mich ekelte dieser Schauspieler geradezu an. Ich ging damals aus dem Kino. Und jetzt ist das noch viel schlimmer geworden.

### Do 2.8.2001

In der großen Wohnung ein Anruf vom Rechtsanwalt. Er hat in seiner Praxis ein Hinterzimmer, das demnächst renoviert werden soll. Da drin steht ein staubiger Bronzekopf, der den Ober-Tschekisten Feliks Edmundowitsch Dserschinski darstellt und den er sich mal aus Jux vom Trödelmarkt mitgebracht habe. Als er, just heute, das Ding genauer, auch von hinten, anschaut, findet er eine Signatur: »M. Salow«[21].

Ulkig.

### Sa 4.8.2001

Ich war im Kaufhaus Hertie, um morgen etwas für die Kinder zu essen zu haben. Ein kleiner älterer Mann mit gütigem Gesicht, etwas füllig, aber dicht behaart und gutaussehend, beobachtet mich, umkurvt mich mehrmals mit seinem Einkaufswagen, was ich gewohnt bin und nicht weiter beachte, bis er mich endlich anspricht: »Manfred!« Ich überhöre es zunächst. Er wiederholt: »Manfred!« Ich erkenne ihn an seiner Zahnstellung, es ist Heinz Adameck, der ehemals machtvolle Intendant des DDR-Fernsehens. Ich umarme ihn einfach, weil ich nicht vergessen habe, daß er damals, als ich ihn bat, seine Zustimmung zu geben, mir erlaubte, seinen Gesprächsanteil des heimlichen Tonbandmitschnitts in »Abgehauen« zu drucken. Er hatte damals ohne Zögern zugestimmt, eine hochanständige und mutige Haltung.

»Es ist noch heute nicht zu begreifen«, sagt er lachend. »Der Lamberz hatte damals 6 Bodyguards dabei, und du hast mit einem alten, quietschenden Tonbandgerät einfach mitgeschnitten …«, sagt er.

»Nein, nein, es war ein damals hochmodernes, tragbares Uher-Gerät, da hat nichts gequietscht«, sage ich.

Wir haben uns ein bißchen unterhalten. Ich habe nicht hinterm Berge gehalten, ihm zu gestehen, daß er mir von allen

[21] Der Bildhauer Manfred Salow war der Nachbar in Ost-Berlin, der sich als Freund ausgab, Manfred Krug aber jahrelang für die Stasi bespitzelte.

»hochgestellten Persönlichkeiten« in der DDR die liebste war, weil er menschlich war und mir immerhin ungefährlich zu sein schien. Das war schon was. Er gab mir nach einigem Zögern seine Karte mit Adresse und Telefon.

Ich lud ihn und seine Frau ein, bald mit uns einmal einen Wein zu trinken, entweder in einer Kneipe oder bei uns zu Hause. Er ist 76 Jahre alt, sieht erheblich jünger aus. Nach einer Viertelstunde verabschiedeten wir uns.

### *Di 7.8.2001*

In der Post für Otti lag ein Brief von Inge Heym, darin eine Kritik aus dem »Neuen Deutschland« vom 28./29.7.2001. Titelzeile: »Das liebliche Böse«. Autor: Hans-Dieter Schütt. Noch selten hat ein Journalist derart anständig und brillant geschrieben, wenn er es mit mir gut gemeint hat, was ja für sich schon eine Seltenheit ist. Besprochen wird die Sprechplatte »Schweinegezadder die Zweite«. Ein hervorragender Artikel.

### *Frei 10.8.2001*

Heute habe ich die Hühnerflügel gewürzt und die süße Soße hergestellt. Dann kamen die Gäste: Pröbrocks, Gabi Katwan, die Thonkes, die Moeses, später Felix Moese mit seiner Freundin. Gleich zu Anfang habe ich beim Anzünden der Holzkohlenbriketts mit der Brennspiritus-Flasche hantiert, der Wind wehte eine Flamme direkt in den Hals der Flasche, ich hörte nur das Blubb der Entflammung und warf die Flasche runter in den Hof. Durch die heftige Schüttelbewegung war etwas von dem Zeug rausgeschwappt, und schon hatte sich mein Hemd mit einem Schluck Spiritus getränkt, so daß es zu brennen anfing, ehe ich mich versah. Ich rasch in die Küche, gefolgt von den schreienden Frauen Karin und Otti. Ich hin zum Ausguß, Wasser auf, da war es aber schon sehr heiß geworden, der rechte Hemdärmel schon verbrannt. Nach dem Löschen hatte ich die linke Hand angesengt, schlimmer aber waren die Verbrennungen auf dem rechten Oberarm, die im Laufe des Abends zu häßlichen Brandblasen erblühten. Unangenehm. Ein bißchen Salbe drauf, das unerträgliche Mitleid der Damen und die Anteilnahme der Herren mürrisch abgewehrt. Das edle Oberhemd im Eimer.

***Mo 13.8.2001***

Ich habe nachts ein Stück aus dem Leben von Johanna geschrieben, sie bekommt Geld von Frau Kalweit, das sie ins Versteck zum Ersparten legt. Gleichzeitig die Möglichkeiten für Taubstumme im ausgehenden 19. Jahrhundert recherchiert. Lüning angerufen und gefragt, von welcher Krankheit man ertaubt. Er schlägt Gehirnhautentzündung vor. Ich will was Ordinäreres: etwa Scharlach. Ich glaube, mich daran aus Erzählungen über Johanna zu erinnern.

***Mi 15.8.2001***

Täglich wechsle ich den Verband. Dabei ziehe ich immer mehr von der verbrannten Haut ab, und das ist gut so, denn sie würde sonst auf der offenen Wunde verrotten. Erst jetzt ist die Schwere der Verbrennung zu sehen. Noch habe ich nicht das Gefühl, daß es aufwärtsgeht. Ich benutze Mullkompressen, die ich mit dem Küchenmesser dick mit Panthenolsalbe beschmiere.

***Frei 17.8.2001***

Habe der Bayrischen Polizeigewerkschaft geschrieben, daß ich nicht als Ehrenkommissar gekürt werden will. 16 Jahre hatten sie Zeit dazu, und jetzt, fast nach meinem Tod, kommen sie damit angeschissen.

***Mo 20.8.2001***

Seit 1980 höre ich immer mal wieder, wie toll doch der Film »Wenn der Postmann zweimal klingelt« ist. Ich dachte, der kommt sowieso mal ins Fernsehen. Heute habe ich ihn dort gesehen. Der immer gruselige Jack Nicholson und die süßblonde Jessica Lange, Regie: Bob Rafelson. Auf der bekannten einsamen amerikanischen Prärietankstelle taucht der Ganove Nicholson auf.

Dort lebt die süße Lange mit einem alten doofen, dicken Griechen. Der junge Typ, der immer so fischig geil kuckt, greift sich die kleine Blonde und hilft ihr, den Ollen umzubringen, was aber mißlingt. Er überlebt und stört die Liebenden, will der Süßen gar ein Kind machen. Schrecklich. Da ergibt sich auf einer Autofahrt die zweite Chance: Nicholson haut dem Griechen den Schädel ein, die beiden Killer tarnen den Mord als Unfall und ficken noch am Tatort. Natürlich kommen die folgenden Komplikationen nur daher, daß der Grieche versichert war. Kurze Gerichtspassage (Einspruch, Euer Ehren), die nur deshalb gut ausgeht, weil zwei Versicherungen sich einigen. Wenn die Lange mal nicht will, verbeißt er sich in ihre Muschi, damit kriegt er sie immer rum. Sie wird schwanger und kapriziös wie alle Schwangeren, deshalb muß sie rasch zum Arzt. Als sie sich in dem neuen Cabrio küssen, müssen sie einem anderen Auto ausweichen. Bei dem Schlenker fliegt sie aus dem Cabrio und ist tot. Eine Geschichte, die das Leben schrieb.

Schöne Bilder, alles schön. Gut, daß ich damals nicht ins Kino gegangen bin.

### *Di 21.8.2001*

Fax von K. M. Schädlich: Sie tröstet mich ein weiteres Mal, ich solle keine Selbstzweifel haben. Meine Beiträge für das Biermann-25-Jahre-Rausschmiß-Buch seien schön, wie teuer das denn wäre, sie hätten dafür wenig Geld usw. Ich habe ihr gefaxt, die Beiträge seien umsonst. Basta. In kleinen Sachen muß man auch mal generös sein.

### *Mi 22.8.2001*

In den nächsten Tagen wird der erste »photorealistische Digital-Spielfilm« in die Kinos kommen, den der Japaner Sakaguchi unter dem Titel »Final Fantasy« der Welt beschert und der ausschließlich unter Verwendung von computeranimierten Kunstmenschen entstanden ist. Keine Schauspieler mehr. Es ist eine der üblichen Action-Stories, die auch bisher schon vornehmlich von Nichtschauspielern dargestellt worden sind. Noch sieht es eklig leblos kalt aus, aber man ahnt, daß dieses Verfahren, das schon mit Dinos klappt, demnächst auch mit Menschen klappen könnte. Mich stört's nicht mehr.

Nachts ein bißchen geschrieben: Das Ende der Fahrt mit Onkel Julius von Hennigsdorf nach Duisburg. Von der Passage sind 95 % erfunden. Die Details meiner Kindheit sind ohnehin zu 80 % erfunden und ausgefüllt. Eigentlich ein Roman. Andere Schriftsteller sind vielleicht schlauer. Die schreiben Romane aus ihrer aufgefüllten Kindheit. Das hätte ich auch gemacht, wenn ich mir als sogenannter Prominenter nicht mehr Absatz von dem »authentischen Lebenslauf« versprechen würde.

### Frei 4.8.2001

Gewicht: 113,3 Kg

Speisen: 2 Brote;

Ebi Esche ruft mich mit einer doofen Geschichte an: Der Regisseur von Sydow (schon falsch!) dreht mit ihm eine Szene, die Ebi wütend anlegen wollte, doch Sydow wollte sie entspannt haben. Wochen später will Sydow sie plötzlich auch wütend, und Ebi verweigert mit dem Argument, er könne das gar nicht, die Synchronisation. Da sagen die: Wir nehmen einen anderen Schauspieler. Was er nun machen soll.

Ich habe ihm geraten, keinen Prozeß. Das kostet viel, dauert lange und bringt nichts. Er soll versuchen, es zu synchronisieren, und wenn's nichts wird, soll er sich für den Scheißfilm und den Scheißregisseur nicht so haben und die Fremdsynchronisation einfach gestatten. Hat er eingesehen. Ich konnte wieder mal Gutes tun.

### Sa 25.8.2001

Gewicht: 112,4 Kg

Ein unglaubliches Gewicht! Trotz des großen indischen Essens gestern.

Um halb 12 ist Hübenthal hier, wir fahren raus zu Protzmann zur Probe.

Dort ist Fanny, der neue Pianist (ein guter, engagierter Musiker, sehr angenehm), Protzmann, Zicke Schneider und Andreas Bicking. Schöne Probe gemacht, dann ein herrliches Grillmahl: 2 Stücke Schweinekamm, 1/2 Türkenfladen, 1 Grillwurst. Ich hatte wegen der Hitze ganz spät und mies geschlafen, deshalb keine Stimme.

20.00 Uhr zu Hause. Hübenthal schläft im »Elite« und wird Fanny und mich morgen um 13.00 Uhr nach Chemnitz fahren.

Um 21.30 Uhr zieht's mich ins Bett, weil ich müde bin. Dort überfällt mich ein Schüttelfrost, wie ich ihn noch nie erlebt habe. Eine halbe Stunde lang klappern mir die Zähne, mein Körper schüttelt sich. Beängstigend.

### So 26.8.2001

Gewicht: 112,4 Kg

Bis heute 11.00 Uhr geschlafen, aber die Kraft nicht wiedergefunden. Das wird ein harter Tag heute. Um 13.00 Uhr Abfahrt nach Chemnitz. Mit im Wagen sitzen Hübenthal und Fanny. 16.00 Uhr in der Nähe von Chemnitz angekommen, eine Freilichtveranstaltung in einem Schloßhof bei strahlendem warmem Wetter. 1.400 Zuhörer – ausverkauft. Ich bin noch immer sehr krank, habe keinen Soundcheck gemacht, sondern mich sofort nach Ankunft ins Bett gelegt und bis 19.30 Uhr in dem kleinen Hotel direkt am Schloßhof geschlafen. Die ganze Zeit den schrecklichen Soundcheck vernommen.

20.00 Uhr Beginn des Konzerts, in dem es gleich einige Pannen gab, z. B. fielen bei dem von Bicking verliehenen Fenderpiano gleich zwei wichtige Tasten aus, was zu Häßlichkeiten führte. Bätzel war nicht geistesgegenwärtig genug, auf Orgel umzusteigen. Konzert ging trotzdem gut.

### Di 28.8.2001

In Arnstadt im Hotel »Brauhaus« das Parterrezimmer Nr. 7, vor dessen offenem Fenster sich die ganze Nacht ein großer, fest installierter Erdventilator ein- und ausschaltet. Schon die zweite Nacht. Obendrein eine miserable Küche. Lag den ganzen Tag zur Genesung im Bett. 17.00 Uhr rüber in die Halle zur Probe.

Der Veranstalter hat mir einen ganzen Korb voller Thüringer Wurst geschenkt, die sich später zu Hause als hervorragend herausstellen wird.

In letzter Zeit bin ich immer öfter heiser; hoffentlich verläßt mich nicht auch noch die Stimme. Dann packe ich ein.

### *Mi 29.8.2001*

14.15 Uhr Ankunft in Hamm im dortigen »Mercure«-Hotel mit fest aus der Wand ragenden Duschen, so daß man sich den Arschritz nicht richtig aussprühen kann. Na ja.

15.00 Uhr in die Festhalle gefahren, die fast unauffindbar im Maximilianpark liegt. Probe vor allem mit Bätzel gemacht. Wir haben 2 Stunden erfolgreich gearbeitet und vieles doch verbessert. Fanny ist als Sängerin ähnlich verunsichert wie ich. Hab Fanny empfohlen, nicht so schwatzhaft in ihren Ansagen zu sein. Es klingt ein bißchen altklug. Saal fast ausverkauft.

Wir hatten ein schönes Konzert. Die Proben und die Einigung mit Matthias Bätzel haben sich gelohnt. Auch Fanny hat sich zum ersten Mal wohlgefühlt.

Großes Interesse bei der Autogrammstunde mit Fanny, die jetzt eigene Starpostkarten hat und sehr gefragt ist. Auch auf den Plakaten steht jetzt ihr Name. Hervorragender Bücherverkauf.

### *Do 30.8.2001*

450 km nach Greiz, Zwischenstopp am Fuße der Mühlburg, das ist eine der »Drei Gleichen« bei Gotha. Dort mit Fanny und einigen Musikern zum Mittagessen im Gartenrestaurant gegessen: Roulade mit 3 Klößen. Herrliches Wetter. Heiß, windstill, Spätsommer.

Unterwegs kündigt Hübenthal an, daß es demnächst ein anderthalbstündiges Konzert nur mit Fanny und den Musikern geben könnte, weil der Veranstalter Geld sparen will. Ich stimme herzlich zu und verabrede mit Fanny, demnächst eine Leseprobe mit Auswahl der Stücke zu machen.

In Greiz eine halbe Stunde im Tageshotel geschlafen, dann ins Stadttheater, das seit 1965 eigentlich nicht mehr existiert. Probe und dann fast ausverkauftes Konzert vor begeistertem Publikum. Große Autogrammstunde. Aber ich am Ende. Ins Auto und ab, die letzten 170 km nach Hause zu meiner armen Schönmalve.

### *Sa 1.9.2001*

Von einem mir nicht bekannten Dr. Ehrhart Neubert kam ein Aufruf, »Liebe Berlinerinnen und Berliner, wählt weder die PDS noch solche Taktiker in den demokratischen Parteien, die die PDS an der Macht über die Stadt Berlin beteiligen wollen …« usw.

Unterschriften von Biermann, Bohley, Klier, Wolffsohn u. a.

Das habe ich unterschrieben. So was mache ich sehr selten, die PDS will ich aber in meinem Leben möglichst nicht mehr an der Macht sehen.

### *Mo 3.9.2001*

Jemand hat mich zum »MDR-Musiksommer 2002« eingeladen. Ich habe den üblichen absagenden Pöbelbrief geschrieben. Es ist mir ein Genuß, den arroganten Wichtigtuern jeglichen Fernsehens den Finger zu zeigen. Endlich kann ich es mir leisten.

### *Di 4.9.2001*

Um 17.00 Uhr in Nordhausen angekommen, das zum Land Thüringen gehört. Auftritt 20.00 Uhr in einer Ballsport-Halle mit feuchtem Ton. Dennoch eine sehr schöne Veranstaltung mit bestem, aufmerksamem Publikum. Die Leute freuten sich sehr über meine Erinnerungen an das Jahr 1959, wo ich in ihrer Stadt gewohnt hatte, um den Film »Fünf Patronenhülsen« zu drehen, und wo ich im Stadtbad versehentlich ins Flache gesprungen war und darauf eine Woche nicht drehen konnte. Überhaupt scheinen diejenigen Ortschaften, die am weitesten von Autobahnen entfernt liegen, größeren Wert als andere darauf zu legen, daß man sich ihrer erinnert.

**Mi 5.9.2001**

7.20 Uhr kamen die Handwerker und schmissen beim Straßenpflastern ihre Gerätschaften durch die Gegend und riefen sich Lautes zu. Erfolgreich neutralisierte ich den Krach, indem ich den Fernseher gerade so laut wie nötig einstellte. Ein Effekt, für den früher reiche Wüstenscheichs viel Geld gezahlt haben sollen: Bei Schlaflosigkeit luden sie Männergesellschaften ein, die vor ihrem Zelt so lange palaverten, bis der Scheich eingeschlafen war.

Heute im Internet ist folgende Kritik über den gestrigen Abend erschienen:

»… Die große Überraschung des Abends war aber zweifellos Fanny Krug, des Meisters Tochter, die neben der Nase auch einige väterliche Vorlieben geerbt zu haben scheint. Mit einem schönen jazzigen Timbre sang sie an der Seite Papas oder auch allein und wußte absolut zu überzeugen.«

**Do 6.9.2001**

Zwickau verfügt über die schönsten erhaltenen Klinkerbauten in ganzen Straßenzügen, die ich in Deutschland kenne. 19. Jahrhundert in feinster Architektur, alles schön abgesäuert und restauriert. Man sieht, wie reich die Stadt einmal war. Komplimente, die ich den Zwickauern im Konzerthaus »Neue Welt« am Abend machte, nahmen sie kaum an, als wollten sie sagen: »Ach, was nützen uns die Straßenzüge!«

Überhaupt war das Publikum diesmal zäh und leicht trübe. Entsprechend war das Konzert doppelt so anstrengend wie normalerweise. In der ersten Reihe Mitte saß zu allem Übel ein völlig betrunkenes Paar um die 50 und störte ganz erheblich. Der Saal ist zudem beim Lesen sehr naß und langsam. Und er hatte einen merkwürdigen Effekt: Als geriete die Luft in besondere Schwingungen, die sich überlagern, so daß eine sichere Intonation fast unmöglich wird. Kann es das geben?

Am Vormittag waren Hübenthals und ich im »HORCH-Museum«, wo es einige hübsche alte Autos dieser Marke zu sehen gibt, ansonsten »Trabants«, »P 70« und ähnlicher Schrott. Trostlos, keine Tasse Kaffee, keine Auskunft usw. Man konnte uns nicht mal sagen, was DKW genau heißt. Aber 5 Mark Eintritt für die paar Autos in zwei Räumen.

Nach dem Konzert wie immer Autogrammstunde mit Fanny, von der Herr Hübenthal einmal mehr sagte: »Sie wird immer besser, immer besser!« Daß ich schon so ein Gefühl habe, sie wird eines Tages platzen.

### *Sa 8.9.2001*

In der Post ein Brief von Herrn Jörg Stempel, er schreibt mir, er habe vom Erfolg Fannys mit ihrem Vater gehört und stehe für Ideen usw. wie immer zur Verfügung. Dann lag wieder der Brief der amerikanischen Musik-Verlage bei, in dem ich mich per Unterschrift unterwerfen soll. Ich habe ihm statt meiner Unterschrift einen Abschiedsbrief geschickt. Es ist genug.

### *So 9.9.2001*

Der Tintenfisch hat 3 Herzen.

Das wär was für mich.

19.15 Abfahrt zur Einweihung des Jüdischen Museums Berlin. Regen. 5 Straßensperren. Jedes Mal Kontrolle der Einladung, einmal Kontrolle der Personalausweise. Unzählige Polizisten und Zivil-Bullen. Endlich am Eingang. Wir geben unseren englischen Regenschirm ab und kriegen eine Nummer. Loki Schmidt wechselt am Eingang ein paar warme Worte mit mir, so was wie: »Wir kennen uns noch nicht …« – »Leider, guten Tag, Frau Schmidt …« – »Guten Tag – Viel Vergnügen …« Altkanzler Helmut Schmidt, der hinter ihr her humpelt, kriegt davon nichts mit.

Dann mühsames Quälen durch die Massen im Parterre. Alle stehen, niemand hat ein Ziel. Alle wissen, wie das geht, dieses Rumstehen. Nur ich kriege Platzangst. Irgendwo steht Reich-Ranicki mit Frau, woanders Ron Sommer und andere hochgestellte Persönlichkeiten. Otti und ich drängen uns durch und gehen die Treppe hoch in Raum eins, Tisch sechs. Dort wird Guido

Westerwelle sitzen und Meret Becker. Wir stellen uns an einen Stehtisch im Flur vor dem Raum, ich rauche, Otti trinkt. Eine Jüdin, die das KZ Auschwitz überlebt hat und die ich schon aus der Sendung »Boulevard Bio« kenne, fragt: »Nach welchen Kriterien sind eigentlich die Leute hier ausgesucht worden?« – »Es werden nette, anständige, fortschrittliche Leute sein, wie ich zum Beispiel«, sage ich. Dann kommt Henryk M. Broder mit seiner Frau, die sich als M. K.-Fans outen und ein Autogramm für ihre Tochter haben wollen. Ich geb's ihnen. Broder fragt leicht provokativ: »Wie fühlt man sich denn unter so vielen Juden?« Ich sage: »Ich glaube gut. Sonst hätte ich mir nicht extra für heute diesen Smoking gekauft und mir nach 20 Jahren mal wieder so eine alberne Fliege umgebunden.«

Um 20.30 Uhr rein in den Saal. Am Nebentisch Henry Kissinger. Sieht alt aus. Meret Becker begrüßt mich ganz zärtlich. Ihr Typ mit Adolf-Hitler-Frisur sieht verwegen aus. Sie sieht ein bißchen schwanger aus und hat ein »Asiens-Rache«-Kleid in Chinaseide an. Schade, sieht spießig aus. Anderthalb Stunden lang langweilige Reden auf zwei TV-Monitoren, davon eine des Bundespräsidenten Johannes Rau und eine des Museumschefs Michael Blumenthal. Langweiliges Zeug, den Anwesenden weiß Gott bekannt. Nach einer Stunde steht Meret Becker auf und geht mit ihrem Typ nach Hause: »Ich halte das nicht aus. Mach's gut, bis bald«, sagt sie mir ins Ohr. Das ist o.k. Dann Essen. 1 x Salm, 1 x Kalbsfilet, 1 x Dessert: »Früchte aus dem Kibbuz«. Etwas Geschwätz, Heide Simonis und ein paar andere Damen kommen guten Tag sagen, Westerwelle flippt kurz über meine Armbanduhr aus, die ich extra für ihn abbinden muß. Staun. Dann noch mal staun über Ottis schönen Schmuck, dann gehen wir runter. Es regnet. Mein schöner Regenschirm ist weg. Geklaut. Trotz Nummer. Prima Abend.

### *Mo 10.9.2001*

Abends die von dem Schauspieler Manfred Zapatka vorgetragene gesamte 3-Stunden-Geheimrede gehört, die Himmler am 4.10.1943 vor SS-Leuten gehalten hat. Gräßlich. Himmler war ja wohl der größte Scheißhaufen von einem Menschen, der je gelebt hat.

### *Di 11.9.2001*

Laut Fernsehen sollen ein oder zwei Flugzeuge gegen die Spitze eines der beiden 417 m hohen World-Trade-Center-Türme in New York geflogen sein. Da brennt's jetzt lichterloh. In diesem Moment (15.10 Uhr) soll es noch eine Explosion weiter unten in dem Gebäude gegeben haben. Das sieht mir nach einem Palästinenser-Anschlag aus. Vielleicht sind es Leute aus dem Umkreis von Osama bin Laden, also diejenigen, die es beim letzten Mal nicht ganz geschafft haben, das World-Trade-Center zu sprengen. Eine Demütigung für die Amerikaner.

15.45 Uhr, inzwischen ist klar, daß beide Türme brennen, daß im Abstand von 18 Minuten zwei große Passagierflugzeuge hineingekracht sind.

Im selben Moment kommen die ersten Bilder von Rauchwolken, die aus dem Pentagon-Gebäude bei Washington schlagen. Auch hier soll ein bewußt fehlgelenktes Flugzeug eingeschlagen haben.

16.00 Uhr. Neue Bilder. Man sieht jetzt den ersten Turm brennen, 18 Minuten später kommt ein weiteres großes Flugzeug angeflogen und rast in den zweiten Turm, der sofort zu brennen anfängt.

In diesem Moment bricht tatsächlich der südliche der Türme zusammen.

Das wird noch viele Geschichten geben. Auf Jahre hinaus. Der größte Terroranschlag aller Zeiten. Eigentlich ein Krieg.

16.30 Uhr, der zweite Turm des World Trade Centers fällt in dieser Minute in sich zusammen. Die haben vielleicht auch innerhalb der Gebäude Sprengladungen installiert.

Sie wollten die Demütigung, sie wollten Manhattan rasieren, sie wollten die Lücke, sie wollten die beiden kapitalistischen Renommiertürme wegsensen.

18.00 Uhr Hübenthal ruft an, man habe aus Braunschweig angefragt, ob die Vorstellung morgen stattfindet. Ich habe JA vorgeschlagen. Das Leben geht weiter. Er sagt, wir könnten schweigend eine Trauerminute für die Opfer abhalten. Einverstanden.

In den beiden Flugzeugen der Typen Boeing 767 saßen insgesamt 147 Menschen. Wie viele Leute in dem Pentagon-Flugzeug saßen, weiß ich noch nicht.

Das Pentagon ist zum Teil eingestürzt und brennt. Eine Autobombe ging in der Nähe des Außenministeriums hoch. Die Amerikaner haben Krieg im eigenen Land. Zum ersten Mal. Die Amerikaner fangen an, von einem »Zweiten Pearl Harbour« zu sprechen.

Ein drittes Gebäude, das zu demselben Komplex gehört und ca. 40 Stockwerke hoch ist, ist ebenfalls in Brand geraten und nach einigen Stunden in sich zusammengestürzt.

Es ist unvorstellbar: vier verschiedene Terrorzellen, jede mit ausgebildeten Piloten, dringen auf vier verschiedenen amerikanischen Flugplätzen in vier amerikanische Flugzeuge ein. Sie starten, fein abgestimmt, um drei amerikanische Staatssymbole erster Klasse zu zertrümmern und alle Passagiere mit in den Tod zu reißen. Ein Flugzeug, das möglicherweise unterwegs zum Landsitz des amerikanischen Präsidenten, Camp David, war, um sich draufzustürzen, ist unterwegs bei Pittsburgh in Pennsylvania mit weiteren 45 Menschen an Bord abgestürzt. Man rechnet mit etwa 10.000 Toten.

Um 2.45 Uhr nachts auf Kabel 1 noch einmal neue Bilder aus ungewöhnlicher Perspektive: Man sieht das Riesenflugzeug komplett in dem Turm verschwinden, wie ein Messer in der Butter. Einen Moment lang sieht es aus wie ein Zauber, wie ein schlechter Filmtrick. Dann erst brechen aus beiden Löchern, dem Einflugloch und dem Durchstoßloch, Flammen und Rauch. Gespenstisch. Es werden wohl noch mehr Kamerastandpunkte und Versionen auftauchen.

### *Mi 12.9.2001*

Jassir Arafat hat sich heute beim Blutspenden filmen lassen; das Blut ist für die amerikanischen Opfer. Eine sehr gute demonstrative Idee.

## Do 13.9.2001

Deutschland preßt sich immer mehr Tränen ab, steht fest an der Seite der USA usw.

Die NATO macht alles mit, sagt sie, eigentlich auch Krieg, wenn die Amis ihn denn wollen. Und die Amis unter Rambo wollen ihn.

Alle Prominenten äußern sich in »Bild«, wie einst in der DDR im »ND«, Kinder weinen gemeinsam, Omis und Opis haben gemeinsam Angst. Man überlegt, ob man das Münchner Oktoberfest stattfinden läßt. Ich glaube, man läßt. Die Schäden werden auf 20 Milliarden Dollar geschätzt. Viel schleimiges Geschwätz auf allen Sendern. Unerträglich. Alle bösen Piloten sind aber auf amerikanischen Fliegerschulen ausgebildet worden. Hört, hört!

Staatstrauer ist ausgerufen, alle TV-Menschen tragen schwarze Anzüge, 5 Minuten Schweigen um 10.00 Uhr in ganz Deutschland. Da hab ich noch geschlafen.

Spuren führen nach Hamburg.

6.000 Leichensäcke sind geordert. Das reicht aber hinten und vorne nicht.

Die NATO hat beschlossen, das Ganze als Angriff auf das gesamte NATO-Bündnis zu werten. Nur drei von den Grünen (und ich) sind dagegen. Bush kündigt einen »monumentalen Kampf zwischen Gut und Böse« an.

## Frei 14.9.2001

Die Hochschule für Schauspielkunst »Ernst Busch« schreibt mir, sie würde am 20. Sept. 2001 ihr 50. Jubiläum feiern. Unterschrieben ist das häßliche, miserabel vervielfältigte Schreiben, das aussieht wie ein Kettenbrief, mit den Namen Prof. Gertrud-Elisabeth Zillmer und Prof. Klaus Völker, Rektor. Das ist die Schule, die mich ohne Not rausgeschmissen hat, so daß ich nach einem Jahr heulend auf der Straße stand.

Das Ganze soll in der Akademie der Künste stattfinden. Da reagier ich gar nicht drauf.

14.30 Uhr fahren Otti und ich zum Eberhard Esche nach Kraatz aufs Dorf. Um 18.00 Uhr mit Verspätung angekommen, dort auf Moeses, Heidi, die erste Frau von Ebi, seine schwangere Tochter und deren Mann, einen süddeutschen Schlosser, getroffen und einen sehr netten Plauderabend verbracht. Die Heidi hat nach Esche den Dokumentarfilmer Gerhard Scheumann geheiratet, der vor einigen Jahren gestorben ist. Heidi und Esche sind immer noch sehr staatsnah. Esche outete sich als Ulbricht-Fan. Er verehrt im Garten, von einer Thujahecke U-förmig gerahmt, eine Büste auf übermannshoher Stele, die mit Mühe den Intendanten Wolfgang Langhoff darstellt. In Wadenhöhe sind noch drei tellergroße Relief-Bronzeplaketten angebracht, auf denen mit gutem Willen Dieter Franke, Ernst Busch und Herwart Grosse zu erkennen sind, dargestellt von Rommel. Das wirkt auf mich wie ein komisches Mahnmal: Wenn ihr in der DDR schlecht leben, früh sterben und viel Ärger haben wolltet, dann wart ihr beim Theater richtig.

***So 16.9.2001***

Die Amerikaner lechzen nach Krieg und Vergeltung. Auf tausend Sendern weltweit lassen sie verbreiten, daß sie in Afghanistan zuschlagen werden, um Bin Laden zu treffen. Ich glaube, sie wollen ihn aufscheuchen, um herauszufinden, wo er steckt.

2 h im Fernsehen den amerikanischen Komponisten Aaron Copland, der das Kind russisch-jüdischer Einwanderer ist, gehört und erlebt. Hochspannend. Interessante Musik. Beeinflußt vom Jazz, von Gershwin usw. Schande, daß ich nichts von ihm wußte. Aber solche Schanden gibt es unzählige im Leben eines Halbgebildeten.

13.00 Uhr Abholung nach Eisenhüttenstadt. Vor der polnischen Grenze stehen in einer 4 km langen Reihe LKWs und warten auf Abfertigung.

Ich habe Schnupfen. Mußte mehrmals die Veranstaltung unterbrechen und schnauzen. Während der Lesung eine aufdringliche

Fliege unter dem Applaus des Publikums gefangen und getötet. Die Leute etwas gebremst, aber sehr nett. Heute war der Übertragungswagen für die Schallplattenaufnahme da. Jens Kuphal war anwesend, auch Arne und der Tonmeister Holger Schwark. Ich war heiser, dennoch ging das Konzert einigermaßen. Kuphal meinte, er habe schon brauchbare Sachen und reiste aus Eisenhüttenstadt wieder ab.

### *Di 18.9.2001*

Die Amerikaner setzen mehr und mehr Truppen mit »unbekanntem Ziel« in Bewegung. Sie bewegen Flugzeuge, Schiffe usw. Angeblich verhandeln Pakistans Politiker mit den Taliban über die Auslieferung von Bin Laden. Das kann nur eine Finte sein.

Etwa 5.000 bis 5.500 Menschen werden in New York vermißt, darunter etwa 100 Deutsche.

Ansonsten geht alles weiter. Die Börse in New York; Schröder geht zur Automobilmesse in Frankfurt; seit gestern geht es in den USA mit dem Baseball weiter usw. Und der FC Bayern spielt gegen Prag. Und alle sagen dasselbe: Wir lassen uns vom Terrorismus nicht herunterdrücken; dann hätte er gewonnen. Aber im Örtchen Daun will man angeblich trauern und die Gage zurücküberwiesen haben.

### *Mi 19.9.2001*

17.00 Uhr durch dicken Verkehr mit Hübenthals ins Schauspielhaus gefahren, wo ich noch nie war.

Schöner Saal, mehr eine bombastische Halle, akustisch unter aller Sau. Es war die vierte Tonaufzeichnung. Ausverkauft. Leute trugen Schilder: »Suche Karte!«. Im Foyer eine Tafel: »Das nächste Konzert am 21. Mai 2002. Der Vorverkauf hat begonnen!«

Trotz des schlechten Klangs eine sehr gute Vorstellung. Der »Brutparasit« selten so gut wie heute. Ebi Esche war da, ich wollte ihm zeigen, daß ich auch ein Rezitator bin. Die Leute hochamüsiert.

***Do 20.9.2001***

6.00 Uhr von einem sehr merkwürdigen plastischen Traum aufgewacht: Ich war in einem Ort am Meer, einem grünen Ort, von dem aus man die Küste nicht sehen konnte. Ich ging mit einem hübschen jungen Mädchen spazieren. Ich tat gleichgültig, weil ich mich viel zu alt fühlte. Sie hatte mir versprochen, daß ich meinen Vater treffen würde. Sein Tod war mir in diesem Traum nicht bewußt. Ich war offenbar jahrelang mit ihm im Streit. Sie zeigte mir eine Holzhütte auf einem Hügel. Es gab Stromanschluß und außerhalb der Hütte einen Wasserhahn. Er war nicht zu Hause, wir gingen an der Hütte vorbei, um ihn zu suchen. Und wirklich, er kam uns entgegen. Er trug auf der Schulter zwei lange Stangen, schien mir größer und schlanker geworden, als er früher war, er war größer als ich. Er hatte dunkle Jeans an, einen Pullover und eine Pudelmütze. Er schien seltsam verjüngt zu sein. Als er uns begegnete, sah er kurz das Mädchen an und dann, während er einen Moment stehen blieb, auch mich. Kein Zweifel, er hatte mich erkannt, und ich ihn. Offenbar wollte er mit mir nicht reden, ging weiter zu der Hütte. Wir folgten ihm. Bei der Hütte warf er die Stangen von der Schulter, öffnete den Hosenstall und pinkelte in den Sand. Danach ging noch ein paar Schritte seitwärts. Blitzschnell öffnete er einen weiteren Reißverschluß, der quer über sein Gesäß führte, und entleerte seinen Darm, der sich zum Teil schon in die Hosen entleert hatte. Mein Vater schien erleichtert. Dann nahm er einen der Wasserschläuche, aus dem ein dicker Wasserschwall strömte, und spülte mit dem Schlauch seine Hose samt den Hosenbeinen gründlich durch. Dann machte er den Reißverschluß wieder zu. Ich bestaunte die Routine, die ingenieursmäßig ausbaldowerte Technik, mit der er vorgegangen war. Donnerwetter, der Mann weiß sich zu helfen. Und doch, die Szene war traurig und hat mich derart verstört, daß ich wohl aus Empörung aufgewacht bin und mich sekundenlang nicht beruhigen konnte.

15.20 Uhr Abfahrt mit Fanny und Hübenthals nach Frankfurt/Oder, in die Messehalle 2. Dort sehr gute Klangverhältnisse.

Entsprechend war das Konzert sehr gut, alle hatten das Gefühl, sehr schön musiziert zu haben. Fanny heute so gut wie nie. Die Halle ausverkauft, ca. 1.000 Plätze. Das Publikum zufrieden. Bei der Autogrammstunde gierig, geradezu aggressiv. Viele Stimmen, daß wir wiederkommen sollen. Mit Fanny nach Hause gefahren, dort um 1.00 Uhr noch Otti angetroffen. Fanny fährt morgen nach Hamburg, um für die Talk-Show »3nach9« live einen Song aufzunehmen und als Talk-Gast mitzumachen. Das wird aufgezeichnet und im Oktober gesendet.

Heute kam die Nachricht, daß Karl-Eduard von Schnitzler im Alter von 83 Jahren gestorben ist. Und das ist gut so.

### *Frei 21.9.2001*

Die Amerikaner werden einen langwierigen und vergeblichen Krieg anzetteln. Das hat der Präsident Bush angekündigt, und die »Standing Ovations« nahmen kein Ende, ich hätte das allein wegen meiner Beinschwäche gar nicht mitmachen können.

Heute in der Post ein Brief einer gewissen Julia Petri, welche die (letzte?) Freundin des Stasispitzels Karlheinz Schädlich ist und sich »sein Freund Julia« nennt. Wohl auch von ihm so genannt wird. Sie lädt mich zu seinem 70sten Geburtstag am 24. 9. in das Restaurant »Karthago« in Berlin-Weißensee ein. Na, das wird wohl nix.

### *Sa 22.9.2001*

Mit Otti in die Stadt gefahren und sieben Pullover aus 4-fädiger Kaschmirwolle gekauft. Dazu gingen wir in das Luxus-Kaufhaus Lafayette in der Friedrichstadt-Passage, und dort in den Laden »Cashmere«, wo einige Stücke der Größe 60 von 900,- Mark auf 350,- Mark herabgesetzt waren. Einmal ist es mir also zugutegekommen, daß ich so füllig bin, denn während es meistens meine Größe gar nicht gibt, handelte es sich hier eben um schlecht absetzbare Übergrößen, die gerade deshalb herabgesetzt waren. Merkwürdig das alles. (Und eine schicke englische Cashmere-Mütze noch dazu.)

### *Di 25.9.2001*

Unten auf der Straße alle Parkplätze von Polizeiwagen besetzt: Putin ist auf Staatsbesuch und trifft sich mit »hochgestellten Persönlichkeiten«. Er hat auf Deutsch im Reichstag eine Rede gehalten, die allen schrecklich gut gefallen hat. Standing Ovations. Darin kuschelt er mit Bush und sagt: »Seht ihr? Uns geht es mit den Tschetschenen ebenso wie den Amis mit Osama bin Laden!«

Auf Arte einen Themenabend zu Pol Pot gesehen. Für mich ganz neue Bilder von einem sympathischen, scheinbar sanften Pol Pot, der mit dem größten Charme ein Viertel seines Volkes ausgerottet hat.

### *Mi 26.9.2001*

Die Amerikaner, die schon das Einsammeln von 3.300 alten, schrottreifen UÇK-Schießprügeln mit einem hochtrabenden Manöver-Namen belegt hatten, nämlich »Bedeutende Ernte«, haben jetzt den neuen Manövernamen, mit dem sie das Draufschlagen auf Afghanistan betitelten, von »Unbegrenzte Gerechtigkeit« in »Dauerhafte Freiheit« umgeändert. Irgendeinem Schlaukopf unter den Manövertitel-Poeten dämmert's offenbar …

### *Mo 1.10.2001*

Zum ersten Mal auf dem externen Diskettenlaufwerk die bisher geschriebene »Schöne Kindheit« aufgenommen, datiert und ins Schreibtischfach gelegt. Die Aufnahme funktioniert genauso wie bei dem alten Zuse. Ich bin sehr beruhigt.

Abends Konzert in Eberswalde, wo ich nach Auskunft von Leuten aus dem Publikum ca. 1969 zum letzten Mal ein Konzert gegeben habe. Etwa 500 Zuschauer im Gebäude der Kreis-Sparkasse Barnim. Die Leute schaumgebremst, aber zufrieden. Schlechter Klang. Gier und Andrang bei der Autogrammstunde.

### *Di 2.10.2001*

NATO-Generalsekretär George Robertson ruft heute den Bündnisfall aus und weiß nicht, was er von den Bündnisfreunden verlangen soll. Es werden 40 Kriegsschiffe, auch Flugzeugträger, aufgefahren, und keiner weiß, wo er draufhauen soll. Tony Blair sagt: »Entweder wir zerstören den Terror oder wir werden zerstört.« (Ich kann keine Bärte mehr sehen, nicht die der Mullah, nicht die der Taliban, nicht die der Juden, nicht die der Popen. Ich kann keine Filzhüte und Turbane mehr sehen.)

***Do 4.10.2001***

Gewicht: 117 kg

Es ist gräßlich zu sehen, wie brutal die Physik zuschlägt, sobald man es auch nur ein paar Tage mit den Kalorien nicht ganz so wichtig nimmt. Ruckzuck ist das Gewicht wieder drauf. Aber ich gebe nicht auf, ich reiße mich wieder am Riemen.

Abends mit Otti auf SAT.1 eine wunderbare, sehr politische Sendung von Harald Schmidt gesehen. Es ging um die Aufregung der »Bild«-Zeitung über den Moderator Wickert, der sich in der »max« auf einen Artikel der größten indischen Schriftstellerin Arundhati Roy bezogen und gesagt hat, daß der amerikanische Präsident im Denken durchaus mit dem Terroristen Osama bin Laden verwandt sei. Schmidt ist auf der Höhe seiner Leistungskraft, sehr geistreich, sehr schnell. Man kann sagen, er rettet im Ansehen der intelligenten Leute den Privatsender SAT.1.

Otti und ich waren heute erstmals in einem Laden, in dem es Lebensmittel aus Italien gibt, und zwar in so großem Angebot, daß auch Italokneipen sich dort versorgen. Das haben wir alles den Gästen angeboten, die wir zum Abend eingeladen hatten. Erst rief Poche an, er komme mit freiem Ticket zu einer Akademiesitzung nach Berlin. Ich lud ihn ein. Er rief an, ob er den alten Freund und Frauenarzt Henning Reuleaux mitbringen dürfe, ich mußte ja sagen, lud aber außerdem noch Gabi Katwan, Klaus Schütz und die Moeses dazu. War ein heiterer, geschwätziger Abend.

Schütz, Jahrgang 1926, erzählte von einem Erlebnis, wo die beiden etwa gleichaltrigen und von Jugend auf befreundeten

Herren Hans-Ulrich Wehler, Historiker, und Jürgen Habermas miteinander Erinnerungen austauschten:

Wehler sagt zu Habermas: »Weißt du noch, wie du mir mal einen Brief geschrieben hast? Ich habe ihn hier bei mir. Du warst damals bei der HJ Gebietsführer, ich war Fähnleinführer. Da schreibst du folgendes: …«

»Halt! Moment!«, sagt Habermas, er streckt die Hand nach dem Brief aus, wirft kurz einen Blick darauf und ißt ihn auf.

### *So 7.10.2001*

Heute nacht haben die Amerikaner und die Engländer damit angefangen, Bomben und Raketen auf Afghanistan zu schmeißen. Gleichzeitig lassen sie für die Bevölkerung Reis und Mehlsäcke fallen.

Es wird nicht leicht sein, die Taliban am Aufsammeln dieser Naturalien zu hindern, wie es nicht leicht sein wird, die Zivilbevölkerung vor den Bomben zu bewahren.

### *Mi 10.10.2001*

Die Amerikaner schmeißen aus sicherer Höhe Bomben auf Afghanistan. Die Taliban zeigen sich wenig beeindruckt. Ihr Sprecher Sulaiman Abu Ghaith tönt: »Wir werden noch mehr gekaperte Flugzeuge auf amerikanische Städte lenken.«

In Wittenberge habe ich tatsächlich eines der letzten von insgesamt 7 Konzerten im Januar 1977 mit Fischer und Zicke Schneider gespielt. Das weiß ich von Herrn Böse, dem jetzigen Leiter des Kulturhauses, der damals auch schon in Wittenberge mit Kultur befaßt war. (Die anderen letzten Konzerte damals in Halle, Wismar, Schmalkalden.) Wittenberge hatte einst über 30.000 Einwohner; jetzt noch 22.000. Bei 550 Zuhörern waren also über 2,5 % der gesamten Einwohner anwesend. Der Saal hübsch, klingt gut. Einige Plattenbauten stehen leer, dennoch erholt sich die Stadt. Die Häuser werden schöner, die Dächer sind nicht mehr zerlöchert.

**Do 11.10.2001**

In dem Neuruppiner Kulturhaus war ich zum dritten oder vierten Mal: 1965 mit Klaus Lenz, 1974 mit Fischer und ein drittes Mal, ich weiß nicht, wann.

Das Publikum wie immer sehr aufgeweckt und amüsierfreudig. Das Haus war bis zum letzten Platz ausverkauft, auch der Rang. Ich wußte nette Schnurren über Lenz und seine Oma zu berichten, alles war vorzüglich.

**Frei 12.10.2001**

15.00 Uhr war Abfahrt nach Elsterwerda, wir waren zu viert. Während der Fahrt haben wir gemeinsam die Rohmischung der neuen CD »Manfred Krug live mit Fanny« gehört und beurteilt. Einige Notizen gemacht. Z. B. den Applaus kürzen, Fannys Ansage austauschen, mein Stottern herausnehmen usw.

17.00 Uhr ruft Zicke Schneider an, er komme vor lauter Stau nicht aus Berlin raus. (Er wird dann, zusammen mit Andreas Bikking, genau 2 Minuten vor 20.00 Uhr in Elsterwerda ankommen.)

Auch wir müssen wegen Staus von der Autobahn abfahren und erleben eine abenteuerliche Fahrt durch dunkle Wälder. Die beiden Damen benutzen einen davon, um ihre durchgeschüttelten Blasen zu erleichtern.

Das Konzert, obwohl in einer schrecklich halligen Halle, ist auf unseren Wunsch wunderbar. Ich nehme mich der Leute besonders liebevoll an. Noch nie war ich in Elsterwerda. Die Leute waren entzückt und entzückend.

Ein Alt-Fan brachte mir ein großes Foto, auf dem ich in Uniform zu sehen bin: die Vereidigung auf dem Marktplatz des in der Nähe gelegenen Städtchens Finsterwalde ca. 1968.

**So 14.10.2001**

Morgens mit Marlene Rollenspiel: sie eine junge Schauspielerin am Theater, ich ein älterer Kollege, in den die junge sich verliebt hat. Ich habe die Sache Richtung Heiratsschwindler gebogen, der keine Wohnung und kein Geld hat. Marlene blieb dabei, ihn zu lieben.

Wir haben geheiratet. Und uns nach kurzer Zeit scheiden lassen, weil ein Zusammenleben schwierig war. Nach der Scheidung haben wir in getrennten Wohnungen wieder zusammengefunden.

### *Mo 15.10.2001*

Auf den Brief des Biolek-Produzenten positiv geantwortet; er will am 17. Dezember im Kölner Theater eine Veranstaltung zugunsten krebskranker Kinder haben. Warum nicht. Wenn er Musiker und Fanny haben will, muß er zahlen. Ich mache es umsonst. Tickets und Übernachtung hat er zugesagt.

### *Di 16.10.2001*

Fax von Protzmann, er sei froh, daß er mit mir die Platte »Manfred Krug live mit Fanny« habe machen können, und hole mich morgen früh 10.30 Uhr ab, um ins »Nucleus«-Studio zu fahren.

### *Mi 17.10.2001*

Im Studio zeigt sich, daß Fanny eine bestimmte Stelle in »Georgia« nur ein einziges Mal richtig gesungen hat, und dieses eine Mal ist wegen des Halls im Berliner Schauspielhaus für die CD unbrauchbar. Nun versucht Jens Kuphal, etwas zu basteln. Sollte das mißglücken (was zu erwarten ist), so wird wohl oder übel »Georgia« das einzige Stück sein, das wir aus dem Schauspielhaus nehmen müssen.

Die Lesung allerdings hatte man ganz aus dem Schauspielhaus genommen, und zwar so, daß die Lacher und die lebendigen Reaktionen des Berliner Publikums nicht auf einer extra Spur lagen. Ein allgemeiner Mulm, den man nachträglich kaum handhaben konnte. Eigentlich lieblos.

### *Do 18.10.2001*

Bei fast 200.000 Einwohnern war Kassel bisher die Stadt, die die wenigsten Zuschauer für unser Konzert zu bieten hatte: mit Hängen und Würgen 600, so daß das Parkett des Theaters gerade voll war. Es hing kein Plakat. Der Agent Dirk Kamella

(Ost) sagte uns, daß er Plakate für überflüssig und wenig werbewirksam halte.

Ich frage mich, warum dann, wenn Maffay, Jürgens oder Carpendale kommen, die jeweilige Stadt mit Plakaten regelmäßig zugeklebt wird.

3 Wochen nach Beginn des Vorverkaufs ging das Theater Kassel in die Sommerferien und schloß die Kasse. Es fehlten 8 Wochen Zeit für Kamella. Das Theater war nicht bereit, 4 Wochen später einen Ersatztermin zu gewähren, warnte Kamella jedoch, bei Ausfall die volle Miete von 12.000 Mark zu kassieren. Für einen Ersatztermin sollte er wiederum die volle Miete zahlen. Harte Bandagen. So hat Kamella sich auf den geringeren Verlust eingelassen. Mit Kassel muß man vorsichtig sein. Dessen ungeachtet war die Vorstellung sehr gut, die Leute waren begeistert.

### *So 21.10.2001*

Nach den Kindern aufgestanden und sie noch 2 Stunden erlebt. Als ich erzählte, daß ich wohl am 17. 12. in Köln zugunsten krebskranker Kinder umsonst singen würde, sagte die Kleine: »Mama, dann kannst du mein Taschengeld dorthin schicken. Oder gleich 100 Mark von meinem Bankkonto!«

Dann mit Otti zum Wahllokal in der Lietzenburger Str. 37 gefahren und gewählt. Otti wohl SPD, und ich zum ersten und einzigen Mal im Leben FDP, um einen möglichen Koalitionspartner für die SPD zu stärken, der nicht ausgerechnet PDS heißt. Denn dort sind 75 % der Mitglieder alte SEDisten, die ihren Staat und die Stadt verrotten ließen und sie dann verrottet eingemauert haben. Die will ich nicht erleben, wie ausgerechnet die sich als Retter Berlins aufspielen.

### *Do 25.10.2001*

Die Amerikaner kommen nicht vorwärts. Sie schmeißen seit 3 Wochen Bomben und haben heute eingeräumt, daß die Taliban noch immer ihre Panzer neu gruppieren und sich im Lande bewegen. Im Fernsehen sagte heute ein Talibankämpfer: »Wenn die Mächtigen zu stolz werden, sorgt Gott dafür, daß die Schwachen sie besiegen.«

Heute ist Soraya im Alter von 69 gestorben.

### *So 28.10.2001*

Abends läuft der erste »Tatort« nach der Ära Brauer/Krug. Jetzt müssen Atzorn und Prückner all die Versatzstücke aufsagen: »Wir haben Rüdiger Voss gestern tot aus der Elbe gefischt ...« usw. Das gönne ich ihnen. Der NDR hat jetzt einen »Tatort« wie jeder andere Sender.

### *Mo 29.10.2001*

Der gestrige langweilige »Tatort« »Exil!« mit Atzorn hat eine unglaubliche Quote hingelegt: 9,24 Mio. bei 25,9% Marktanteil. Unglaublich. Ich verstehe es nicht. Mal sehen, wie's weitergeht. Ein guter Start. Wie zu unseren besten Zeiten. Jetzt wird es allerdings immer schwieriger.

### *Di 30.10.2001*

Öfter mal ein zärtliches Fax, heute wieder. Was die an einem alten Herrn, der nicht mehr richtig kann, finden? Geld jedenfalls nicht, denn das kriegt niemand von mir, gerade mal Blutsverwandte. Das Äußerste ist eine Taxifahrt nach Alkoholkonsum. Also muß es doch meine Zärtlichkeit sein.

### *Mi 31.10.2001*

Die Amerikaner schmeißen Bomben auf Afghanistan und machen sich immer unbeliebter, ansonsten erreichen sie wenig. Sie rechnen mit weiteren Terroranschlägen und leiden unter der Angst vor Bakterien- und Sporenbriefen, die sie von ihren eigenen Faschisten per Post ins Haus geschickt kriegen: Milzbrand-Sporen. 13 Menschen sind erkrankt oder gestorben, und Millionen stehen vor den Krankenhäusern Schlange. Ich glaube, die Amerikaner eignen sich auch nicht mehr zum Sterben.

### *Do 1.11.2001*

Vormittags auf Phoenix eine Sendung aus Leipzig gesehen. Darin Biermann und Pleitgen. Biermann, ein so intelligenter, gebildeter, noch immer sehr gesunder Mann – warum ödet er mich bloß so an? Mein Neid? Manchmal kriege ich verkrampfte, steife Finger, wenn ich ihn sich spreizen sehe. Ich glaube, das liegt daran, daß er mir dauernd ein bißchen peinlich ist. (Steht mir nicht zu!) Wie mir einst meine Oma oft derart peinlich war, daß ich im Erdboden hätte versinken mögen, und doch habe ich sie geliebt.

### *Sa 3.11.2001*

Um 10.00 Uhr kommt ein Kurier und reißt mich aus dem Schlaf. Ich will nackend die Tür nicht öffnen, und er will auf eine persönliche Unterschrift nicht verzichten. Ich bitte ihn, die Sendung vor der Tür niederzulegen. Er will nicht. Aus der Sache ist nichts geworden.

### *So 4.11.2001*

Thomas Brasch ist heute mit 56 Jahren an Herzversagen gestorben.

### *Mo 5.11.2001*

1971 war ich zum letzten Mal in Böhlen, und zwar habe ich anläßlich der Premiere von »Wie füttert man einen Esel« im selben Kulturhaus ein Konzert gegeben.

### *Di 6.11.2001*

Nach Zeitz gefahren, die Stadt liegt in einem Zipfel Sachsen-Anhalts. Sie soll über 50.000 Einwohner gehabt haben, jetzt sollen es etwas über 30.000 sein. Entsprechend war der Saal von 600 Leuten nur mit 450 gefüllt. Ein sehr spezielles Publikum, das sich über die Kuckucksgeschichte ausgeschüttet hat. Zwischendurch wenig geklatscht, am Ende jedoch heftig und herzlich.

Fanny war heute besser denn je. Sie war einfacher und swingte wie eine Alte. Autogrammstunde entsprechend: Gute Worte, Lobendes. Ich weiß nicht, ob ich schon einmal in Zeitz war.

### *Mi 7.11.2001*

In der 1995 gebauten Musikhalle von Markneukirchen, in der von 6.600 Einwohnern 900 einen Sitzplatz finden, haben wir vor halbvollem Saal gespielt.

Sehr gute Zuhörer, interessiert und hellwach. Ich habe ihnen die Gitarrengeschichte von Biermann und mir erzählt, unsere Reise nach Markneukirchen, den Erwerb einer Meinel-Gitarre. Und ich hatte wohl eine Weißgerber gekauft, die mir am ersten Tag im Westen schon geklaut worden war. Das haben die heimatverbundenen Leute gern gehört.

Um 23.00 Uhr mit allem fertig und 380 km nach Hause gefahren, davon ich bei Regen 300. Während der Fahrt habe ich Fanny gefragt, was sie in ihrer Freizeit mache, ob sie schön Tagebuch schreibe. Vielleicht werde ein nettes Büchlein daraus. »Fanny Krug – Meine letzte Tournee mit Papa«. Kurz nach zwei zu Hause angekommen, dort eine gute Otti-Suppe gegessen.

Das Biermann-Buch zu dessen Rausschmiß vor 25 Jahren, für das ich zwei Seiten beigetragen habe, ist erschienen.

### *Frei 9.11.2001*

Heute fahre ich mit Petra und Marlene in meinem Wagen nach Leuna. Um 14.30 Uhr hole ich sie ab. Bei scheußlichem Wetter losgefahren. Staus, Regen, Schnee, Wind. Um 17.00 Uhr in Leuna beim Kulturhaus in der Kneipe was gegessen. Marlene und Daisy toben in unserer Garderobe herum, die von Fanny und mir genutzt wird.

Das Konzert sehr schön. Voller Saal, oder scheinbar voll. Stimmung prächtig. Die beiden Kinder gut auf der Bühne zu hören. Ich rief sie nett zur Ordnung. Daisy aufgefordert, mir »Hallo, Opa« zuzurufen, was sie umgehend tat.

Um 1.15 Uhr zu Hause. Um 2.30 Uhr kam Otti von einem Plauderabend und sah sich unter Tränen mit mir noch einmal Biermanns Konzertabend in der Kölner Halle vor jungen Gewerkschaftern im November 1976 an. Ein großer Meister! Um 4.00 Uhr ins Bett.

**Di 13.11.2001**
Es ist alles wieder so, wie es war: Ich wiege wieder 117 Kilo.

Die Amerikaner haben die Taliban derart gründlich weggebombt, daß schon heute die »Nordallianz« in Kabul einmarschiert ist.

Gestern habe ich die ersten 100 Seiten der Biografie gelesen, die der Amerikaner Sander L. Gilman über Jurek Becker geschrieben hat. Eine über Strecken sorgfältige Arbeit, in der noch mal der Antisemitismus der Nazis, aber auch der Polen geschildert wird. Das Ghetto von »Litzmannstadt«, in dem Jureks Eltern überleben mußten. Für mich sind vor allem Einzelheiten aus der Kindheit interessant, von denen ich nie etwas wußte. Zum Beispiel die sich ständig ändernden Namen seiner Eltern, die Akten-Manipulationen von Max Becker, z. B. an seinem Geburtsort (Fürth!), der Schwarze Markt, der Max offenbar sehr geholfen hat, die karge Nachkriegszeit zu überstehen.

Die Familie Becker schrieb sich gut jiddisch »Bekker«, was »Bäcker« bedeutet. Jurek hatte keine Geschwister. Seine Mutter hat ihn beschützt und den Krieg mit knapper Not im KZ überlebt. Erst nach dem Ende des Krieges ist sie Hungers gestorben.

Jurek hieß eigentlich Jerzy Bekker. Die Koseform von Jerzy war Jurek. Jureks Vater, ein Handelsmann aus der Textilindustrie von Lodz, hieß eigentlich Mieczysław Bekker, die Koseform des Vornamens lautete Mjetek. Er sprach Jiddisch, Polnisch, Russisch, und, weniger gut: Deutsch. Jureks Mutter, Näherin in einer Textilfabrik, hieß eigentlich Anette, geborene Lewin.

Lodz war 1937 eine moderne Industriestadt mit 700.000 Einwohnern, davon 233.000 Juden. Am 8. Sept. 1939 marschierte die deutsche Armee in Lodz ein; das Ghetto wurde errichtet, die Stadt zum Gedenken an den General Karl Litzmann, der im 1. Weltkrieg bei Lodz eine Schlacht gewonnen hatte, in Litzmannstadt umgetauft. Noch im Sept. 1939 setzte die Ghettoisierung der Juden in Lodz ein.

Die Juden im Ghetto mußten ihre alten jüdischen Namen wieder tragen. Vater Bekker hieß nicht mehr polnisch Mieczysław, sondern wieder jiddisch Mordeha (Mordechai). Jureks Mutter durfte nicht länger Anette heißen, sondern wieder Chana.

Im Ghetto hatte sich Jureks Vater Vorteile verschafft. Wie, ist nicht beschrieben. Max Becker hatte sogar ein Radio.

Im Februar 1944 wurde Jurek mit seiner Mutter aus dem Ghetto in das Frauen-KZ Ravensbrück gebracht, ein »Privileg«. Max wurde von der Familie getrennt, zuerst nach Auschwitz und dann nach Sachsenhausen gebracht. Mutter und Sohn waren vom Vater nur 50 Kilometer getrennt.

Die Russen befreiten die KZs, Jurek und seine Mutter wurden in eine Krankenabteilung nach Sachsenhausen verlegt. Die Mutter starb an Tuberkulose. Sie wurde am 2. Juni 1945 auf dem Friedhof von Sachsenhausen beerdigt.

Jurek später: »Meine Mutter ist verhungert. Ich nicht.«

Sein Vater suchte und fand ihn. Allein. In einer der provisorischen Krankenbaracken in Sachsenhausen.

Das alles hat mir Jurek nie erzählt. Und ich habe nie versucht, ihn auszufragen. Vielleicht ein Geheimnis unserer Freundschaft.

Aber sicher hat er ohnehin nicht viel gewußt. Wahrscheinlich handelt es sich um eine Akten-Recherche, die Sander L. Gilman angestellt hat, eine Rekonstruktion.

Um in der russischen Zone nicht aufzufallen, nannte Vater Becker sich von nun an Max Becker und seinen Sohn Georg Becker. Max machte sich 6 Jahre jünger und gab Fürth als seinen Geburtsort an, weil er damit nicht ein Jude aus Polen, sondern ein Jude aus Deutschland war. Deutsch, wie er jetzt war, konnte er als NS-Verfolgter eine Rente beantragen. Und auch Jurek konnte als Sohn eines Deutschen eine Rente beantragen.

### 14.11.2001

16.15 Uhr kam Biermann mit Pamela, die eine sympathische, hübsche und intelligente Frau ist. Biermann erzählt und erzählt, man braucht nix zu machen. Sehr bequem. Man spürt, daß Pamela ihn liebhat, obwohl sie jede der Geschichten schon Hunderte Male gehört hat.

### *Do 15.11.2001*

Den Nachrichtensender N24 endlich programmiert und gleich abends ein Interview mit Biermann gesehen. Er bedauert, einst Kommunist gewesen zu sein. Schröder, Schily und Fischer findet er gerade recht. Eine bessere Politik kann er sich im Moment nicht vorstellen.

Ströbele von den Grünen sei ein Pazifist der heuchlerischen Sorte. Als die Russen Afghanistan überfallen haben, um es in ihren Machtbereich einzugliedern, und dabei eine Million Menschen umgekommen seien – wo seien diese Pazifisten damals gewesen? Er, Biermann, sei froh, daß die Nazis mit schweren Waffen besiegt worden seien. Sonst gäbe es weder ihn, Biermann, noch Ströbele.

Daß der Rausschmiß der Anfang vom Ende der DDR gewesen sei, hält er für einen lockeren Feuilleton-Spruch, der nur dann stimmt, »wenn man ihn richtig mißversteht«. »Kein Staat bricht zusammen – und die DDR schon gar nicht – weil er den kleinen Biermann mit seiner Gitarre rauschmeißt. Da lachen ja die Hühner. Den entscheidenden Hieb mußte die DDR jedoch deshalb einstecken, weil es diesen gewaltigen Protest gegeben habe, mit dem keiner gerechnet hat: Die Menschen haben den Mut gefunden zu sagen: Wir wollen nicht mehr.«

Auf die Frage des Interviewers nach den Inspirationen antwortet Biermann fast wörtlich: »Wenn die Musen dich nicht küssen, hast du ganz und gar verschissen.«

Und an anderer Stelle, die PDS, das wisse doch jeder, sei die »Partei Der Spitzel«.

### *Frei 16.11.2001*

Schröder hat im Parlament nach viel Palaver die Vertrauensfrage gewonnen, die mit der Frage, ob die Bundeswehr den Amis weltweit zuschlagen helfen darf, gekoppelt war.

Abends mit Otti zu Biermann ins ausverkaufte BE gegangen. Großartiger Abend. Biermann hat auf der Gitarre noch mal zugelegt, der reinste Spanier. Die alten Songs vor der Pause hat er etwas weiser und komischer und bewußt nachlässiger vorgetragen, was ihnen gut bekommt. Für die neuen nach der Pause fehlt ihm ein bißchen der Feind. Trotzdem, ein grandioser Abend. Wieder das alte Leiden: Er wollte nicht von der Bühne. Nach drei Stunden fängt er eine Diskussion über Krieg und falschen Pazifismus an und verdirbt sich damit den schönen Abend. Er hat freilich viel zu bieten. Zu viel. Er versteht nichts davon, wie man seine Ware knapphält. Er muß nach der Zugabe von der Bühne gehen. Das kann er nicht.

Am Anfang zwei sehr nette Reden von Rainer Eppelmann und eine noch bessere von Thierse.

Das Ehepaar Angela Merkel als sehr nette Leute kennengelernt, sie saßen neben mir Reihe 1. In der Kantine die reizende Frau Birthler kennengelernt und versprochen, ihr eine Platte zu schicken. Viele frühere Frauen und deren Kinder von Biermann wiedergesehen.

### Sa 17.11.2001

17.00 Uhr pünktlich zum Soundcheck in der Mercatorhalle in Duisburg. Eine doofe Beamten-Big-Band sitzt da, geleitet von dem abgerissen aussehenden Paul Kuhn. Die übliche arrogante Truppe, die glaubt, sie könne alles. Die beiden einzigen Titel, die ich machen will, haben sie nicht vorbereitet, stattdessen der Spruch »Wo sind die Noten?«. Ich drohe damit, sofort abzureisen, und ich war wirklich drauf und dran. Die Platte hatten wir Wochen vorher geschickt, und es hatte geheißen, die beiden Stücke würden abgeschrieben und arrangiert. Nichts abgeschrieben. Kuhn schickte das Orchester von der Bühne, die Rhythmusgruppe blieb übrig. Sie spielten lausig schlecht. Auch Kuhn verspielte sich dauernd. Keine Fermate war bekannt, nicht einmal der einzige Tonartwechsel. Es war ein Elend. Nie wieder. Nie wieder singen mit solchen schlampigen, abgefuckten, lustlosen Musikern. Hab ich das nötig.

Am Abend spielten sie es dann noch schlechter als bei der Probe. Wirklich zum Heulen.

Dennoch: Alles ging wider Erwarten gut. Ich las zwei sichere Geschichten, nämlich »Flaschenzug« und »Whisky«, danach ein Duisburg-Stück aus »Schöne Kindheit«, das die Leute mir mit riesigem Vaterstadt-Bonus freundlich abnahmen, obwohl sie eigentlich tanzen und schlucken wollten. Dann die beiden Stücke »Frosches Lied« und »All of Me« gesungen. Der Erfolg war beachtlich.

### *So 18.11.2001*

Das ist eines der Elende, daß man als sogenannter Prominenter den ganzen Tag langweilige Geschichten hören muß, besonders von denjenigen, die sich für deine Wohltäter halten. Sie spüren, daß du nicht grob genug veranlagt bist, um einfach zu sagen: »Genug davon. Danke.« Sie sehen es sofort an deinen milden, zustimmenden Reaktionen, die sie für echt halten. Und sofort überschütten sie dich mit weiteren Schwällen von langweiligem Erlebnismüll, der größtenteils schlecht erfunden ist; denn er dient nur dazu, um vor dir ein Rad zu schlagen.

### *Di 20.11.2001*

Krista Schädlich war hier. Ich habe ihr die Diskette »Schöne Kindheit« mitgegeben. Nun ist es passiert.

### *So 25.11.2001*

Gewicht: 116,5

Ab 14.00 Uhr kam Karin Kiwus nach der dreistündigen Brasch-Matinee im BE hierher. Sie hatte mich vorgestern gefragt, ob sie für eine Gedenkvitrine in der Akademie 10–12 Jurek-Postkarten haben könne und ob ich das Romanmanuskript schon gefunden hätte. Tatsächlich habe ich es gleich nach dem Telefonat zufällig gefunden, nachdem ich zuvor zwei Nachmittage lang vergeblich danach gesucht hatte. Es ist das handgeschriebene Manuskript von »Schlaflose Tage«, das er mir 1977 kurz vor meiner

Ausreise aus der DDR geschenkt hatte. Die Kiwus kam also heute an und wollte 17 bestimmte Postkarten haben. Otti und ich suchten diese Karten eine Stunde lang für sie heraus. Da war ich eigentlich schon sauer. Der ganze Spaß hat viel Zeit gekostet. Nun ging es an die Frage, wie hoch das Manuskript des Romans versichert werden sollte. Sie schlug 8.000,- Mark vor. Ich beharrte jedoch auf 25.000 Mark. Danach schlug sie pro Karte 500,- Mark vor, ich stimmte zu. Sie wollte alles gleich unversichert mitnehmen. Ich zog ein Gesicht und sagte: »Und wenn du jetzt einen Unfall baust und das Auto brennt ab, dann habe ich gar nichts. Bitte sei so lieb und komme mit einer unterschriebenen Police vorbei, um die Sachen zu holen.«

### *Mo 26.11.2001*

15.30 Uhr Abholung durch Fanny & Hübenthals nach Dessau.

Der ganze Spaß geht auf eine gemeinsame Initiative von Uwe und mir zurück. Leider waren weder die Band noch Fanny und ich heute so locker und so gut wie sonst. Das haben wohl auch Holger Schwark und Arne so empfunden, die im Übertragungswagen des »Nucleus«-Studios saßen.

Die meisten vollen Häuser sind der guten Arbeit von Bernd Aust zu verdanken. Bei ihm ist immer ausverkauft, auch in kleineren Städten. Hier sind die 1.000 Plätze bereits seit Mai verkauft.

Publikum war freundlich und aufgeschlossen; die Leute waren diesmal besser als wir. Fanny konnte plötzlich in »Mach's gut, ich muß gehen …« den Text nicht, daraufhin habe ich es wiederholt. Protzmann hat eine Gurke in der Baßeinleitung von »Teach Me Tonight« gespielt, darauf habe ich ihn gebeten, noch mal anzufangen usw.

### *Di 27.11.2001*

Heute nacht ist die Politikerin Regine Hildebrandt an Krebs gestorben.

Um 18.30 Uhr treffe ich in der beeindruckenden Dresdner Semperoper ein, wo man uns sehr nett empfängt. Das (ausverkaufte)

Haus drückt ein bißchen auf die Jazz-Stimmung, aber wir machen es gut. Das Publikum etwas gebremst, dann aber hat es geklatscht wie noch nie. Opernmäßig, würde ich sagen.

### *Mi 28.11.2001*

Manche sächsischen Publikümer sind bei den Autogrammstunden sehr drängelig in ihrer Liebe. Die schieben glatt den Tisch weg. Zum Beispiel hier in Coswig.

### *Do 29.11.2001*

Hier in Riesa haben wir »Wunderbar ist die Welt« von dem doofen Vorspiel befreit und das Stück einen Ton tiefer gesetzt – in C-DUR. Das ist viel besser.

Ein halliger Saal, aber ein wunderbares Konzert und eine hervorragende Lesung. Das Haus war voll, die Leute begeistert wie wir selbst. Schöne Autogrammstunde mit Fanny; guter Platten- und Bücherverkauf.

### *Frei 30.11.2001*

George Harrison von den »Beatles« ist mit 58 Jahren an Krebs gestorben.

Krista Schädlich hat mir gefaxt, daß sie »Schöne Kindheit« interessant finde; ich soll unbedingt weitermachen. Sie will Ordnung reinbringen, bis dahin soll ich an der Johanna-Geschichte weiterschreiben.

### *So 2.12.2001*

Fanny und ich im Wagen von Andreas Bicking um 13.00 Uhr nach Heringsdorf mitgenommen worden. Viel Landstraße, viel Umleitungen. Etwa um 17.30 Uhr im dortigen neuen Hotel »Maritim« angekommen, in dessen Saal (600 Sitzplätze, ausverkauft) das Konzert stattfindet.

Ein entzückendes Publikum, teilweise von weither angereist (z. B. Binz auf Rügen). Die Leute haben schlau gelacht, das hat mir am besten gefallen.

### *Di 4.12.2001*

Das Theater in Schwedt hat ein festes Ensemble von 15 Kollegen. (Sie spielen dort »Faust«, beide Teile.) Als Gastregisseur begegnete mir dort heute der alte Dixieland-Trompeter Ernstgeorg Hering, der mich wieder und wieder umarmte usw. Er ist inzwischen auch 60 und gut im Schuß. Er übergab mir für Otti einen Stapel Fotos, die er auf einem Reginegeburtstag gemacht hatte. Er sprach herzlich und überschwänglich auf mich ein. In Schwedt inszeniert er etwas am Theater. Eigentlich ist er in Dessau, wohnt aber in Berlin.

Das Haus hier war voll, und das dürfte selten sein. Aust hatte wieder gute Arbeit geleistet und für alle einen Dresdner Stollen mitgebracht. Publikum war wunderbar. Die Leute wußten genau, wann und wie oft ich in Schwedt war: zweimal vor der Wende und dreimal danach, nämlich mit dem »Zerbrochenen Krug«, dann mit einer Lesung und heute.

Als Zugabe haben wir heute »Leise rieselt der Schnee« gegeben. Es war entzückend. Selbst die Musiker waren angerührt. Und ich sowieso. Bätzel hatte herrliche Harmonien gefunden; das Lied klang neu und schön deutsch ernst. Protzmann will, daß wir im Sommer eine Weihnachts-CD für nächstes Jahr machen. (Es gibt aber schon hunderte davon.)

### *Mi 5.12.2001*

Ich war ein Bier trinken, und dann habe ich den 1. Teil von »Thomas Mann« von Breloer gesehen. Minchen[22] als Thomas Mann, Jürgen Hentsch als Heinrich. Beide nuschelten schrecklich, weil sie das unter »natürlich sprechen« verstehen. Der Film hat sich zu einem Drittel nur um die homoerotischen Obsessionen der Mann-Familie gekümmert. Alles andere war eher belanglos. Breloer tat gut daran, die Sache nicht den Schauspielern allein zu überlassen. Dann wäre es eine dumme Kitschgeschichte geworden. Aber die Originalschnipsel und vor allem die Elisabeth Mann Borgese waren unverzichtbar.

---

22 Gemeint ist Armin Mueller-Stahl.

### So 9.12.2001

Otti fährt zu ihrer Nichte Nele zu einer familiären Weihnachtsfeier, zu der ich auch gern gegangen wäre. Fanny wird nach kurzem Auftritt mit mir ebenfalls zu Nele fahren. Für mich lohnt sich das nicht mehr.

Ich habe Protzmann versprochen, zu ihm aufs Dorf zu fahren, wo er in einem Lokal vor 70 geladenen Gästen ein bißchen angeben will. Hübi holt mich um etwa 16.00 Uhr ab. Texte für Lieder mitnehmen!

Nachts 2.00 Uhr. Alles kam anders. Ich sang mit Fanny zusammen meine Lieder. Es waren nicht 70, sondern höchstens 50 Leute in dem Restaurant, die alle sehr nett waren. Um 19.00 Uhr waren wir fertig. Jetzt hätte ich bis 21.00 Uhr warten müssen, um dann einen Gänsebraten einzuschieben. Dabei weiß ich längst, daß ein Gänsebraten nur zu Hause schmeckt. Also verabschiedete ich mich von allen und fuhr mit Fanny zu der Familienfeier in die Knorrpromenade. Alle waren da.

### Mo 10.12.2001

Fax von »Die Woche« – Herrn Janko Tietz. Er will eine Schnurre von Promis drucken, wie sie ihre erste Mark verdient und was sie sich dafür gekauft haben.

Habe ihm umgehend geantwortet, hier der Text:

»Als 1948 die Währungsreform kam, war ich 11 Jahre alt. Meine Oma legte die 40 Mark auf den Tisch, wir kuckten uns das neue Geld eine halbe Stunde lang an. Für drei Monate schwänzte ich die Schule und schürfte in den Ruinen Duisburgs nach Buntmetall für den Schrotthändler. Viele Zentner Blei, Zink, Bronze und Kupfer kamen so zusammen, ich wurde reich. Für das Geld kaufte ich mir eine gebrauchte Lederhose und meinem Opa einen goldenen Ehering.«

Über Harald Juhnke kommt im Fernsehen die brutale Nachricht, er habe zwar das Krankenhaus verlassen, könne aber nicht mehr arbeiten, da er unheilbar sei. Seine Familie habe sich schweren

Herzens entschlossen, ihn in ein Heim zu geben, in dem geschultes Personal mit Demenz-Patienten umgehen könne.

### *So 16.12.2001*

Stefan Heym ist tot.

Mit Fanny nach Köln geflogen. Auch Otto Sander fand sich ein, der in derselben Veranstaltung eine Geschichte von Nabokov lesen wird.

In Köln angekommen, war Herr Wiese nicht zum Abholen erschienen. Wir fuhren mit dem Taxi in das Nepphotel »Dorint« in der Helenenstraße. Wiese kriegte später seinen Einlauf.

Das Theater voll. Das nicht gerade zu einem Jazzkonzert erschienene Publikum war von unserem 30minütigen Auftritt begeistert. Der Renner mal wieder das Lied »Mach's gut, ich muß gehn …« Die Hausanlage, über die wir spielten, war häßlich trocken.

Der Kabarettist Jürgen Becker war von meinen Sprüchen als Ansager begeistert und will sich bemühen, für uns mindestens eine Kölnmucke zu arrangieren.

Im Hotel vom Tod Stefan Heyms erfahren. Im TV einen kurzen Film gesehen, in dem u. a. ich vorkam und in dem mir Heym während der Leipziger Buchmesse die Worte zuruft: »Ich bin nicht mehr böse auf dich!«

Ihn noch einmal in diesem Film wiederzusehen, rührt mich von Herzen. Ein toller Mann.

### *Mi 19.12.2001*

Im Keller des DT Meinhard Lüning getroffen, der dort mit seiner Band Dixieland spielte. Ich hab's mir angehört, aber freudlos. Es waren dieselben alten Stücke, die ich seit 45 Jahren kenne.

Stefan Heym, sagt Meinhard, soll in Israel entweder im Meer oder im Swimmingpool ertrunken sein. Er soll noch um Hilfe gerufen haben – vergeblich. Kann ich mir nicht vorstellen. Das habe er von Maria Moese erfahren.

### Do 20.12.2001

Fax von Klaus Priebe: »2002 soll es weitergehen.« Das ist kaum zu glauben, daß sie uns zwei alte Knaben noch ein ganzes Jahr lang mitschleppen wollen.

Ebenfalls von Priebe ein Karton schönen Rotweins aus Portugal. Sehr bedankt.

Ich habe den Priebe-Brief an Brauer gefaxt, der hat zurückgefaxt: »Ich bin baff. Ich freue mich ganz doll!!«

### Frei 21.12.2001

Um 9.00 Uhr wecken lassen und bei Schnee und glatten Straßen (auf Sommerreifen) nach Weißensee zum Jüdischen Friedhof gefahren. Dort wurde Stefan Heym beerdigt. Kein Taxi. Wenn's mal hart auf hart kommt – kein Taxi. Fahrzeit: 1h 20 min.

Die Beyers kamen, Annekathrin Bürger, Rieke Becker mit dem Sohn Leonard. Maria Moese mit ihrem Sohn Felix, der eine echte Judenkappe trug. Seltsam. Willy ist krank und zu Hause geblieben.

Tolle Gesänge von den jüdischen Rabbinern, kleine Reden von Gysi und anderen, die wir nicht sehen konnten. Sie wurden in den kalten Zugang übertragen.

Die alten Juden – wenn's ans Sterben geht, kuscheln sie sich auf ihren Friedhöfen wieder alle zusammen. Sicher ist sicher. Jurek ist eine Ausnahme. Eine von wenigen. Peter Edel war auch eine.

Nach der Feier sind wir gegangen. Am offenen Grab wollte ich nicht vorbei. Das wär was gewesen, wenn ich vor diesem Erdhügel in Tränen ausgebrochen wäre.

### Mo 24.12.2001

15.30 Uhr marschiere ich zu Fuß durch den Schnee zur Behausung der Kinder, wo ich um 16.00 Uhr mit der Bescherung beginnen will, damit ich pünktlich zur Ente wieder zu Hause bin.

Um kurz vor 20.00 Uhr nach Hause gefahren, wo es im üblichen Kreis Ottis gute Enten gab. Daniel mit Frau und Kindern waren da, Fanny mit Daisy, Fine mit Julius und die beiden

Schiller-Krenzlins. Zwei Zentner Geschenkpapier-Müll. Um zwei Uhr waren alle hundemüde. Die meisten gingen. Fanny, Daisy und Daniels Ella blieben hier und schliefen bei Otti.

### *Mi 26.12.2001 Zweiter Weihnachtstag*

Nachmittags die Kinder. Sehr nett und harmonisch. Ich habe ihnen mit lieben Grüßen Ottis hervorragende Rinderrouladen serviert und bin damit sehr gut angekommen.

Danach hat Marlene zum 1. Mal den Film »König Drosselbart« gesehen, mit ihrem Vater in der Hauptrolle. Hat ihr gut gefallen. Sie hat auch völlig verstanden, daß ich nach einem Drehbuch habe arbeiten müssen. Deshalb hat sie auch die dramaturgischen Aufgaben genau verstanden. Es zeigt sich, daß es von großem Vorteil ist, wenn Kindern oftmals Geschichten vorgelesen werden. Mindestens allabendlich.

### *Do 27.12.2001*

Heute beginne ich wieder von vorn. Bei 118 Kilo fange ich erneut an. Es ist schrecklich. Alt werden ist ein einziges Leiden.

### *Mo 31.12.2001*

Morgens die Kinder zärtlich verabschiedet.

Ansonsten schlafe ich den ganzen Tag bis drei, unterbrochen nur durch häufiges Ausfahren der Feuerwehr, die es ohne »Tatü Tata« nicht macht. Und das übliche Geknalle. Gestern gab es in Lima 300 Tote und einen großen Altstadt-Brand, weil in einem Knaller-Laden ein Frosch ausprobiert worden war, der dann die anderen Frösche angesteckt und schließlich ganze Straßenzüge vernichtet hat. Der Präsident von Peru hat daraufhin für die Zukunft jeglichen Handel mit Sprengkörpern und ihre Produktion verboten. Hoffentlich für immer.

Heute abend sind wir bei Jörg Henle zu Silvester eingeladen. Er hat Cipe Lincovsky aus Argentinien zu Gast. Das Land ist wegen seiner unfähigen und korrupten Politiker in Aufruhr. Man wandert wieder aus.

Jörg Henle hatte uns gebeten, eventuell noch jemanden mitzubringen. Wir bringen die Pröbrocks mit, die uns mit ihrem Auto um 20.30 Uhr abholen. Bei Henle werden 12 Personen sein. Otti bringt ihren herrlichen Kartoffelsalat und ihre Buletten mit.

Frau Henle, eine hochgewachsene Bulgarin, die einmal sehr schön gewesen sein mag, empfängt uns eher kühl. Henle selbst ist eher ein Tiefstapler, in ihm steckt mehr, als es den Anschein hat. Seine Frau scheint dominant, er hat aber heimlich die Hosen an.

Cipe ist über 70, und das ist nicht zu glauben, so gut sieht sie noch aus. Ihr Alter ahnt man nur an der Stimme, die einmal so wunderbar gewesen ist. In Argentinien ist die Hölle los, es geht ihr schlecht, sie hat keine Rente eingezahlt, sie muß arbeiten, bis sie umfällt.

Zu Gast ist auch ein Komponist aus alten DDR-Tagen, der jetzt als Lehrer für Komposition arbeitet, er heißt Goldmann, der jüdische Klang seines Namens hat nichts zu bedeuten.

Der Sohn von Bunge war da. Netter Mann mit leisem Witz. Das übliche Luftgeschmatze um 24.00 Uhr, danach Blabla, darunter ein langer Vortrag über bulgarische Geschichte. Fürchterlich.

# Nachwort

Fast ein Vierteljahrhundert ist es her, dass Kommissar Stoever sonntags im NDR-Fernsehen Verbrecher zur Strecke brachte. Am 11.11.2000 fiel die letzte Klappe, 16 Jahre »Tatort« waren Manfred Krug genug. Alle Überredungsversuche des NDR, noch weiterzumachen, wenigstens mit einem »Tatort« im Jahr, halfen nichts. Manfred Krug blieb dabei. Er wollte in Rente gehen wie jeder andere auch, hatte, wie er sagte, zu Lebzeiten gut geklebt und wollte nun seine Tage für etwas Besseres nutzen als für die Verbesserung von schlechten Drehbüchern. Er wollte singen.

So notierte er am 29. Mai 2000: »Sollte sich am Ende aller ›Tatorte‹, meinetwegen auch viele Jahre danach, zufällig jemand fragen: ›Wie hat dieser Schauspieler das eigentlich gemacht, in einem besonderen Maße das Interesse der Fernsehzuschauer zu wecken und sich zu erhalten?‹ und sollte dieser Mensch ein ›Medienforscher‹ sein, dann biete ich ihm hiermit alle noch erhaltenen Drehbücher an, die bei mir im Keller liegen, damit er den Inhalt und die Dialoge der jeweiligen Filme mit dem Inhalt und den Dialogen der jeweiligen Drehbücher vergleichen kann. Das ist sicher etwas aufwendig. Aber der Mann hat etwas davon: Er kann feststellen, welche eigentliche Arbeit ich geleistet habe, und zwar sowohl in kleinen Vorabendserien wie ›Auf Achse‹ als auch – in geringerem Grad – in ›Liebling Kreuzberg‹ als auch, und vor allem, im ›Tatort‹.«

Nie wieder würde Krug vor der Kamera zu sehen sein – außer mit den vierminütigen Spots für die Telekomwerbung – , alle Angebote, in Filmen mitzuwirken, schlug er aus.

Eigentlich reichlich Zeit, um in Vergessenheit zu geraten. Nichts dergleichen geschah. Bis heute vergeht kaum eine Woche, in der nicht ein »Tatort« oder einer seiner Filme wiederholt würde, jedes Jahr zur Weihnachtszeit »König Drosselbart« oder das Husarenstück »Mir nach, Canaillen!«, natürlich auch der Klassiker »Spur der Steine«. Eine der Ursachen mag neben seiner unverwechselbaren Schauspielerpräsenz die Glaubwürdigkeit seiner Charaktere sein, die Vermittlung des Gefühls, das ist einer von uns, den kennen wir, der ist nicht abgehoben.

Die Vereinnahmung konnte auch lästig werden. Ich erinnere mich an eine Lesereise, bei der wir auch in Jena haltmachten. Auf der Suche nach einem Bratwurststand konnte er keinen Meter gehen, ohne dass ihm jemand auf die Schulter schlug, ihm »Tach, Manne« zurief oder ihm gar eine Bratwurst spendieren wollte. Manfred Krug floh die Menge und verkroch sich wütend im Auto, das wir in einer kleinen Seitenstraße geparkt hatten, ohne Bratwurst.

Nicht wenige meinten, Manfred Krug spiele nur sich selbst. Das ärgerte ihn. Dann nannte er seine großen Vorbilder wie Gary Cooper oder Jean Gabin, deren Kunst gerade darin bestand, so wenig wie nur möglich und so viel wie nötig zu machen. Nichts hasste Manfred Krug bei der Schauspielerei mehr als Übertreibung. Er notierte am 4.1.2000:

»Nachts auf Vox einen Film von 1976 (»Nea – ein Mädchen entdeckt die Liebe«, D/F, Regie: Nelly Kaplan) gesehen. In der Einstellung, in der Bennent zum ersten Mal auftaucht, was macht er da? Er nimmt seine Brille ab, um irgendwelchen Worten mehr Bedeutung zu geben, und dann? Was macht er dann? Er setzt die Brille wieder auf. Bennent. Pfui.«

Acht Jahre nach seinem Tod erscheint nun – von vielen lang ersehnt – der dritte Band seiner Tagebücher, deren Edition im Februar 2022 mit »Ich sammle mein Leben zusammen« begann und 2023 mit »Ich bin zu zart für diese Welt« fortgesetzt wurde. Beide Bände lösten Stürme der Begeisterung aus, sowohl bei den Kritikern als auch bei der Leserschaft. Er war wieder da, der Langvermisste, der Fernsehliebling, der große Krug, der es tatsächlich geschafft hatte, ein Jahrhundertkünstler zu werden. In seinen Tagebüchern, deren Herausgabe ich als seine langjährige Lektorin und Weggefährtin von seinen Kindern übertragen bekommen habe, meldet sich der Haudegen und Alleskönner wieder zu Wort.

Es ist die Natur eines Tagebuchs, dass ihm Intimes, sonst Verschwiegenes, Alltägliches, Wütendes, nicht für alle Gedachtes anvertraut wird. Nicht jede Eintragung war für die Öffentlichkeit bestimmt. Das herauszufiltern, was Manfred Krug gestattet hätte, war meine Aufgabe, und trotzdem den Charakter der Eintragungen nicht zu verfälschen, den Krug lebendig werden zu lassen, der diese Tagebücher führte. Der Leser sollte teilhaben an seinen scharfsinnigen Beobachtungen, seinen Ängsten, Nöten und Freuden, an seiner Weltsicht, seinem Wissen und auch seiner Unbescheidenheit. Fast Tag für Tag notierte er seine Erlebnisse und hielt Ereignisse fest, die heute nicht so leicht abzurufen sind. Fast Vergessenes wird wieder wach durch seine Zeitzeugenmeisterschaft, und das Erinnern sorgt für manche Überraschung.

Bei aller Sorgfalt, die ich der Auswahl angedeihen ließ, war für mich wieder beruhigend zu wissen, dass Manfred Krug seine Tagebücher nicht nur für sich alleine schrieb. Dass er sie gedruckt sehen wollte, geht aus einer Notiz hervor, die bereits in den vorangegangenen zwei Bänden zitiert wurde: »Mir fällt ein: sollte ich schneller wegsterben als erhofft, und sollte sich ein Verlag finden, der diese Notizen drucken will, so wäre es gut, wenn ein ordentlicher Schreiber das Ganze ein bißchen einköcheln würde«, schrieb er am 2.12.1997 in sein Tagebuch.

Manfred Krug hatte sich zwar als Schauspieler von seinem Publikum verabschiedet, aber mit Veröffentlichung der Platte »Tatort – Die Songs« wurde seine eigentliche Leidenschaft, das Singen, neu entfacht. So groß sein Erfolg als Jazzsänger in der DDR gewesen war, in der Bundesrepublik hatte er vorerst mit zwei von ihm selbst finanzierten Platten kein Publikum gefunden. Um die Familie zu ernähren, nahm er nach seiner Übersiedelung in die Bundesrepublik alle Rollen an, die sich ihm boten, bis er beim

Drehen einer Folge »Auf Achse« 1983 einen Anruf erhielt. »Am anderen Ende kein Geringerer als der Regisseur Hartmut Griesmayr, der zu mir sagte: ›Manfred, ich soll den Hamburger *Tatort* machen. Willst du da nicht den Kommissar spielen?‹ Ich hätte ihn auf der Stelle umarmen können. Ich sagte: ›Bei dir spiele ich auch den Wolf in ›Rotkäppchen‹. Sag mir, wann es losgehen soll. Ich halt mir alles frei.«[23]

Nachdem die »Tatort«-Platte in den Charts auftauchte (»Das Wort ›Charts‹ habe ich im Zusammenhang mit mir noch nie gehört. Heute ist es so weit«, schrieb er am 12. Januar 2000 in sein Tagebuch) und sogar mit der Goldenen Schallplatte ausgezeichnet wurde, nahm er noch während seiner »Tatort«-Verpflichtungen die Arbeit mit Studios auf. Genauso zuverlässig, wie er keinen Dreh ausfallen ließ, auch wenn er sich noch so krank fühlte oder es auch war, ließ er keinen Studiotermin platzen, bestimmte die Auswahl der Titel, gab Ratschläge. Im Jahr 2000, während seines letzten Drehjahres, erschienen drei Platten von ihm, alle bei Amiga, »Das Beste von Manfred Krug 1962–1977«, »Deutsche Schlager« und »Schlafstörung«, letztere für ihn »eine der schönsten Platten, die ich je gemacht habe«.

Öffentlich singen, das tat er noch nicht.

Auf Wunsch des ECON Verlages ließ er sich nach dem Erscheinen des Buches »Abgehauen« im Jahr 1996 bei Lesungen von der Band Jazzin' the Blues begleiten, bestehend aus Uli Gumpert, Wolfgang »Zicke« Schneider und Henning Protzmann. Uschi Brüning – Wiedersehen nach fast einem Vierteljahrhundert – sang bekannte Jazz-Standards und andere Stücke, manchmal war auch ihr Mann, der Saxofonist und große Jazzer Luten Petrowsky, dabei. Aber bei der vorbestimmten Reihenfolge konnte es nicht bleiben. Mehr und mehr forderte das ehemalige DDR-Publikum, dass Manfred

23 Zitiert nach: »MK Bilderbuch. Ein Sammelsurium.« Mit Texten von Manfred Krug. Herausgegeben von Krista Maria Schädlich und Oliver Schwarzkopf, Schwarzkopf & Schwarzkopf, Berlin 2012, S. 3.

Krug bei seinen Lesungen singen sollte. Am 21.11.2000 war es so weit:

»Ab heute gibt es drei Lieder bei dieser kleinen Tour, auf der es eigentlich von mir gar keinen Gesang geben sollte. So hat mich das Publikum selbst zum Konzert getrieben. Die Kopplung ›Jazzmusik und Lesung‹ ist, zumindest im Osten, wo man sich an den Sänger Krug bestens erinnert, problematisch. Das Trio spielt 4 Stücke, die meisten mit Uschi, ich lese dann ½ Stunde ›Abgehauen‹ und singe in Deutsch ›One Note Samba‹; dann kommen wieder 4 Stücke Trio. Danach lese ich aus ›Jurek Beckers Neuigkeiten‹; es folgt der dritte Block Trio, und wenn Uschi abgegangen ist, singe ich ›Frosches Lied‹ und am Ende ›All Of Me‹. Das hören die Leute am liebsten (sie klatschen auf 1 und 3 mit ☹).«

Es ging nicht lange gut. Bei der Probe im berühmten Steintor-Varieté zeigte sich, nach seiner Ansicht, »Luten ein weiteres Mal außerstande, die paar Töne des simplen Kinderliedes (›Frosches Lied‹) zu spielen. Ich sprach etwas entnervt mit Uschi. Sie war es, die darauf bestanden hatte, die Konzerte mit Luten gemeinsam zu machen.«

Uschi Brüning beschrieb diesen Vorfall in ihrem Buch »So wie ich« aus dem Jahr 2019 sehr drastisch, aber dennoch liebevoll:

»In Halle im ›Steintor-Varieté‹ sollte Luten Till Brönners Version der Kermit-der-Frosch-Ballade ›Beein' Green‹, die Manfred ins Deutsche übertragen hatte, nach dem Gehör spielen, aber das klappte nicht richtig. Manfred knurrte mich an: ›Kannst du deinem Alten nicht mal die Frage stellen, warum er immer so kratzbürstig daherkommt, mit solchen quietschenden, unmöglichen Geräuschen, mit denen er die Leute erschreckt. Es ist doch nun alles Friede, Freude und Eierkuchen und Zeit für ein paar schöne Töne, oder hat ihm der Free Jazz ins Gehirn geschissen?‹«[24]

Das Konzert mitsamt der Lesung war dennoch, wie Krug meinte, das bisher beste bislang. Uschi Brüning wurde jedoch von der Presse schlecht behandelt, ihre Stimme sei nicht mehr das, was

24 Uschi Brüning: »So wie ich«, Berlin, Ullstein 2019, S. 222.

sie früher mal war, hieß es dort, alles Augenmerk lag auf dem Sänger Krug, der auch bei den Autogrammstunden die Hauptperson war. »Du hast ja in den letzten zwanzig Jahren fleißig weitergesungen, während ich mich rar gemacht habe. Das hättest du auch machen können. Haste aber nicht, und nun bin ich interessanter für die Leute«,[25] versuchte Krug zu erklären und zu trösten.

Dann geschah etwas, was den gemeinsamen Auftritt beenden sollte. Uschi Brüning und ›Luten‹ Petrowsky hatten bereits 1999 zugesagt, ein Konzert in Güstrow zu geben, aber tags darauf sollte in Zwickau ein Auftritt mit Manfred stattfinden. Wegen der Entfernung war das für sie nicht machbar, kurz und gut, sie mussten ihre Teilnahme in Zwickau absagen. Das war zu viel. »Plötzlich hatten wir die ganze Band, die erwartet hatte, dass wir unser Güstrower Konzert absagen, gegen uns, denn ihnen drohte durch unsere Absage eine Mugge verloren zu gehen. In einem solchen Fall sind Musiker unerbittlich. Ich hatte mich gewissermaßen der Majestätsbeleidigung schuldig gemacht und galt auf einmal als unzuverlässig und nicht flexibel genug … Ich war abgemeldet«, erinnerte sich die Sängerin.[26]

Mit Uschi Brüning sollte Manfred Krug erst ab 2004 wieder auf der Bühne stehen und bis 2016 mit ihr bejubelte Konzerte geben.

An den Vorfall, der zu der Trennung geführt hatte, erinnerte sich Manfred Krug anders. Am 24.11.2000 schrieb er:

»Uschi und Petrowski können heute nicht dabei sein. Es wird gesagt, sie müßten sich bei einer Musikschule vorstellen, die vielleicht einen Job für Uschi hat. Sie kann als Jazz-Gesangslehrerin anfangen. Oder so ähnlich.

Die Band hat mit der Sängerin Leta Davis ein paar Stücke eingeübt. Nicht schlecht. Obwohl man sagen muß: Sie trifft ein paar Töne weniger als Uschi Brüning. Dafür ist sie bühnenwirksamer und anstelliger.

---

[25] Uschi Brüning: »So wie ich«, Berlin, Ullstein 2019, S. 223.

[26] Ebenda, S. 224.

Für Luten haben wir ebenfalls Ersatz gefunden: den Saxofonisten Andreas Bicking, der sonst in der Band von Veronika Fischer spielt, die aber nicht genug Mucken zusammenkriegt. Er hat seine Sache sehr gut gemacht. Er hat auf Anhieb alles das richtig gespielt.«

Von da an bestritt Manfred Krug mit Leta Davis die Konzerte, bis er seine Tochter Fanny für die bessere Sängerin und das Vater-Tochter-Agreement auch für zugkräftiger hielt. Mit strenger Aufmerksamkeit, aber auch stolzgeschwellter Brust – »Sie swingt, das ist auch in ihrer Generation selten in Deutschland« oder »Fanny war heute besser denn je. Sie war einfacher und swingte wie eine Alte« – hielt er sich nicht mit Ratschlägen für ihren Gesang und besonders zu ihrem Umgang mit der Presse zurück. Mit der hatte Manfred Krug, hauptsächlich mit der »Bild«-Zeitung, so schlechte Erfahrungen gemacht, dass kaum ein »Tatort« verging ohne Seitenhiebe auf die »Blöd-Zeitung«. Den Vogel schoss aber der Abdruck eines persönlichen Briefes von ihm an einen Kleinanleger der Telekom-Aktie namens Jan Schiebold vom 4.3.2001 in der »Bild am Sonntag« ab. Gefragt, was er zum Verfall der Telekom-Aktie zu sagen hätte, hatte Manfred Krug unter anderem mit dem spaßigen Vierzeiler »Manchmal stehn die Aktien hoch, und manchmal stehn sie niedrich, ein Auf und Ab, grad wie beim Arsch vom alten Kaiser Friedrich«, geantwortet, der angeblich alle Kleinanleger, die sich Telekom-Aktien gekauft hatten, verhöhnte. Rudolf Augstein hingegen habe sehr gelacht. »… ›Grad wie beim Arsch vom Kaiser Friedrich …‹ – an wen ich denn da gedacht hätte, etwa an den preußischen König, der es mit seinen Hunden getrieben habe? Ich antwortete ihm, es sei viel einfacher gewesen: ich hätte einfach einen Reim auf ›niedrig‹ gesucht.«

Die Folge des Abdrucks in der »Bild am Sonntag« war nicht nur ein erbitterter Rechtsstreit mit der Zeitung. Manfred Krug war darüber hinaus nun auch wild entschlossen, mit dem ECON Verlag, der seit Kurzem ebenfalls zum Springer-Konzern gehörte, zu brechen. Er hatte die Nase von Springer endgültig gestrichen voll.

Sein Entschluss erwischte mich kalt. Schließlich hatte ich mit ihm nach 19 Jahre währendem Ringen 1996 »Abgehauen« im ECON Verlag herausbringen dürfen. Ich erinnere mich noch deutlich, wie er an einem Sonntagnachmittag in Düsseldorf am Telefon gesagt hatte, »Jetzt kannst du es haben«, und ich am nächsten Tag im Flieger nach Berlin saß. Es stellte sich aber heraus, dass Manfred mitnichten das Tagebuch erscheinen lassen wollte, sondern nur den geheimen Tonbandmitschnitt, den er vom Treffen der Funktionäre mit namhaften Künstlerpersönlichkeiten nach der Ausbürgerung von Wolf Biermann im seinem Haus 1976 in Ost-Berlin angefertigt hatte. Das Tagebuch wolle er so nicht veröffentlichen, er müsse es überarbeiten und ergänzen, sein Vater käme auch zu kurz weg usw. Ich war völlig anderer Ansicht. Was den Text so besonders machte, war, dass er unter dem Druck der politischen Verhältnisse, auch der Angst, von Krug geschrieben war: Diese Authentizität war das Einmalige. Er ließ sich nicht erweichen, machte aber einen Gegenvorschlag. Er schreibe Seiten neu, ich solle in 14 Tagen wiederkommen, das Geschriebene lesen, und wenn ich dann immer noch auf der Urfassung bestünde, wolle er mir glauben. So machten wir es. Das Buch »Abgehauen« hatte diesen großen Erfolg durch die Veröffentlichung der beiden Originaltexte, von denen gesagt wurde, sie seien das Beste, was je über die DDR geschrieben worden sei.

Seit diesem Bucherfolg war Manfred Krug nicht nur eines der besten Pferde im Stall des Verlages – er war auch mein Glücksfall. Zusammen machten wir im Anschluss an »Abgehauen« das großartige Postkartenbuch »Jureks Neuigkeiten an Manfred Krug & Otti«, dann das bestverkaufte Gedichtbuch der Nachkriegszeit »66 Gedichte, was soll das« mit den bezaubernden Illustrationen von Moritz Götze und den Erzählungsband »Schweinegezadder« – alles Bestsellerbücher. Als der Streit mit der »Bild am Sonntag« losbrach, war Krug gerade dabei, über seine Kindheit zu schreiben – ein Buch, auf das wir schon lange warteten, weil seine Drehverpflichtungen ihm viel zu wenig Zeit gelassen hatten. Ihn als Autor zu verlieren, war für mich nicht auszudenken.

Zwar hatte er versichert, dass wir in einem anderen Verlag weiter zusammenarbeiten würden, aber das war nicht dasselbe, wie ihn in unserem Haus groß zu sehen, und wer weiß, wie sich das entwickeln würde. Ich setzte alle Hebel in Bewegung, um seinen Weggang zu verhindern, aber wer Manfred kannte, wusste, dass er zu dem einmal gegebenen Wort – in dem Fall seinem Abschied vom Verlag – stand.

Genauso erschrocken, nachgerade wütend zeigte sich unser damaliger Verlagschef Christian Strasser. Er wollte nicht hinnehmen, dass Krug den Verlag verließ. Es gelang ihm tatsächlich, von Manfred Krug so lange einen Aufschub gewährt zu bekommen, bis öffentlich in der »Bild«-Zeitung eine Entschuldigung oder Entgegnung zu lesen sein würde. Nie würde ihm das gelingen, meinte Krug, aber wenn »Bild« sich tatsächlich auf so etwas einließe, würde er seinen Abschiedsbrief zurücknehmen. Und so geschah es. Nach einem Besuch des stellvertretenden Chefredakteurs druckte Ende April 2001 die »Bild am Sonntag« seine Entgegnung bzw. Richtigstellung zusammen mit dem Männlein, das zwei pralle Geldsäckchen fortschleppt, ab. Unter der Überschrift »Manfred Krug antwortet« schreibt er: »Dann weiß nämlich jeder, warum ich den Mann für einen Raffer halte und ihm jenen Merksatz mit dem Kaiser Friedrich geschrieben habe. Und jeder weiß, daß ich nicht die T-Aktionäre verhöhnt, sondern nur Schiebolds Unverschämtheit zurückgewiesen habe.«

Krug reichte der Abdruck seines Widerspruchs, für ihn war die Sache damit erledigt, und er blieb uns als Autor erhalten, zumal sich nach dem Bekanntwerden seines möglichen Weggangs von ECON sehr viele Verlage um ihn bemüht hatten. Darin war Krug auch groß, in seiner Treue.

2001 war das Jahr, in dem der Ausbürgerung von Wolf Biermann zum 25. Mal gedacht wurde, die oft als das Ende der DDR bezeichnet worden ist und in deren Folge Manfred Krug und viele Künstler und Schriftsteller die DDR verlassen hatten oder zur Ausreise gezwungen worden waren. Der ECON Verlag würdigte diesen Jahrestag mit der Veröffentlichung eines Buches, in dem sich Schriftsteller, Historiker, Zeitgenossen zu Wort meldeten, angeregt von Pamela Biermann. Krug hatte für das Buch auf dringliche Bitten hin drei Beiträge beigesteuert, obgleich er der Ansicht war, er hätte in »Abgehauen« alles gesagt. Es gab am 16.11.2001, am Tag genau 25 Jahre nach der Ausbürgerung, einen Festakt im Berliner Ensemble, und Krug ärgerte sich am Konzertabend darüber, dass Biermann, der großartig gesungen und Gitarre gespielt hatte, seinen Auftritt mit politischem Geplänkel vermasselte. Ich sah aus meiner Seitenloge, wie Manfred, der im Parkett in der 1. Reihe neben dem Ehepaar Merkel saß, mit der flachen Hand eine Geste in Richtung Bühne machte, die so viel hieß wie: Verschwinde. Im Tagebuch notiert er dazu:

»Wieder das alte Leiden: Er wollte nicht von der Bühne. Nach drei Stunden fängt er eine Diskussion über Krieg und falschen Pazifismus an und verdirbt sich damit den schönen Abend. Er hat freilich viel zu bieten. Zu viel. Er versteht nichts davon, wie man seine Ware knapphält. Er muß nach der Zugabe von der Bühne gehen. Das kann er nicht.«

Auf seinen Lese- und Gesangstouren reiste Krug quer durch Deutschland, bemerkte die Veränderungen, die es seit der Wiedervereinigung besonders in den östlichen Ortschaften gegeben hat – »ich bin entzückt von den kleinen sächsischen Dörfern«. Nichts entging seinem wachen Blick, oft holte ihn die Erinnerung ein, die schön war und auch wieder nicht.

Als aufmerksamem Zeitzeugen und Weltbeobachter entging Manfred Krug in den Jahren 2000 und 2001 kaum ein Weltgeschehen: nicht die russische U-Bootkatastrophe, bei der alle an Bord befindlichen Seeleute ums Leben kamen, nicht Kohls Spendenaffäre und natürlich nicht der 11. September 2001, als Flugzeuge die Türme des World Trade Center in New York zum Einsturz brachten und Tausende von Menschen den Tod fanden. Krug war fassungs- und ratlos. Er wusste, danach würde die Welt eine andere sein.

Auch andere Ereignisse wie die Olympischen Spiele in Sydney und seine Rolle als Bejubler der Tour de France in malerischer Landschaft wurden notiert, auch sein Mitmachen bei »Wetten, dass..?« oder sein Auftritt zum 66. Geburtstag von Udo Jürgens in München-Unterföhring. Danach »gibt es ein paar Brezeln, von denen ich keine abkriege, ein paar Schmalzstullen und ein paar Bier. Die anderen gehen noch ins Hotel ›Vier Jahreszeiten‹ in München ein bißchen feiern. Ich gehe in mein trostloses Hotel. Gott sei Dank hatte ich am Nachmittag schon einen Brotzeitteller bezahlt und in meinem Häßlichkeitszimmer in der Plastiktüte gehortet. Vorrat-Technik aus alten DDR-Tagen. Sonst hätte ich mit knurrendem Magen ins Federpulver-Bett steigen müssen. Bayern ist reich und aufgeräumt, ansonsten dasjenige deutsche Land, das der ehemaligen DDR am ähnlichsten ist«.

Manfred Krug war ein leidenschaftlicher Demokrat und Europäer. Als Lastkraftwagenfahrer Franz Meersdonk in der Serie »Auf Achse« hatte er gefährliche Abenteuer zu bestehen – ich erinnere mich, wie aufgebracht er war, als ich ihn einmal fragte, wer sein Double gewesen sei. Alles habe er selbst gemacht, entgegnete er so, als sei schon die Frage eine Beleidigung. Für die Dreharbeiten hatte er die ganze Welt bereist, hatte die Schönheit der Landschaften gesehen, aber auch Armut, Ausbeutung und Terror. Er wusste das politisch wiedervereinte Deutschland zu schätzen. Am 6. August 2000 hielt er in seinem Tagebuch fest:

»Der demokratische deutsche Staat mag uns nicht immer erfreuen. Dazu hat er zu viele Fehler. Aber ich, der zwei undemokratische deutsche Staaten erlebt hat, noch als Kind den Nazistaat und später den Sozialismus-Staat, bin froh, daß wir die Bundesrepublik haben. Ich weiß sie sehr zu schätzen.

Vielen Deutschen kommt es vor, als wüßte diese Republik sich selbst nicht zu schützen. Sie fackelt lange herum, sie schreitet nicht ein, sie stellt nicht pünktlich die Diagnose des eigenen Leidens, sonst müßte ihr längst klar sein: Diese objektiv ahnungslosen Gewalttäter mit den geschorenen Glatzen und den dadurch freiwerdenden Reklameflächen auf dem Kopf, wo man als Tätowierung Bedeutendes lesen kann, z. B. ›DEUTSCHLAND!‹ – diese Wichtigtuer sind tatsächlich gefährlich.«

Wenn ich auf meinen Fahrten entlang der Lietzenburger Straße geneigt bin, in die Straße abzubiegen, in der Manfred Krug gewohnt hat, weil ich in dem Moment vergessen habe, dass er nicht mehr da ist, ich mit ihm reden will, ihn hören, frage ich mich oft, was er sagen würde – zu dem weltweiten Rechtsruck, der Macht der Fake News und der Populisten, was zu den Nazis in Thüringen, Sachsen und anderswo, die mit Rufen wie »Wir sind das Volk« den Kampf der Bürgerrechtler von 1989 pervertieren, was zu der antisemitischen Hetze und was zu der Forderung der AfD, Deutschland von Immigranten zu befreien. Was würde er tun?

Ich erinnere mich an eine Begegnung mit der großen Brecht-Schauspielerin Käthe Reichel Anfang der 70er Jahre. Wir waren in ihr Haus in Buckow eingeladen, das Brecht, dessen Geliebte sie war, ihr hatte bauen lassen. Ich fragte sie, was würde Brecht tun, wenn er noch lebte. Sie überlegte lange, wiegte den Kopf hin und her und sagte dann langsam und betont, mit ihrer hohen Stimme: »Wenn Brecht nicht gestorben wäre, wäre er gestorben.«

Krugs Stimme fehlt. Es fehlt seine Unerschrockenheit, sein Mut, vor nichts und niemandem einzuknicken, auch wenn es zu seinem Nachteil wäre. Ich höre seinen lauten Protest.

Seine Eintragungen in den Tagebüchern, sein geübtes politisches Sensorium, sein frühes Augenmerk auf gefährliche Strömungen, sein Zorn über Missverhalten sollten Ansporn sein, in der Wehrhaftigkeit nicht nachzulassen.

Bei aller Unbequemlichkeit seiner Person – er war auch ein Vorbild.

Krista Maria Schädlich,
Berlin im März 2024

Als Manfred Krug 1996 anfing, ein Tagebuch zu führen, wusste er nicht, wie dramatisch die folgenden Jahre für ihn werden würden. Mit fast 60 ist er noch einmal Vater einer unehelichen Tochter geworden. Seine Frau Ottilie ahnt, dass es eine Geliebte gibt, aber niemand weiß von dem Kind, zu dem Krug eine innige Beziehung entwickelt. Zur selben Zeit verschlechtert sich die Gesundheit seines Lebensfreundes Jurek Becker. Ein Lichtblick dagegen ist die Veröffentlichung von *Abgehauen*, dem legendären Buch über seine Ausreise aus der DDR 1977, deren populärster Künstler Krug war. Im März 1997 stirbt Jurek Becker, und drei Monate später erleidet Manfred Krug einen schweren Schlaganfall. Am Krankenbett begegnen sich Ehefrau und Geliebte samt Tochter. Was dann geschah, trägt Manfred Krug minutiös in seinem Tagebuch ein.

*»Da haben wir den ganzen Manfred Krug – in seiner Patzigkeit, in seiner Unbeirrbarkeit und seinem mangelnden Sinn für die Ängstlichkeit und fragile Selbstliebe anderer. Wenn man sich die Frage nach dem erstaunlichen Charisma stellt, dem Charisma, das er als Schauspieler und Jazzsänger in der DDR, aber unvermindert auch als mitunter wenig ehrgeiziger Fernsehschauspieler im Westen entfaltete, dann haben wir hier die Antwort. Manfred Krug war der Mann, der sich nicht einschüchtern lässt, nicht einmal von seinen eigenen Torheiten.«*

Jens Jessen, DIE ZEIT

kanon verlag

Nach zwei verlustreichen Jahren möchte Manfred Krug sein Leben ändern. Er will den Kerl, der er ist, »neu erfinden«. So entfernt er sich von der Mutter seines nachgeborenen Kindes und kann die lange Trennung von der kleinen Marlene kaum ertragen. Er leidet unter seiner eigenen Widersprüchlichkeit und der angeschlagenen Gesundheit. Seit seinem Schlaganfall hat er verstörende Träume, in denen sein verstorbener Freund Jurek Becker, Frauen und Kollegen auftauchen und er seinen Urängsten begegnet. Er schreibt sie alle auf und liefert literarische Kostbarkeiten. Sein Vater stirbt, auf dem Balkan tobt ein blutiger Krieg, in Russland wird Putin Ministerpräsident. Fassungslos und doch genau schreibt das Kriegskind Manfred Krug auf, was sich wie ein Déjà-vu unserer Gegenwart liest.

*»Fulminante Tagebücher […] denn neben melancholischen, rebellischen, miesepetrigen und oft saukomischen Betrachtungen ist er ein minutiöser Protokollant nicht nur seiner selbst, sondern deutscher Zustände am Ende des vorigen Jahrhunderts.«*

Alexander Cammann, DIE ZEIT

kanon verlag